东瀛之刀:
日本自卫队

作者:周明 李巍

上海社会科学院出版社

图书在版编目（CIP）数据

东瀛之刀：日本自卫队 / 周明，李巍著． ——上海：上海社会科学院出版社，2015
ISBN 978-7-5520-0974-3

Ⅰ．①东… Ⅱ．①周… ②李… Ⅲ．①自卫队－研究－日本 Ⅳ．① E313.1

中国版本图书馆CIP数据核字（2015）第179137号

东瀛之刀：日本自卫队

作　　者：	周明　李巍
责任编辑：	王晨曦
封面设计：	孙沁巍
出版发行：	上海社会科学院出版社
	上海淮海中路622弄7号　电话 63875741　邮编 200020
	http://www.sassp.org.cn　E-mail:sassp@sass.org.cn
印　　刷：	上海晨熙印刷有限公司
开　　本：	710×1000 毫米　1/16
印　　张：	17
字　　数：	312千字
版　　次：	2015年10月第1版　2015年10月第1次印刷

ISBN 978-7-5520-0974-3/E·004　　　　　定价：39.80元

版权所有　翻印必究

目录 contents

第一章
被占领的年代 8

第二章
艰难成立 18

第三章
几十年的防卫之路 44

第四章
实力强劲的海上自卫队 70

第五章
打造"亚洲最强空中武力" 128

第六章
敬陪末座的陆上自卫队 172

第七章
自卫队员的成长 242

第八章
隐藏的军事力量 254

前　言

对于中国人来说，日本是个既邻近又遥远，既熟悉又陌生的国家。说邻近是因为和中国只是一衣带水，同处在东亚；说遥远是因为似乎中日之间一直都存在着巨大的隔阂；说熟悉是因为日本是近代历史上和中国打交道最多的国家；说陌生是因为实际上对于日本我们实在了解得太少。

但是日本对中国却是非常重视，可以说几百年来对中国的研究已经是非常透彻而仔细。举个简单的例子，在抗战时期，中国军队最希望缴获的，不是日军的歪把子枪机枪，也不是三八大盖，而是日军的军用地图，因为日军地图的准确度极其高，甚至连乡间小路都标注得一清二楚，远远超过了中国军队自己的地图。就从这一点小事情上，就可以看出日本对中国的研究之深之透，简直可以用可怕两字来形容。

由于中日之间几百年的恩怨纠葛，特别是最近一百多年来对中国的侵略与伤害，使中日之间的关系极其微妙，有时候甚至一点点小事情，就可能引起全社会的轩然大波。两国之间这种若即若离非敌亦非友的特殊关系，放眼整个世界，都是非常罕见的。

而在中国国内，既有一提到日本就满腔愤慨的"爱国志士"，也有对日本一味推崇的"哈日族"，但是唯独缺少的是真正能够理性思考的人，而做到理性思考的基础，就是对于日本有着全面而客观的了解与认识。

本书正是希望能够给关心中日关系的朋友，提供这样一份了解日本自卫队的资料。

想当年，大日本皇军曾经带给东亚乃至世界人民巨大的灾难，今天，日本自卫队作为日本的武装力量，必然是有无数理由，值得我们去了解去研究。

第二次世界大战结束后，既是战争的策源地，又是战争的受害者的日本政府和国民，又是如何看待重新武装？日本

今天日本自卫队又将具备怎样的军事实力？

日本自卫队作为日本现在的武装力量，值得我们去研究

的防卫政策又是经过了怎样的发展变迁？日本三大自卫队又是如何建立、发展起来的？今天日本的三大自卫队又具备了怎样的作战实力？日本自卫队实现成为正常军队的理想将来是否能够实现？诸如此类的问题，不一而足，都将是本书所要向读者朋友详细介绍的。

近年来日本一直在国际社会上极力想恢复"正常国家"的形象，想想也是，同样是第二次世界大战的罪魁祸首，意大利由于战争中途就改弦更张，及时改换阵营，因此在战争结束后就得到了宽恕，未获深究。而德国的战争罪行并不比日本小，但是由于战后对纳粹的彻底清算和其对自身的深刻反省，最终获得了受害国的谅解，很快就恢复成为正常国家，在今天的国际社会上，不仅政治上能够在欧洲乃至世界上有着相当的影响力，经济上更是成为了整个欧洲的发动机，即便是在最敏感的军事上，也拥有了名正言顺的国防军，可以说是完全已经摆脱了第二次世界大战的阴影。反观日本，政治上完全仰仗美国的鼻息，不要说在世界上，就是在亚洲，其影响力也是差强人意。经济上虽然一度是亚洲的发动机，取得了令人瞩目的成绩，但是很快就在美国的打压下进入了持续低迷的冰河期，直到今天都还没能缓过气来。最敏感的军事上,那就更不用提了,尽管今天的自卫队已经具备了和军队毫无区别的体制,其规模甚至远远超过当今世界大多数国家,但是不仅没有正常军队的名分,也不能像正常军队那样行动自如,更没有正常军队应该享受的待遇。这种非正常军队,也同样是日本这个非正常国家的一个真实写照。

尽管日本自卫队还不能算是一支真正的军队,但是其编制、规模、作战能力,装备之精良,训练之有素,都已经是名列世界前茅的,如果一旦取得了正常军队的名分和地位,那么绝对是一支不容小觑的军事力量。作为地理上的邻国,历史上的受害国,我们中国更是有充分理由,去了解,去研究,不能再让其成为像当年那样的危害世界和平的罪恶之刀。

这就是我们编写这本书的初衷与心愿。

另外,本书中有些照片是资料照片,由于受当时条件和情况所限,所以不是很清晰,特此说明。

第一章

被占领的年代

第二次世界大战的失败,使日本面临着前所未有的大变局。在战后最初被美国占领的年代里,曾经庞大的日本帝国军队被彻底瓦解,不过一些旧日本军人却在处心积虑地谋求重建军备,但是《和平宪法》却让日本重整军备的梦想几乎化为乌有。

美国兵来了

1945年8月15日,一个绝对要在日本历史上大书特书的日子,随着日本裕仁天皇以广播方式宣布接受同盟国波茨坦公告,也等于宣告了曾经不可一世的大日本帝国轰然倒塌。对于日本国民来说,这可真是"三千年未遇之大变局",此前几十年来可以主宰一切的"军部"即将寿终正寝,那么等待他们的将是什么样的命运呢?惶恐,迷茫,当然还有期待,这就是当时日本国民内心最大的感受。

日本军部

日本军部是专指日本对外发动战争的最高军事指挥机构,包括陆军最高指挥机关参谋本部和海军最高指挥机关军令部,以及在政府中的陆军省、海军省等部门。日本军部独立于政府、议会之外,直接对天皇负责。

而此时,日本皇军在本土和境外,还有陆军的201个师团、150个旅团,海军还有20支大小不一的舰队,总兵力不下700万人。如何解除这支庞大军队的武装,着实令当时的联合国军最高司令、远东盟军总司令、美国远东陆军总司令麦克阿瑟五星上将头痛,虽然他已经在法理上是能够掌握着日本生杀大权的最高统治者,但是在太平洋战场日军所表现出的宁死不降视死如归的精神,以及战争后期"神风特攻队"、"樱花特攻"这样完全是同归于尽的疯狂战法,都足以让这位"太上皇"忐忑不安,毕竟他带到日本的部队只有美国第8集团军,区区三十来万人,面对着700万全副武装的军队和近1亿的深受武士道思想熏陶的普通国民,这点点兵力简直就是汪洋大海里的一块小木板。所以当麦克阿瑟到达日本的第一天,一面担心有人会在晚饭里下毒,一面忧心忡忡地对部下说:"这是军事史上最大的一次冒险,我们现在身处敌人的国土上,我们只有这么一点军队,要看管住几百万全副武装的日军,还有七千万疯子。只要走错一步,我们就都会死于非命。"

登上"密苏里"号战列舰出席无条件投降仪式的日本代表

历史证明,美国人的担心是

多余的，无论是日本政府、日本军队，还是日本民众，都非常顺服地服从于联合国占领军所下达的每一项指令。曾经在战场上矢志不降奋战到底的人，一旦放下武器却异乎寻常地俯首帖耳。这种巨大的反差，让美国人想破了脑袋也没想通。但事实是，从1945年8月美军踏上日本，一直到1952年4月日本恢复独立，六年八个月的时间里，日本全国没有发生一起暴力反抗联合国军占领的事件，更没有出现游击队进行武装抵抗的情况，是所有被占领国家里最安分守己的。

由麦克阿瑟领导的占领机构正式名称是"联合国军总司令部"，英文缩写是GHQ。联合国军总司令部把"非军事化"和"民主改革"两大任务作为占领日本的基本方针，其中"非军事化"是重中之重，这点自然是很容易理解的。除了在处理善后过程中所必不可少的一些人员和装备外，昔日庞大的大日本皇军将被彻底解体。

首先是旧日本陆军，人们不会忘记，正是以陆军为主导的军部，为了自身的利益而罔顾国家安危和人民福祉，"二二六"兵变之后，日本陆军几乎完全把持了日本政局，将国家和民族都绑上了战争的机器。而一步步挑起战争的"九一八"事变、"七七"卢沟桥事变也都是陆军以下克上、先斩后奏所造成的，所以对于旧日本陆军，联合国军总司令部采取的基本上就是彻底解体的方针。

而旧日本陆军的高层，发动和指挥战争的高级将领有的战死，有的自杀，没有死的基本上都被逮捕并受到审判，曾经显赫无比的陆军高层，可以说已经是灰飞湮灭了。其中少数苟延残喘的人，或意志消沉，或俯首认罪，当然也有认真反思的。还有极少数人继续活跃在政治舞台上，如旧陆军中将辰巳荣一后来就成为日本首相吉田茂的顾问，旧陆军参谋本部作战处处长服部卓四郎大佐就在联合国军总司令部的支持下参与了恢复军备的工作，也正是由于他的努力，使警察预备队创立之初得以吸收了一些旧陆军的军官。但是总体上来说，旧日本陆军已经被彻底瓦解了。

即便后来成立的警察预备队，再到陆上自卫队，不能说完全与旧日本陆军没有丝毫关系，但是这种关系已经是很淡很淡

麦克阿瑟以"太上皇"的身份来到日本

左一为时任日本枢密院顾问官的野村吉三郎

了，一些来自于旧日本陆军的人员也都是行事低调，不敢越雷池半步。所以，现在的日本陆上自卫队可以说与旧日本陆军已经完全划清了界限。

再来看旧日本海军，情况就与旧日本陆军完全不同了。尽管珍珠港事件是日本海军一手策划实施的，但是在开战前，主张德意日三国结盟的是陆军，海军是反对的；发动全面侵华战争的还是陆军，海军也不同意；主张发动太平洋战争的依然还是陆军，海军还是反对，甚至当时的海军大臣米内光政、海军省次官山本五十六都是坚定的反战派。虽然最后海军还是被陆军拉进了战争，但是海军在开战前的这些态度，也很自然地导致了美国在处置旧海军时与陆军是有所区别的，对旧日本海军的高层可以说是网开一面的，这一点从在战后审判并处死的战犯中没有一个是海军的将领，就可以充分地看出来。

另外还有两个现实的问题，一是还有数百万日本军队和侨民分散在中国大陆、东南亚甚至太平洋诸岛屿，需要将他们迅速遣返回国，而运送他们就得由旧日本海军来负责；二是美军在战争中曾在日本周围海域散布过大量的水雷，这些水雷现在严重威胁着日本海域的航行安全。一个运输人员回国，一个清除水雷，都要靠海军来执行，这也使保留旧日本海军的少量舰艇和人员有了名正言顺的理由，尽管这部分舰艇和人员并不多，但好歹保留下了旧日本海军的血脉，并成为了日后组建海上自卫队的宝贵种子。

与旧日本陆军高层几乎被尽数清洗不同，旧日本海军不少高层将领，在战后的重建中凭借其专业技术的优势，得以继续在政府中效力。也正是因为有这样一些人继续活跃在政界，使旧日本海军人士有了相互联系的渠道和凝聚的核心，进而开始了海军的重建。在这些人中最著名的就是旧海军大将野村吉三郎，他曾任外务大臣，在珍珠港事变时任驻美大使。另一个是前海军省军务局长、旧海军中将保科善四郎。他俩都在美国有着广泛的人脉关系，正是凭借着这层关系，为旧日本海军的复兴，创造了良好的基础。总体而言，旧日本海军有相当部分被保留下来，今天的海上自卫队依旧延续着昔日旧海军的血脉。

1945 年 10 月 15 日，联合国军总司令部撤销了旧日本陆军的最高指挥机构参谋本部和旧日本海军的最高指挥机构军令部；11 月 30 日，联合国军总司令部又命令日本政府发布第 680 号敕令，撤销陆军省和海军省；12 月 1 日，日本政府又根据联合国军总司令部的命令，在原陆军省和海军省的基础上成立第一复员省和第二复员省，负责安置旧陆海军军人的复员。

1946 年 6 月 12 日，旧日本陆海军人员的复员工作大体完成，第一复员省和第二复员省合并为复员厅，原第一复员省和第二复员省分别降级为第一复员局和第二复员局，负责剩余的军人复员善后工作。

1947 年 10 月 15 日，复员厅被撤销，而原来的复员第一局划归厚生省，第二复员局则改为由总理府直辖。1948 年 1 月 1 日，第一、第二复员局又合并为厚生省复员局，负责最后的旧军人复员及善后工作。至此，旧日本陆海军基本被解散，在大量军人复员的同时，美军也对日本的军事装备进行了销毁，1948 年 1 月 23 日制定了禁止日本军事活动及处置日军军事设备案，根据这一法案，烧掉飞机，拆掉军舰，炸掉弹药，关闭兵工厂等，几乎将日本的军事装备一扫而空。

经过几年的时间，基本上完成对大日本皇军的解体工作，至此，曾经的旧日本陆海军已经不复存在。但是，新的日本武装也即将登场。

麦克阿瑟的训政

麦克阿瑟到日本之后，就开始对日本进行全面的清算和改造。很快解散了 700 万旧日本陆海军，有 20 万人被剥夺公职（其中有 16 万人是旧日本陆海军军官），并成立国际军事法庭，开展了对战犯的审判，将东条英机等 28 名甲级战犯送上绞刑架。但是对日本天皇，麦克阿瑟却放了一马。尽管天皇是日本武装力量的最高统帅，对于日本军队的战争罪行负有不可推卸的责任，但是麦克阿瑟认为天皇拥有"超过 20 个师团的战斗力"，如果对天皇进行惩罚，将会导致灾难性的后果，所以最终决定利用天皇在日本国民心目中至高无上的地位，保留天皇，从而更有效地控制日本。

1945 年 10 月，在麦克阿瑟的影响下，美国政府决定将天皇和天皇制分开。废除天皇制，但保留天皇的存在，使天皇成为日本的象征，但不掌握实权。

在美国的压力下，裕仁天皇于 1946 年元旦发表著名的《凡人宣言》，宣布天皇是人而不是神。1946 年 10 月，日本新宪法草案经国会两院批准，于 1947 年 5 月 3 日生效。根据新宪法，天皇被剥夺了包括政治总揽权、军队统帅权、宣战媾和权、缔结条约权、官员任免权、批准或否定宪法权和单独命令发布权在内的一切施政权力，只是作为"日本国之象征"，他的一切有关国事之行为，"必须由内阁参加意见，得到内阁认可，由内阁为其负责"。但是麦克阿瑟太低估了天皇的政治智慧，就在发表《凡人宣言》后一个月，1946年2月，天皇就以"万里长征大巡幸"的名义，开始了全国大巡幸。历时八年，足迹遍及全日本除冲绳外的所有46个都道府县，每到一地，当地民众都是万人空巷夹道欢迎。这种狂热的场面，再次凝聚起日本国民的爱国心和民族心。就是以这种巧妙的政治大反击，天皇在宣布放弃世俗权力的同时，却顽强地守住了其在日本国民心目中至高无上的地位，为后来的重新武装也埋下了深深的阴影。

但是麦克阿瑟在对日本其他方面的社会和政治体制改革还是比较成功的，在他一手策划下，全面开放了党禁报禁，允许言论和集会自由，并对议会制度、行政机构、公务员制度和劳资关系都进行了全方位的重塑。在所有这一切改革中，最成功的莫过于教育体制的改革了。我们都知道，在第二次世界大战中，德国和日本都曾经取得过相当巨大的胜利，分析其中原因，很多人都会忽视最重要的一条，那就是德国和日本当时都已经实现了普及全民的高中教育，这点就是连英国和美国都没做到。优质的国民资源，是其在战争初期赢得巨大胜利的关键原因。因此，教育是不可忽视的领域。麦克阿瑟可以说是深谙其中奥妙，甚至在修订日本新宪法之前，就对日本的教育制度进行了彻底改造。

1946年5月，日本文部省根据美国教育使节团的建议，制订并颁布实行了《新教育指针》。这部左右日本新教育路线的大纲性文件，最重要的就是强调两点，一是清除军国主义及极端国家主义的影响，二是尊重人性和个性。1947年3月，以《新教育指针》为基本原则，日本颁布实施了战后第一部《新教育基本法》，直到2006年日本颁布《教育基本法修正案》为止，这部教育法整整影响了日本社会60年，不仅深刻影响了战后日本人的思维模式，也对日本自卫队的教育训练的观念、内容和方式方法有着极其深远的影响。

麦克阿瑟和裕仁天皇，正是麦克阿瑟从便于控制日本出发，保留了天皇

1948 年，日本的社会和政治改革达到高潮，日本政局中的左翼势力发展极为迅速，在 1949 年国会选举中，日本共产党居然赢得了众议院的 35 个席位，甚至内阁总理大臣也都是由左翼的社会党人士片山哲担任。而在这时，美国与苏联的关系逐渐开始降温，冷战的阴云已经越来越浓郁，在这样的国际大背景下，美国感觉到原先利用左翼势力

裕仁天皇虽然对战争负有不可推卸的责任，但却在美国的庇护下逃过了惩处

来清除军国主义的想法有些偏离了初衷，左翼势力的发展已经远远超出了预期，因此美国也迅速改变了政策，将原来扶植左翼清除军国主义，改为扶植日本在经济上的自立，进而帮助日本重建军备。美国政府中的一些"日本通"就主张将权力交到亲西方的稳健派人士手中，同时利用天皇的影响，使日本社会趋向保守和稳定。这一建议也很快得到了美国当局的认可和落实。

在美国的主导之下，日本由此开始走上了西方式的民主道路。1948 年 10 月，日本政府遵循西方的惯例，修改了公务员法，以法律条文明确禁止公务员参加罢工和任何党派。1950 年 10 月，又陆续解除了对前日本帝国时代 20 万人剥夺公职的处分，甚至其中像岸信介和重光葵这样的甲级战犯嫌疑人都进入政府的高层核心，一个担任了首相，一个担任了外交大臣。在 1952 年的国会选举中，当选的众议员中有 139 人曾经受到过剥夺公职的处分，几乎占到全部众议员的三分之一。

和平宪法

麦克阿瑟对日本的改造最重要的当属替日本制订了战后的新宪法。这部在 1946 年 10 月 29 日通过，1947 年 5 月 3 日正式施行的《日本国宪法》最突出的就是和平与民主，强调了象征天皇制、放弃战争与军备、废除封建制度等三大原则，并要求建立保障人权、两院制国会、地方自治等制度设计，尤其引人注意的是第九条。第九条只有两点内容：

1. 日本国民衷心谋求基于正义与秩序的国际和平，永远放弃以国权发动的战争、

武力威胁或武力行使作为解决国际争端的手段。

2. 为达到前项目的，不保持陆海空军及其他战争力量，不承认国家的交战权。

简而言之，第一点是放弃战争，第二点是废除军备。在全世界各国之中，将放弃战争写入宪法的也有，但是将废除军备写进宪法的，除了日本之外就再无第二家，真正是绝无仅有。也正是因为第九条的内容，这部宪法才被冠之以"和平宪法"的别称。

但是，新宪法的第九条并不意味着日本就此完全放弃了武力，因为《联合国宪章》第五十一条明确规定，自卫权是主权国家的固有权利，后来日本组建自卫队就是援引了《联合国宪章》的这一条款来作为法理依据。随之而来的就是组建自卫队是否违反了宪法的第九条，以及是否可以行使集体自卫权，几十年来这个问题就一直是日本国内国外所争议的焦点话题。

这部和平宪法已经生效了近70年，尽管是在美国的主导下制定的，但无可否认，也确实得到了大多数日本国民的认同，因为虽然日本是第二次世界大战的战争策源地，但同样也深受战争的苦难，特别是战争后期所遭受的封锁、大轰炸和原子弹袭击，都给日本国民留下了极其深刻的烙印，所以对于和平他们也是热切渴望的，更不希望重蹈军国主义将国家和民族拖入战争深渊的覆辙。

近70年来，对于这部和平宪法的理解可谓"仁者见仁，智者见智"，有关的争论也几乎没有平静过，主要不外乎这三种意见：第一种意见就是应该完全放弃战争和军备，没有进行自卫战争的权利，也不需要保持相应的军事力量。建立自卫队本身就是违反宪法精神的。持这一观点的基本都是共产党和社会民主党等左翼政党。第二种意见是可以进行以自卫为目的的战争，也可以保持为了达成自卫而相应的军事力量，但是不能行使集体自卫权。这一种意见也是大部分日本国民所认同的，自民党和民主党也都是持这一观点，就连专门负责解释法律的内阁府法制局也是这一观点。可以说，这是当今日本社会的主流意见。第三种意见是日本不仅有权实行自卫

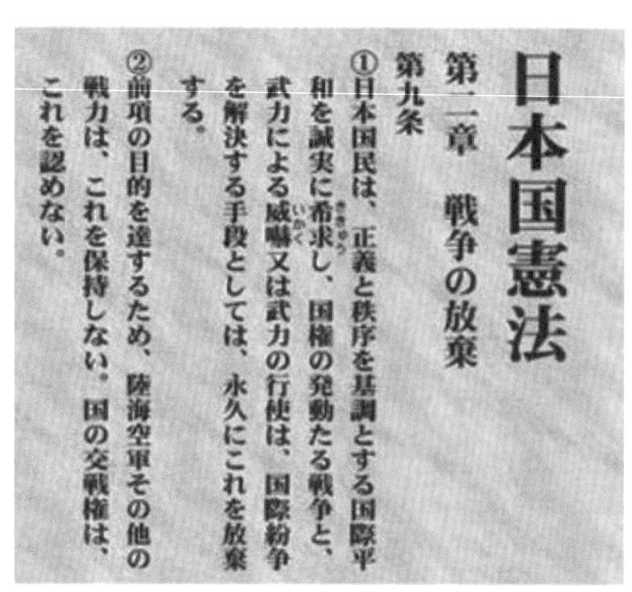

日本宪法第九条明确放弃战争，所以被称为和平宪法

战争，保持相应的军事力量，还有权行使集体自卫权。持这一观点的主要是右翼政党。

集体自卫权

所谓集体自卫权，就是与本国关系密切的国家或盟友遭受其他国家武力攻击时，无论自身是否受到攻击，都有使用武力进行干预和阻止的权利。

《联合国宪章》第五十一条规定，主权国家拥有"单独或集体自卫的固有权利"。这一条款也成为美国和前苏联分别组建北大西洋公约组织和华沙条约组织的法律基础。

而日本现行的宪法是明确禁止行使集体自卫权的。

几十年来，日本也一直希望能对这部宪法进行修改，但是近70年来，这部宪法不要说是争议最大的第九条，就连其他条款也都没有改一字一句，这种情况就是放在全世界都是独一无二的。

因为根据这部宪法的九十六条第一款规定，修改宪法必须满足两个条件，第一首先要参众两院都有超过三分之二的议员同意修宪，然后再是全民投票，超过半数同意才可开始启动修宪程序。这两个条件看似简单，其实并不容易，特别是参众两院的过三分之二通过，众议院还好，战后不乏执政党在众议院占有超过三分之二席位的情况，但从没有执政党在参议院有超过三分之二的情况。而且首相有解散众议院的权力，但没有解散参议院的权力，就是参议院的改选也只改选一半议员，所以要想在参议院占据三分之二席位，就成了无法完成的任务了。

这也就是日本近70年都没有进行过修宪的根本原因，所以要想修改现行宪法，行使集体自卫权至少目前看来还是可能性非常小。

第二章

艰难成立

　　尽管战后日本最著名的首相吉田茂提出了重经济轻军备的发展路线，但是时势比人强，朝鲜战争的爆发，使得刚刚将旧日本军队解体的美国又急不可耐地要来重建日本的军备，正是在这样的大背景下，日本自卫队终于得以艰难成立。

影响深远的"吉田路线"

对于战后的历任首相,日本最著名的新闻媒体《读卖新闻》曾在2006年举行过一次民意调查,吉田茂以44%的得票数名列第一。提起吉田茂,中国人还不是很熟悉,了解程度远远不及田中角荣和中曾根康弘,但他在日本人的心目中,却绝对是当之无愧的战后第一首相。

此人1878年出生,生下来还没满月就被过继给横滨的大富商吉田健三郎当养子。1889年养父吉田健三郎去世,给他留下了50万日元的财产,而当时日军一名普通少尉的月薪才30日元,已可以维持普通一家人的生活,50万元对普通人来说,简直就是天文数字一般的巨款了。1899年吉田进入培养皇室与贵族子弟的学习院学习。1904年转入东京帝国大学,并于1906年从政治系毕业。大学毕业后,吉田茂通过外交官考试,进入外务省。1908年,吉田茂与日本政界巨头牧野伸显的长女雪子结婚。牧野是日本"维新三杰"之一大久保利通的次子,历任外务大臣、内大臣、枢密顾问官等要职,是天皇的重臣,也是第二次世界大战前日本政界"亲英美"派首领。借助岳父的人脉关系和自身的努力,1928年就担任了外务省次官。1936年他的东京大学校友广田弘毅出任首相,本来想任命他为外交大臣,但遭到了军部的反对,最终只让他担任了驻英大使。这次仕途的挫折,可以说改变了他后来的人生。一方面使他对军部产生了强烈的反感,另一方面驻英大使的职务使他远离了东京的政治中心,从而也没有与军方有过多交往,在战后成为极少数没有污点的政治家。1939年他卸任驻英大使,回到日本后就和岳父一起为反对与德意结盟,反对与英美开

吉田茂,日本战后最著名的首相

战而积极奔走，成为坚定的反战派人士。甚至在战争后期还大胆地不顾军部的威胁，发表了题为《尽快结束战争》的文章，公开批评军部，呼吁结束战争。也因为这样，他自然成为军部的眼中钉肉中刺，不仅长期受到监视，甚至在1945年4月还被逮捕下狱。正所谓塞翁失马，焉知非福，这场牢狱之灾，也成为他在战后赢得美国青睐的巨大本钱。而曾经想提携他的校友广田弘毅却因为与军方牵涉过深，最终沦为战犯，而且成为被处死的28名甲级战犯中唯一的文官。

鸠山一郎虽然在1946年大选中获胜，却因为美国的强烈反对而不得不将首相宝座让给吉田茂

1946年以鸠山一郎为总裁的自由党在大选中获胜，本来首相的位置毫无疑问应该由鸠山来坐，但是美国认为鸠山能力强威望高，如果他出任首相将很难驾驭，便以在战时曾协助军国主义的名义解除了他的公职，自然也就剥夺了他担任首相的资格。鸠山只好赶紧找人来当首相，于是就选中了自己的至交好友吉田茂，就这样吉田茂意外地当上了首相。而此后吉田茂就一发不可收拾，连任五届首相，总任期达七年之久（1946-1947，1948-1954），成为日本战后最有影响力的政治家之一。

吉田茂上台面临的两大难题，就是恢复遭到战争严重破坏的经济和结束占领状态恢复独立。他首先清醒地认识到，在目前情况下，只有与美国发展全方位的合作才最符合日本的国家利益，即便牺牲一点主权也是值得的。所以，他构建的国家战略是依靠美国的保护专心致志发展经济，以向美国提供军事基地来作为保卫日本安全的重要屏障，使驻日美军成为日本国防的主力，而日本自己的自卫队只是作为辅助美军的次要力量。他的这一战略被后人称为"吉田路线"。毫无疑问，在当时情况下，日本被美国占领，并通过驻军的方式被美国控制着国防、外交甚至政治，这是迫于无奈的现状。吉田茂正是在这样的限制下，做出了尽可能符合日本长远利益的决策，将发展经济作为整个国家战略的重中之重。几十年过去了，这一路线被证明还是比较成功的。

尽管"吉田路线"的重点是发展经济和深化与美国的结盟，但是自卫队的建立和发展同样也是"吉田路线"的产物。虽然说吉田茂执政期间，一直都比较积极地执行联合国军总司令部的各项指令，但是也在可行范围内坚持自己的主张。这一点就很明显地表现在自卫队问题上，当美国在20世纪40年代末期开始要求日本重新武装时，吉田茂就屡屡用和平宪法作为挡箭牌，一再拒绝重新武装的要求。这并不是说吉田茂是彻底的和平主义者，而是他认为以日本目前的情况，恢复军备就可能影响经济复兴，当务之急是尽快医治战争创伤、恢复经济，而重整军备这样"奢侈"的事情，还是留待以后经济发展国力增强之后再说吧。最后还是在联合国军总司令部的一再严令下，他才心不甘情不愿地开始了有限度地恢复军备。在创建自卫队的过程中，他始终没有想过要复活"大日本皇军"，这很可能与他早年坚决反对军部的经历有关。但是他也不是认为日本就永远不需要恢复军备，他始终认为一个独立主权国家拥有军队是天经地义的事情，只是他希望的军队是与民主制度相适应的"国家和国民的军队"，当然他更认为在他执政的时候要做到这一点还为时过早，只有到了经济大为发展、国力明显增加之后才会去考虑建立与国情相适应的军队。

尽管吉田茂时代已经过去了60年，连他本人也都已经去世快50年了，但是在今天的日本人心中，他依然是战后最伟大的首相。之所以认为他伟大，不是在他执政时期自卫队创建了起来，而是他以经济建设为中心和将防务发展放在次要地位的执政理念得到了广大日本民众的认可。"吉田路线"的形成固然有美国对于占领日本的非军事化政策的外因，日本国民深受战争困扰而对战争的极度厌恶和对和平发展的热切渴望的内因，恐怕有更大的影响。

无庸置疑，日本在战后迅速振兴与发展，是得益于"吉田路线"长期以来作为日本经济发展和国家安全战略的指导性原则。正因为如此，在吉田茂去世之后获得了国葬的荣耀，这也从一个侧面反应了日本政府和国民对他所制定的"吉田路线"的肯定。

在吉田茂执政的1951年，美国与日本签定了《日美安全保障条约》，使美国几乎包办了日本的国防乃至外交事务，但同时也使日本可以埋头专心发展经济，并取得了巨大成就。而在日本经济发展国力增强之后，希望改变"吉田路线"的想法也就自然而然地产生了。从中曾根康弘开始，历届日本政府都努力地想把日本塑造成政治大国，但是由于日本国民对"吉田路线"的深深认同，这些努力都难见成效，所以说直到今日，"吉田路线"的影响依然还在发挥着作用。

借壳上市的海自

在日本三大自卫队中，海上自卫队（简称海自，下同）是最早成型的，而且海自和陆上自卫队完全切断与当年旧日本陆军的血脉不同，从某种意义上说，海自就是旧日本海军的后裔。

日本投降后，旧的陆海军很快就被解体，日本的国防完全由美国占领军来负责，大的国家防务自然没什么问题，但是小问题，如海盗、走私、偷渡等应该由类似海岸警备队来负责的治安警备方面的问题，就无人问津了。到1947年，这些问题愈演愈烈，使战后本来就动荡不安的日本社会更是雪上加霜，如何维护周边海域的安全和秩序，就成了联合国军总司令部迫在眉睫所要应对的问题了。于是，联合国军总司令部就想到了成立一支类似于美国海岸警卫队性质的海上警察，来处理这些海上安全和权益的问题。

1947年8月，海上警备队的组建正式开始启动。28艘原来旧日本海军遗留下的反潜特务艇被改装成沿海巡视艇，由复员厅第二复员局（也就是以前的海军省）移交给了运输省。

1948年5月1日，海上保安厅作为运输省的外设机构（简称为外局）正式成立，主要负责海岸警备、沿海船只航行安全、反走私、反偷渡、海上救助以及清扫水雷等

在三大自卫队中，海上自卫队是最早成型的

反潜特务艇

旧日本海军在第二次世界大战中征召大批民用船只，加装机炮、深水炸弹等武器装备，执行反潜任务，这类由民船改装的杂七杂八的舰艇就被统一称为"反潜特务艇"，这类艇数量多，性能参差不齐。

任务。这其中在当时最重要的任务就是清扫水雷。在战争期间，美国在日本本土周边海域总共布下了约67000枚水雷，在战争中确实是把日本本土基本上给封锁了起来，但是现在，战争结束后就成了大麻烦了，严重影响着日本的海上交通，进而严重影响着日本的经济建设和国民生命财产安全。所以在所有旧日本陆海军中，联合国军总司令部特意保留下一支部队，这也是旧日本陆海军700万军队中唯一被保留下来的部队，就是由第二复员省军务局长前海军少将山本善雄指挥的约1万名海军官兵。他们装备着约350艘小型扫雷舰艇，就是负责海上扫雷。而这支扫雷部队也就很自然地成为了海上保安厅成立后所辖的第一支部队。

美国对于重建日本武装，至少在1948年的时候还是很忌惮的，生怕再重新造出像当年那样的"大日本皇军"来，所以对于海上保安厅也做出了严格的限制。规定其总人数不得超过1万人，所装备的舰艇不得超过125艘，总排水量不得超过5万吨，最大的舰艇单艘排水量不得超过1500吨，人员只能装备轻武器，活动只能限于日本沿岸。这样就使海上保安厅充其量也不过就是海上警察的角色。

海上保安厅成立之时，总人数8156人，没有超过规定。拥有29艘巡逻舰和103艘小型巡逻艇，乍一看舰艇数量超过了规定，但是这些舰艇中有相当一部分都是即将报废的破船烂艇，根本派不了用处。不到一年，就有24艘舰艇因为确实无法使用而彻底报废，而剩下的舰艇显然是不够用的，于是联合国军总司令部又从旧日本海军遗留的舰艇中挑了7艘巡逻舰和28艘小型巡逻艇给了海上保安厅。

海上保安厅一直延续到今天成为日本海上的执法力量

日本海上保安厅

日本海上保安厅（Japan Coast Guard，英文缩写为 JCG），简称"海保"，是日本为维持海上安全及治安而设置的行政机关，隶属于日本政府国土交通省。主要任务是海难救助、维护交通安全及海上环境、治安，实际上还有海洋权益保全，如领海警备、海洋调查等任务。海上保安厅相当于其他国家的海岸警备队一类的准军事化组织。

日本海上保安厅成立于 1948 年 5 月 1 日，是日本在第二次世界大战后成立的第一支警备兵力，隶属于日本政府的运输省（现为国土交通省）。依照当时占领日本的盟军最高司令部规定，海上保安厅兵力不得超过 1 万人，船舶总数不得超过 125 艘，最大船只排水量不得超过 1500 吨，船只最大航速不得超过 15 节，总吨位不得超过 5 万吨。主要任务是管理日本近海的

日本海上保安厅标志

海上交通、海关巡逻、反走私、海上治安以及继续清扫日本沿海可能残存的水雷。海上保安厅成立时，组织制度与任务系仿效美国的海岸警卫队，主要人员来自于警察系统，再加上少部分前海军人员，刻意淡化军事色彩。

海上保安厅成立之初船只来源五花八门，既有旧日本海军遗留下来的木壳驱潜特务艇、扫雷艇以及来自民间的小型货轮、平底驳船，还有原来日本各地的港务与公务船只。从 1949 年开始订购新造的巡视船，首先建造 2 艘 700 吨级和 3 艘 450 吨级。由于美苏冷战格局逐渐形成，盟军最高司令部在 1950 年两度下令增强海上保安厅的实力，以加强对日本海西侧靠近苏联、朝鲜海域的巡逻监视。

1951 年，海上保安厅获得了 19 艘 450 吨级巡视船和 20 艘 270 吨级巡视船。从 1954 年起，海上保安厅开始配备 350 吨级巡视船，在这段时期，海上保安厅总共获得 118 艘日本国产的新建巡视船，淘汰了成立初期"大杂烩"的船只，实现了勤务船队的标准化。

1952 年 4 月，日本成立了海上警备队。1952 年 8 月，日本成立保安厅，统辖保安队（原警察预备队，后成为日本陆上自卫队）和警备队（原来的海上警备队，后成为海上自卫队），成为战后日本第一个统一的防卫组织。最初日本有意采取"一元化"的构想，将海上保安厅改编为"海上公安局"，并由国土交通省转到保安厅，但是这个构想遭到以警察系统出身为主的海上保安厅人员的强烈反对。日本政府也考虑到海上保安厅在组织、人事与职务上的警察色彩，与正规军事体系与任务会有所冲突，最终海上保安厅继续作为国土交通省的机关而存在。1954 年 7 月保安厅改组为防卫厅，警备队也改名为海上自卫队。

军事类防务由海上自卫队负责，海上保安厅继续以警察性质的海岸警卫队的方向发展壮大。朝鲜战争之后的一段时间内，每年都有大量韩国、朝鲜人偷渡到日本，而同一时期尚未恢复元气

的日本国内，也有不少人从海路偷渡到欧洲或美国，同时日本与朝鲜半岛的走私贸易极为兴盛，因此日本海上保安厅这一时期全力维持海上航运与治安，之后随着时代的发展，海上保安厅又陆续增加护渔、救灾、防止污染等任务。

1977 年 7 月，日本新制订的领海法生效，依照当时联合国海洋法会议的规定，实施 200 海里专属经济海域与 12 海里领海等规定，这就使海上保安厅的巡逻范围急剧扩大 50 倍，达到 405 万平方千米，为此海上保安厅也不得不在短期内增建大批新巡视船，成为海上保安厅成立以来第二个大规模扩充时期。

由于海上保安厅的原来英文名称是"Japan Maritime Safety Agency"，英文缩写 JMSA，与各国惯例不同，各国船员经常反映从这个名称上无法分辨这是海上警察单位还是一般的海事机关，为此海上保安厅在 2000 年参照国际标准，将英文名称改为现名"Japan Coast Guard"，直译为日本海岸警卫队。

如今，海上保安厅兵力约为 1.8 万人，拥有各型船舶 200 余艘，总排水量达 80000 吨，飞机约 75 架，成为仅次于美国海岸警卫队的世界第二大海岸警卫队，实力超过邻近几个国家的海岸防卫兵力的总和，甚至高出许多小国的海军，是日本不折不扣的"第二海军"。

日本海上保安厅总部设在东京，最高领导为保安厅长官，下设行政部、装备技术部、警备救难部、海洋情报部、交通部 5 个职能部门，其中行政部主要负责公共关系、国际交流、人事管理、预算财务等工作；装备技术部主要负责船艇建造、飞机采购以及其他装备购置等工作；警备救助部主要负责海上公共秩序、海上救难与污染防制等工作；海洋情报部主要负责海图测绘、航道测量、海洋观测、提供海图出版物和确保航行安全所需的信息管理等工作；海上交通部主要负责航行安全措施的实施、航标的设立、维护和运作等工作。此外，保安厅还直辖一所海上保安大学以及三所海上保安学校，专门负责海上保安人才的培育。

目前日本海上保安厅以本土为中心，将周边管辖海域分为 11 个海上管区，每个管区都设有海上保安本部，这 11 个海上保安本部共下辖 66 个海上保安监部、1 个海上警备救难部、58 个海上保安署、6 个情报通信管理中心、7 个海上交通中心、1 个航空警备管理中心、14 个航空基地、1 个国际组织犯罪对策基地、1 个特殊警备基地、1 个特殊救灾基地、1 个机动防灾基地、5 个通信站、4 个航道观测站、1 个导航中心与 18 个航标管理部门等单位。

为应对新形势的需要，特别是海上反恐任务，海上保安厅还下辖一支名为特别警备队（Special Security Team，英文缩写 SST）的武装特勤部队。SST 于 1996 年成立，其前身是 1985 年成立的关西空港海上警备队以及 1992 年成立的在核燃料输送任务中随行的"输送船警乘队"，平时部署于第五管区海上保安本部的大阪特殊警备基地。SST 队员都具备突击与攻坚作战能力，能以各型潜水载具从水下进入目标船只进行突击，还有部分单位具有核生化防护与爆裂物处理的专业能力。

1950 年 6 月，朝鲜战争爆发，这一事件使美国彻底改变了原先的政策，开始重新武装日本。而已经成立的海上保安厅更是得到了迅速发展的大好机遇。特别是 1950 年 10 月，美军在朝鲜元山登陆时就遇到了朝鲜人民军布设的大量水雷，距离又近又一直处在扫雷工作状态的日本海上保安厅的扫雷部队，自然就成了美国在当时第一个想到的扫雷力量了。只是前往朝鲜扫雷显然是违反刚颁布不久的和平宪法的，在日本高层引起了争议，最后还是首相吉田茂拍板才得以成行，但是这一行动被列为最高机密，除了日本政府高层的极少数人外，就连执行扫雷任务的官兵都不知道任务区域是在哪里，还严格规定撤除了所有国籍标志，等于是以无名部队的名义参加了扫雷。当时日本派出了46艘扫雷艇和1200人组成的特别扫雷队前去执行元山扫雷任务，最后花了两个月时间，以死1人伤18人，损失1艘扫雷艇的微小代价，扫除水雷27枚，清扫出327公里的安全航道。其效率之高，损失之小，大大超过了联合国军的预计，日本海上保安厅的专业水准由此获得了美国的认可。也正是从元山扫雷之后，美国开始真正帮助日本重建武装。1951年1月，美国同意将海上保安厅的编制人数增加到18000人，足足增加了80%。装备的舰艇数字也放宽到200艘，同时取消了最大舰艇单艘不得超过1500吨的限制，还允许海上保安厅配备飞机。另外还将美国海军闲置的40艘警备艇和海岸警卫队的一批小型执法船借给海上保安厅使用。就这样，到1951年4月，海上保安厅就已经扩充到13000人，还新增了45艘巡视艇。同时，为培养高中级人才的海上保安大学和海上保安训练所也都开始紧锣密鼓地筹建起来。而随着海上保安厅的迅速发展，新订制的舰艇无疑是给了正处在奄奄一息状态的日本造船工业一剂强心针，使日本造船工业得已熬过了战后最困难的冰河期。

而为日本海军的重建立下汗马功劳的扫雷部队也于1952年8月随着保安厅（后来防卫厅的前身）的成立而从海上保安厅转到保安厅警备队（也就是后来海自的前身）的麾下，不要小看了这个管辖关系的转变，也就是说，海上保安厅将继续担负海上警察的使命，而保安厅警备队就将朝真正的海军发展了。所以，日本海自的建立，等于是通过了海上保安厅来了个借壳上市。

今天，海上保安厅还是海上警察的定位，隶属于国土交通省，但在战时可以转隶到防卫省。其任务还是海岸警备、沿海船只航行安全、反走私、反偷渡、海上救助等老一套，只是少了扫雷这一项，几十年来都没有多大变化。不过，日本政府现在反而觉得海上保安厅使用起来可能比海自还要顺手，因为可以回避海自出动所引起的一系列外交上和法律上的麻烦，所以日本政府越来越把海上保安厅作为其负责周边海域巡逻和监控的主要力量，特别是近年来更是大力加大了投入，不仅在机构设置，而且在新装备舰艇等各方面都进行了大力扩充。如1992年和2014年服役的2艘"敷岛"级巡视船，排水量7100吨，可载2架直升机，是当今世界上最大的海警执法船。2013年日本政府还宣布，海自退役的"初雪"级驱逐舰也将交给海上保安厅作为执法船使用。完全可以这么说，在今后的争端中，海上保安厅甚至会替代海自成为主力。

再回到海自的话题上，在美国改变对日占领政策的利好消息刺激下，旧日本海军的重建之路也终于开始了。1951年1月的一天，一批旧日本海军的前军官在保科善四郎的家里聚会，成立了"新海军研究会"，而这个研究会还有一个更响亮的名头——"野村机关"，因为这个研究会的总代表就是赫赫有名的前海军大将野村吉三郎。这个研究会的阵容极其豪华，成员中不乏像山梨胜之进、小林矶造、长谷川清、夏本重治这样的前海军大将中将，前海军的佐级军官就更多了。虽然这个研究会并没有在厚生省注册，但是由于其成员大多是在战争前有过反对与德意结盟，反对与美国开战的共性，再加上野村等人在美国也有相当深厚的人脉关系，所以美国人对此也就眼开眼闭了。

"野村机关"就是为了研究如何在新的和平宪法的框架内重建海军，由于这个问题太过敏感，所以是以民间研究会的身份秘密进行，而研究会的总干事保科善四郎也绝非等闲之辈，他在日本投降时任海军省军务局长，是海军中将。他1891年出生，1925年以第二名的优异成绩毕业于海军大学，1930年公派美国耶鲁大学留学，是日本海军中的"美国通"。正是因为他对美国的了解，所以他也是坚决反对与美国开战的，尽管当时他还官微言轻，但却由此进入了日本海军反战三杰之一的海军大臣米内光政的视线。1945年8月，就在日本投降前夕，米内特意把保科善四郎召来，郑重其事地将日后重建海军的大任交付他。因为米内知道保科的经历，以及之前坚定的反战观点，战争中又没有直接参加一线作战，战后不仅不会受到美国的惩处，反而会受到美国占领当局的重用，再加上他担任军务局长，负责的又是人事和编制，在日本海军内也有相当的人脉资源，所以是最佳人选。老到的米内果然没有看错，保科很快被联合国军总司令部看中，在第二复员省任职，凭借着这一职位，保科进行了重建海军的大量前期工作，并成为"野村机关"的核心人物。

时至今日，"野村机关"还有很多内幕没有公开，但是这个研究会在日

保科善四郎，重建日本海军的灵魂人物

本海军重建过程中所发挥的巨大影响却是有目共睹，甚至可以说海自成立以及早期发展的每一步都和这个研究会密切相关。

1951年1月底，野村向联合国军总司令部提交了凝聚着研究会智慧和心血的成果——《新海军建设计划书》和《关于日本安全保障的洞见》，美国远东海军副参谋长阿利·艾伯特·伯克（Arleigh Albert Burke）称这两份文件是"堪称完美的报告"，认为文件既符合日本和平宪法的精神，也符合美国对于重建日本武装的构想，同时又摈弃了旧日本海军的那套糟粕，简直是太完美了，所以立即呈报给美国海军作战部长（相当于海军总司令）谢尔曼上将，并得到了谢尔曼的认同。然后，伯克又向太平洋舰队司令部游说重建日本海军的重要性和紧迫性。正是在伯克的不懈努力下，"野村机关"和美国海军的高层建立起了直接联系的渠道。要知道这个伯克在美国海军中可是鼎鼎有名，在太平洋战争中他曾担任第23驱逐舰支队的司令，创造出一套全新的驱逐舰战术，取得了极其辉煌的战绩，并赢得了"31节伯克"的外号。后来他连任三届美国海军作战部部长，是美国历史上担任海军作战部长最久的人。现在美国海军最先进的导弹驱逐舰"伯克"级也是用他的名字来命名的。谁也没想到，曾经与日本海军浴血奋战的伯克，居然成为重建日本海军的重要推动者。日后这两份文件的很大一部分内容成为了自卫队（不仅仅是海上自卫队）创建的原则和框架。

在这之后，"野村机关"乘热打铁，又提出了新建海军的三个方案：一是新建机构，由日本政府直接领导；二是新建机构，但是由美国海军指挥领导；三是与海上保安厅进行合并重组。见到这个方案里有涉及海上保安厅的利益，自然引起了海上保安厅的强烈不满，第一任海上保安厅长官大久保武雄和现任长官

美国海军伯克将军，第二次世界大战中的海上英雄，却成了日本海军重建的"助产士"

战后日本海军重建的助产士

阿利·艾伯特·伯克（Arleigh Albert Burke）1901年10月19日出生在科罗拉多州伯德尔的一个农场里，1919年6月进入安纳波利斯海军军官学校，1923年6月以全班413名学生中排位第71名的成绩毕业。毕业后，伯克先在"亚利桑纳"号战列舰上服役了5年。之后又在多艘舰艇上担任不同职务，在这段时间里他完成了军事工程研究生课程，并先后两次进入军械局工作。1937年6月，他调任"卡文"号驱逐舰（DD-382）上担任见习舰长。1938年8月，他升任上尉舰长。1939年6月转调到"梅格福德"号驱逐舰（DD-389）任舰长。在担任"梅格福德"号舰长期间，他研究出在夜晚用高射炮拦截鱼雷的战术。1941年，又调到华盛顿海军工厂。珍珠港事件爆发后尽管他一直想回到军舰上，但直到1942年年底才如愿。

1943年1月，回到战斗部队担任第43驱逐舰分队分队长，当时美海军正处在太平洋战争的最艰难岁月，由于伯克指挥果敢，不久即取得击沉1艘日本驱逐舰的战果。5月，他又调任第44驱逐舰分队分队长。不久，他在所罗门海域的护航战斗中受伤。8月，他升任第12驱逐舰中队中队长。10月，调任第23驱逐舰中队中队长，该中队共辖8艘驱逐舰，都是当时最新的"弗莱切"级驱逐舰。在这之前，由于美国一些老驱逐舰性能和战术落后，再加上装备的鱼雷故障较多，因而在与日舰的交战中屡屡受挫，海战的主动权一直在日本一方。然而伯克总结出一套崭新的驱逐舰战术，终于改变了形势。虽然当时美国的鱼雷性能不如日本，但是美国驱逐舰已经装备雷达，伯克认为可以利用雷达的优势扬长避短，从而占据上风。他的战术是将编队分成两组，在机动中相互配合，利用暗夜先由第一组根据雷达探测突然袭击敌舰，然后立即又退出战斗，当敌舰精神

方定准备还击的时候，第二组又从敌舰没有预料的另一方进行攻击，正当敌舰手足无措的时候，第一组又回过头来予敌再次攻击，这连续的三次打击足以使敌舰劫运难逃。但在运动战过程中，必须记住一条要领，绝不使已舰的侧面暴露给敌舰，即绝不让敌舰得到发射鱼雷的有利阵位。在这之后的短短的4个月中，23驱逐舰中队在伯克的领导下参加了22场战斗，取得了击沉击伤日军10艘军舰、1艘潜艇、几艘小型舰艇和击落大约30架飞机的辉煌战绩。23驱逐舰中队由此成为当时美国海军中一颗耀眼的明星，伯克也成为美国海军最著名的驱逐舰指挥官之一。

1943年11月，第23驱逐舰中队接到命令，要高速航行去拦击一支日本护航船队。要完成这一任务就需要以31节的平均速度航行，而平时驱逐舰的最高

编队速度才只有 30 节。但是伯克指挥舰队及时赶到,并取得了击沉日舰 3 艘的胜利,这次战役被很多海军学家称为最完美的海战,伯克也因此次被授予海军十字勋章,并且从此以"31 节伯克"闻名全军。

1944 年 3 月,伯克调任第 58 特混舰队参谋长,此后参与指挥了马里亚纳海战、关岛登陆战、塞班岛登陆战、菲律宾海战、莱特湾海战、硫磺岛战役以及冲绳战役等。

1946 年 9 月升任第八舰队参谋长。

1948 年调入海军作战部长办公室,负责海军核武器的发展规划。后来国防部长路易斯·阿瑟·约翰逊提出:"有了 B-36 轰炸机,海军就没有必要造航空母舰了。"这遭到了伯克将军等诸多海军将领的抗议,被称为海军上将叛乱事件。他在 1949 年被贬出华盛顿,担任第 7 舰队第 5 巡洋舰分队司令,参加了朝鲜战争。1951 年升任远东海军司令部参谋长,作为联合国停战代表团成员参加了朝鲜战争停战谈判。朝鲜战争结束后,他回到海军部任战略计划部主任。

1953 年,他从海军少将直接越级提升为海军上将;1955 年 8 月,出任美国海军作战部部长。在担任部长期间,伯克积极推动海军在导弹和核动力领域的发展,为美国海军舰艇的导弹化和核动力舰艇的发展做出了重要贡献。1961 年 7 月连任三届海军作战部部长的伯克卸任退休。迄今为止,他仍然是美国海军历史上担任海军作战部部长职务时间最长的人。

1989 年 9 月,美国海军新一代驱逐舰首舰(DDG-51)下水并被命名为"阿利·伯克"号;美国海军之所以将这艘装备着最新、最先进的"宙斯盾"系统的导弹驱逐舰以伯克的名字命名,就是因为伯克在美国海军里就是快速、灵活、势不可挡的代名词。

1996 年 1 月 1 日,阿利·艾伯特·伯克在马里兰州比斯塔市海军医院逝世,终年 94 岁;他的遗体被安葬在美国海军军官学校公墓。

柳泽米吉一起出马,四下活动,但是他们太低估旧日本海军的能量了。

1951 年 10 月,在联合国军总司令部的授意下,成立了日美联合委员会(也叫 Y 委员会),名义上这个委员会负责美国援助舰艇的归属和使用,实际还担负着更重要的任务,那就是作为重建海军的筹备机构,确定建军原则、组织编制以及琐碎的技术细节。日本政府将挑选这个委员会日方委员的工作交给了柳泽米吉和第二复员省的前海军少将山本善雄。毫无疑问,这两人一个代表海上保安厅,一个代表着旧日本海军,这矛盾还会少?最后旧海军派大获全胜,有 8 人入选,而海上保安厅方面只有 2 人入选。人选决定了,但矛盾并没有解决,反而变本加厉了。在联合委员会从 1951 年 10 月成立到 1952 年 4 月解散期间,总共举行过 31 次会议,每次都是争得不可开交,而争论的焦点,一是要不要恢复海军,二是美援舰艇归谁管。可以说,这两个问题,都是事关各自核心利益,怎么能不拼死相争呢?双方互不相让,争执不下,最后只好由联合委员会中的美方委员来仲裁,美方最终还是站在了旧日本海军一边,成立新的机构,但是由于目前条件尚不成熟,暂时由海上保安厅管理,但最终还是要从海上保安厅独立出来。

旧海军派能得到美国的鼎力支持，并不只是因为野村等人与美国高层私交密切，最关键的是"野村机关"的想法正好与美国合拍，美国之所以支持日本重新武装，就是希望在日美同盟的基础上，建立一支能随时听命于美国的军事力量，并且能在必要时候与美军并肩作战。要是新海军是在海上保安厅的领导下，那就麻烦了。一方面海上保安厅是日本政府运输省的下属部门，如果要动用这支力量就有干涉日本内政之嫌。另一方面，海上保安厅再怎么说，都是警察的角色，真要到了紧要关头，美国总不能调日本的海上警察一起参战吧。所以，海上保安厅方面就是再有道理，也不可能得到美国的支持。

目前为什么不立即成立新机构，还要让海上保安厅代管呢？这是因为在太平洋战争中，日本海军确实让美国吃了不小的亏，如今虽然是迫于形势要重建海军，但多少总还有点不放心，所以先让海上保安厅来代管，既是一个考察的过程，也是为了掩人耳目，当然也有安抚海上保安厅的意思。不过从此以后，海自和海上保安厅就结下了梁子，两家从此形同仇家，相互掣肘。

经过这么一番争论，联合委员会实际上就成为组建新海军的筹备委员会，而"野村机关"更是成为了指导海自创建和发展的真正大脑。海自的创建已经指日可待了。

1952年4月26日，海上警备队正式成立，名义上是在海上保安厅的管辖下，但实际上就是新海军的开始。所以，这一天后来就被作为海自成立的纪念日。同时还成立了海上警备队总监部，由海上保安厅次长山崎小五郎担任总监。根据之前的约定，总务部长、后勤部长和技术部长由海上保安厅的人员担任，警备部长、地方监部（也就是日后地方舰队司令部前身）由旧海军人员长泽浩、吉田英三（这两人都是旧日本海军大佐，"野村机关"的重要人物）来担任。在海上警备队中，99%的干部都是旧海军人员，几乎就是旧海军的重生。刚创建之时的海上警备队几乎是一穷二白，只有刚从美国手里借来的4艘护卫舰。之后还不到三个月，8月1日海上警备队就从海上保安厅分离出来，改称保安厅警备队，隶属保安厅第二幕僚监部（也就是日后海上幕僚监部的前身），由山崎小五郎任第一任的第二幕僚监部的幕僚长。这时的保安厅警备队比起海上警备队来，还是稍有发展，舰艇总吨位达到8900吨，还不及当年旧日本海军一艘主力大舰的吨位，仍然可以说是相当寒酸。同年11月，美国与日本签署了舰艇租借协定，向日本出借了10艘（后来又追加了8艘）1450吨的"塔科马"（Tacoma）级巡逻舰。这些巡逻舰原来是在第二次世界大战中根据租借法案提供给苏联，战后苏联还给美国的，当时正停泊在日本的横须贺港。此外，美国还向日本出借

美国援助日本的登陆支援艇，日本称之为"楠"级警备艇

了 50 艘 300 吨的登陆支援艇（LSSL）。这两种舰艇，日本分别称为"楠"级警备艇和"百合"级警备艇。这 68 艘舰艇就成为了海上警备队最早的家底。

1954 年 7 月 1 日，日本颁布实施《防卫厅设置法》与《自卫队法》，因此保安厅警备队也随之改名为防卫厅海上自卫队，成立之时海自共有官兵 7590 人，山崎小五郎也就自然成为第一任海上幕僚长，不过一个月后就由长泽浩接任。这时的海自已经有了一定规模，下设 3 个舰队群，总兵力达到了 1.5 万人，拥有各型舰艇 150 余艘，总吨位 5.8 万吨，还有约 50 架飞机。舰艇中的 82% 是由美国提供，其余则是旧日本海军遗留下的，而飞机则全部是美国提供。

正是由于海自几乎是在旧日本海军人员一手操持下成立的，所以其编制、操典、礼仪、号令甚至军歌军乐都是沿用了旧日本海军的那一套。在联合舰队覆灭才刚刚九年，飘扬着十六条旭日旗的日本海军又出现在了太平洋上。旧日本海军军人重建海军的梦想，可以说终于实现了。

警察预备队的创立

　　1948年，对于战后的日本来说，是个名副其实的分水岭，国内军国主义的余孽被基本清除，民主化改造也基本实现，政府内部也结束了内阁走马灯一般更换的混乱局面，开始进入了稳定发展的吉田时代。主宰日本命运的联合国军总司令部方面，权力重心也从以前的左翼人士民政局局长惠特尼转移到了右翼人士二部部长威洛比手中，对日本政策的大方向也从打压逐渐改为扶持。

　　这时在日本国民心目中，战争的苦难还没有完全消除。这些苦难都是由军部一手造成的，所以国民对于军部乃至扩展到对军人都可以说是极度反感和厌恶，主流民意根本就没有恢复军备的念头。当然一些旧军队的人员还是对重建军备念念不忘，认为无论是出于对付苏联的威胁，还是日本恢复国家威信的考虑，都有必要重建军备。对于这些非主流意见，当时的"太上皇"麦克阿瑟是一口否定，在他看来重建军备就是违反了和平宪法，再退一步，等到了将来缔结日美和平条约，美国占领军撤出日本，日本重新武装，也只能是三流军事国家，最多也只能建立对付国内骚乱的小规模的武装警察，超过这一标准的任何武装都是要禁止的。

　　但是形势比人强，1950年6月朝鲜战争爆发，原来韩国在美国的全球战略中，只是个根本无足轻重的小卒子，但是战端一开，美国就认为这不简单地只是朝鲜对韩国的战争，而是共产党阵营对整个西方自由世界的挑战，必须予以迎击，正是从这一战略考虑出发，美国立即出兵朝鲜半岛。距离朝鲜半岛最近的自然就是驻扎在日本的美第8集团军了，于是第8集团军在第一时间就被陆续调往朝鲜，这样一来，就在日本留下了巨大的军事真空。这种情况下，美国倒不是担心日本会出现什么反对占领的举动，而是担心苏联会趁机从北海道长驱直入，横扫整个日本列岛。这种担心也不是毫无道理，第二次世界大战尾声苏联占领了日本的北方四岛，但并不满足，一直对北海道虎视眈眈，因为占领了北海道就能获得进入太平洋的通道，这可是苏联早从沙皇俄国时代就梦寐以求的，只是迫于美国坚持独自占领日本本土的强硬立场，才没有遂了心愿。所以在现在情况下，可是不能不防。

　　7月8日，麦克阿瑟就向日本政府发布指令，要求其迅速组建4个师团，总兵力达7.5万人的军事力量。对于麦克阿瑟的这一指令，当时的日本首相吉田茂并不想执行，因为"吉田路线"的核心简单来说就是"轻军备重经济"，但是美国占领当局的意见，吉田茂是不可能无视的，他再心不甘情不愿都要落实。而麦克阿瑟的动作就更加急不可待，7月14日就成立了民事局分部。这个名称真有点文不对题，说是民事，其实却是要负责日本新的军事力量的设立、培训和指导。这个新的军事力量名字叫作"警察预备队",这绝对是个闻所未闻的名称,难道警察还需要什么预备吗?因为这个军事力量的定位相当奇怪,是在警察之上,军队之下。说得更直白一点,就是不能用军队的名义,却要发挥军队的作用。当然也考虑到国际上对日本重新武装的反对,美国刻意淡化军事色彩,由联合国军总司令部下属的民事局局长杰帕特来负责此事。这就是最典型的挂羊头卖狗肉,在民事局下面设立了军事顾问团,负责具体的编制和训练,从警察预备队到保安队再到陆上自卫队,全都是由美国军事顾问团一手操办。

吉茂田虽然主张重经济轻军备,但在美国的压力下还是重建军备

到10月,7.5万人招募到位,在最初的三个月,警察预备队的各级指挥官都是由美国军事顾问团来担任,以后一方面是日本政府的要求,另一方面美国也不希望被人知道是自己又重建了日本的军事力量,所以军事顾问团也就逐渐转到幕后。警察预备队成立之初,由于美国之前彻底销毁日本军事装备的工作,在日本所有的军事基地里都已经找不到任何武器装备,于是联合国军总司令部只好调拨了7.4万支卡宾枪来交给警察预备队使用。

一开始对于警察预备队指挥官的条件并不明确,起初联合国军总司令部参谋二部部长威洛比想让前陆军大佐曾担任过旧日本陆军参谋本部作战课课长的服部卓四郎来担任警察预备队的参谋长,并打算由服部挑选旧军队中的400名军官来担任各级指挥官。但这一想法遭到包括日本首相吉田茂、联合国军总司令部民政局局长惠特尼在内很多人的强烈反对,只好改以从公职人员,主要是由警察系统或战前内务省的官僚来担任。

美国援助日本的 M24 坦克,成为日本战后装备的第一种坦克

1950 年 12 月 29 日,警察预备队正式成立,分别在东京、北海道、兵库和福冈组建了 4 个"管区队"(相当于师团),总兵力 7.5 万人。其中实力最强的第 2 "管区队"被立即部署到了北海道,还为这支部队提供了 50 辆 M24 坦克,尽管 M24 坦克只是 20 吨的轻型坦克,但却是战后日本装备的第一种坦克,并且也比第二次世界大战中日军的薄皮"豆坦克"要先进多了。

每个"管区队"下辖 3 个步兵团和 1 个炮兵团。每个步兵团下辖 3 个步兵营和 1 个坦克连,每个步兵营下辖 4 个步兵连,这样全团共 12 个步兵连,番号就从 1 到 12 统一排序,第 13 连是团直属重迫击炮连,而第 14 连则是团直属坦克连。炮兵团下辖 3 个炮兵营、1 个高射炮营、1 个支援营和 1 个后勤营。由于《波茨坦公告》中有"战后日本必须解除全部武装"的限制,在这里日本人又玩了个文字游戏,将步兵称为"普通科",将炮兵称为"特科",将坦克连称为"特车中队"。

在招募警察预备队的人员时,出于政治考量,就已经刻意将原来旧日本陆军的军官排除在外,即使有旧日本陆军经历的,也都是技术人员或军事研究人员。靠这样的措施来保证与旧日本陆军彻底划清界限,保证新建立的警察预备队的清白背景。如此一来,警察预备队的各级指挥官就只好由警察系统或战前内务省的官僚来担任。这些指挥官,叫军官显然不成,叫警官也不合适,最后只好叫作"干部",属于特别公务员序列。在这些"干部"中,包括担任最高指挥总队总监的林敬三,都是内务省出身的官僚,他们在战争中深受军方的压制,所以现在一旦翻身掌了权,自然反过来对在战争中有过军队背景的人大力打压,在林敬三掌权的十多年里,有过旧军队背景的人始终都是吃不开,所以他们便愤愤不平地将内务省出身的"干部"叫作"内务军阀"。

在警察预备队成立的初期,高层职位基本上都是被"内务军阀"所把持,而一些基层管理职位则大多是由旧军队的下级军官来担任,当时警察预备队明确规定在旧军队中军衔在少佐以上不要,当过参谋的不要,参谋在日本军队中名声实在太响了。

林敬三,警察预备队第一任总监

参谋

在旧日本军队中,"参谋"一职和我们通常理解的幕僚或是军师的角色不同,"参谋"更多是作为一种荣誉资格,大多是日本陆军士官军校和陆军大学的"军刀组"。所谓"军刀组",也就是毕业考试得到前三名,由天皇赐予军刀的优秀毕业生。他们军衔在大尉到大佐之间,年纪在四十岁左右,他们不仅可以为指挥官出谋划策,更可以直接指挥部队。像挑起太平洋战争的首相东条英机、挑起九一八事变的石原莞尔,挑起七七事变的牟田口廉也等都是参谋出身。他们属于最铁杆的军国主义分子,如果说当年是军部挟持了政府,那么挟持军部的就是参谋。所以,战后日本的俚语中就把邪恶、不可理喻又昏招迭出的人叫作"大本营参谋"。

但是要想光靠这些"内务军阀"和警察干部来组建军队,实在是有心无力。几个月过去,到了1951年2月,警察预备队的进展还是步履蹒跚,杰帕特也只好要求尽快解除对旧日本军人开除公职的处罚,逐步解除旧军人进入警察预备队的限制。

1951年6月,旧日本陆军士官学校58期毕业生进入警察预备队。

1951年10月,除了少数将级军官外,大多数军人都被取消了开除公职的处罚,同时大批的旧军人开始进入警察预备队,随后就有405名旧军队中佐级军官和10名大佐级军官进入警察预备队。

1952年4月28日，日美缔结《旧金山和约》，结束了日本被占领状态。8月1日，根据刚刚通过的《保安厅法》成立了日本保安厅，统一领导警察预备队、海上保安厅和海上警备队，由首相吉田茂兼任保安厅长官。10月15日，警察预备队改称保安队，归属保安厅第一幕僚监部（也就是原来的警察预备队总队总监部，后来陆上幕僚监部的前身），由林敬三担任第一任的第一幕僚监部的幕僚长。此时保安队的总兵力已扩充到11万人，还组建了专门应付"北方威胁"的北部方面队，这是日本组建的第一个方面队，可见日本是把"北方威胁"列为最高级别的。

1954年7月1日，日本颁布实施《防卫厅设置法》与《自卫队法》，同一天保安厅改称防卫厅，保安队也同时改称陆上自卫队（简称陆自，下同）。木村笃太郎担任第一任的防卫厅长官，筒井竹雄担任第一任陆上幕僚长，林敬三也水涨船高，高升一步，出任第一任统合幕僚会议议长。此时，"管区队"也从4个扩编到6个，另外还成立了第7、第8混成旅，混成旅是由步兵团、炮兵团和工兵营等多兵种混编的单位，负责地区守备，和管区队的职能基本相同，只是规模稍小一些。

1956年12月和1958年6月，又分别成立了第9、第10混成旅，形成了6个"管区队"和4个混成旅的十大骨干战术单位。至1960年1月，在建立北部方面队后又相继成立西部、东北、东部和中部方面队，形成了延续至今的五大方面队体制。1962年，日本防卫厅对6个"管区队"和4个混成旅进行了整编，全部改为师团，番号从第1师团依次到第10师团，又成立了第11、第12、第13师团，形成了13师团体制的陆自基本架构，并一直延续到90年代中期。此时陆自的总兵力已扩充到17万人，装备坦克约400辆，大口径火炮400门。

尽管陆自刻意划清与旧日本陆军的界限，但是在不少地方还是保留了旧日本陆军的痕迹，比如不少部队的番号就沿用了旧陆军的番号和代号，如驻大阪的陆自第37普通科连队就沿用旧陆军第37步兵联队的番号和"菊水"的代号，还有驻北海道的第11特车大队也是沿用旧陆军第11步兵联队的番号和"士魂"的代号。

航空成军的梦想

在日本帝国时代,和美国一样,日本没有独立的空军,空中力量分别属于陆军航空兵和海军航空兵,主要是陆军航空兵。战后日本的航空兵人员就认为日本之所以战败,一个重要原因就是对空军的忽视。和海军一样,这些人也成立了研究会,为创建独立的空军开始努力。在这些人中主要的核心人物是旧日本陆军航空兵的三好康之少将和浦茂中佐。

但是显然,建立独立的空军难度比重建海军可大得多。麦克阿瑟在1948年曾表示日本不能拥有以任何形式存在的空军,甚至连民用航空也不

美国陆军参谋长布雷德利,他坚决反对日本创建空军

能存在和发展。同一时期,就连一向以温和著称的美国陆军参谋长(相当于陆军总司令)的布雷德利五星上将也明确表态:"关于日本创建空军的问题,现在和将来美国都不会考虑。"尽管困难是如此之大,但三好等人还是不抛弃、不放弃,坚持进行相关的研究,并于1952年7月向驻扎在日本名古屋的美国远东空军司令部递交了《关于日本空军创建的意见书》。美国空军作为与陆军、海军平起平坐的独立军种直到1947年才刚刚成立,所以在心理上和三好很有感同身受的体会,加上远东空军在朝鲜战争中受到很大损失,如果还要增加在朝鲜半岛的空军力量,那么必然造成日本领空将成为无人保卫的真空地带的现实考虑,所以远东空军很快就向美国最高军事指挥机构参谋长联席会议提出了创建日本空军的构想,并得到了美国国防部的支持。

在美国空军的大力奔走和帮助下,美国军方终于在1952年10月改变了原先态度,正式表示日本可以拥有航空力量。随即美国远东陆军总司令克拉克上将、远东空军总司令威兰中将和驻日大使墨菲就建立日本空军进行了充分的协商和沟通,并将协商结果整理成题为《适切的日本空军设置》的正式报告,提交给了美国政府和军方。这个报告在1952年年底获得了美国政府和军方的一致认可,这让三好等人大受鼓舞,但是他们没料到的是,好不容易争取到了美国的支持,却在日本政府这里遭到了否定。

T-34 教练机是日本航空自卫队装备的第一种飞机

恰在此时,苏联空军频繁从北方四岛起飞,侵入北海道等地,日本媒体更是大肆渲染,在这样的压力下,日本内阁终于决定今后再出现类似事件,一定要在驻日美军的帮助下采取断然措施。为了实现这一目标,吉田内阁终于同意组建航空部队。

1953年10月,保安厅成立了制度调查委员会,从名字上根本看不出什么名堂,其实这个委员会就是航空部队的筹备机构,其成员全部都是旧日本陆海军的航空人员。

进入1954年,日本航空自卫队的组建也进入了最后的冲刺阶段。2月制度调查委员会终于可以扔掉遮遮掩掩的假面具,正式更名为航空准备室,全面开始创立航空自卫队的前期工作。美国也加大了支持的力度,在《1954年度日本陆海空军部队训练经费援助》中,对日本空军的援助是26124615美元,相比之下给日本海军是7467948美元,陆军更是可怜,只有547270美元。给予空军的经费几乎是海军的3.5倍,陆军的47.7倍。

6月,美国军事顾问团增设了由47人组成的空军顾问部,负责帮助正在组建中的航空部队进行训练。为此,美军还大方地让出了位于宫城县的松岛基地,在两个月的时间里培训出35名飞行员和58名地勤人员。此后,松岛基地也逐渐发展成日本航空自卫队最重要的飞行员培训基地。

7月1日,也就是在防卫厅成立的同一天,航空自卫队(简称空自,下同)正式成立,首任航空幕僚长是内务省官僚出身,前任保安厅官房长官的上村健太郎。成立之初总兵力为6738人,规模并不大,但是这些人员大都是来自于旧日本陆海军有过实战经验的航空人员,可以说素质相当高,是真正的小而精。到1954年底,空自已经发展到拥有T-34教练机56架、T-6教练机63架、T-33A教练机和C-46运输机16架、KAL-2联络机1架。

由于空自是战后建立的新军种,虽然其成员主要来自旧陆海军的航空人员,但是毕竟没有什么传统可以继承,因此几乎所有方面都是仿照美国空军,甚至空自成立40年来都没有自己的军歌,遇到检阅等重大活动场合,都是采用美国空军的军歌,直到1994年才选定矢部政男创作的《空中精锐》作为空自军歌。所以,空自也就成为日本三大自卫队中美国色彩最浓厚的军种。

另外，还必须要说明的是，陆自基本上切断了与当年旧日本陆军的血脉传承，几乎是完全脱胎换骨的新军。海自虽然沿袭了当年旧日本海军的衣钵，但是创建海自的大多是战前的反战派人士，深受美国民主思想的影响，与军国主义有着天然的抵触。反倒是空自，基本上都是来自于旧日本陆海军的航空人员，也没有像警察预备队成立后全体人员进行民主教育的过程，有相当多的人都仍旧存在顽固的军国主义思想，所以成为三大自卫队中右翼思潮最汹涌的地方。

文官治军是原则

三大自卫队成立，当年旧军队的军官们都是喜笑颜开，他们觉得自卫队虽然没有军队的"名"，却有了军队的"实"，那么下一步自然就是要有一国军队所应该具备的权限和待遇，但是他们很快就笑不出来了，因为他们的希望可以说是彻底落空了。虽然自卫队是在自卫权是主权国家的固有权利的法理基础上成立的，但是日本国内上自首相吉田茂，下到普通民众，以及国外亚洲各国都有着深深的担心，自卫队会不会成为当年"大日本皇军"的再生复活版？为了打消国内外的这种深切顾虑，日本政府给自卫队设定的第一道不可逾越的底线就是文官治军原则。

为什么说文官治军是底线？这还得从"皇军"的发迹历史说起，军部之所以会后来拥有如此巨大的权力，可以将整个国家和民族绑上战争的机器，根源就在于"明治宪法"中的一些条款，比如规定陆军和海军分别由陆军参谋本部和海军军令部指挥，受陆军省和海军省管理，天皇是陆海军的最高统帅，所以陆海军不需要向议会和政府负责，只听命于天皇一人。这样文官政府的权威被削弱直到被架空，就是早晚的事情。到1936年"二二六"兵变之后，原本就脆弱不堪的文官体制彻底崩溃，军部完全把持了国家的最高政权。除了"明治宪法"之外，《军部大臣现役武官制》又规定了陆海军大臣必须由现役军人担任，而现役军人担任大臣又得经过军部批准。任何只要是军部不满意的政党上台，军部最简单的办法就是不派现役军人去担任陆海军大臣，那么这个首相就会因为无法组阁而下台。而且所有关于军队的法令都是不需要经过总理大臣也就是首相同意，只要陆海军大臣同意就可以了。等于说，除了天皇一人外，是根本没有人可以左右军部的。而任何政党或政治家要想稳稳地坐上位，就一定得看军部的脸色。正是这些规定，造成了军部逐渐坐大的严重后果，最终将国家和民族都带上了险些亡国灭种的不归路。

吉田茂担心重建后的自卫队成为当年皇军的复活版，所以制定了文官治军的原则

正因为如此，日本政府在建立三大自卫队的同时，就明确提出了文官治军的基本原则。所谓文官治军，是西方民主国家一项通行的有效处理军政关系的制度，简单来说，就是军队必须由民选的政治家来控制。这个制度的第一点就是防卫厅长官（后来升级为防卫省，那就是防卫大臣）必须是文职官员，任何现役军人都是绝对禁止担任这一职务的。不仅自卫队的大当家是文官，就是自卫队具体的控制管理、政策制定也都必须由文官负责。例如，日本政府的组织结构里，各省厅都会有下属的局级单位，这些局都被称为内部部局，简称为"内局"。内局是大臣的业务管辖单位，向大臣负责。但是还有一些归各省厅管理的直属外设机构，就对应的被称为"外局"，而大臣可以对外局进行业务指导，但不能干涉外局的日常运作。具体来说，如海上保安厅就是国土交通省的外局。

在防卫厅直接领导下共有五大内局，分别是长官官房、保安局、人事局、财务审计局和装备局，其成员都是通过国家公务员考试的官僚，和自卫队的成员不同，是不穿制服的，所以也被叫作"西服组"，他们就是直接管理自卫队的人事、编制、财务，有时还能监督指挥权。相对应的三大自卫队的幕僚监部则都是由自卫队的军官来担任，所以也被叫作"制服组"。看起来，"西服组"和"制服组"构成了防卫厅的左膀右臂，各自从自己的业务范围出发，辅佐防卫厅长官。比如自卫队执行联合国海外任务，内局就是从法律、程序方面向防卫厅长官提供建议，而幕僚监部则是从"是否有能力"的角度向防卫厅长官提出建议。似乎两者是相辅相成，井水不犯河水，而实际上这两个系统经常会发生争执，但结果从来输家都是"制服组"。

在管理体制上，也是贯彻文官治军的原则，各内局的职责就是根据防卫厅长官的指示制定保安队和警备队所有领域的建设方针和基本实施计划，然后下发给各幕僚监部具体实施，也就是说，"制服组"只是个实施者，根本就对决策没有什么影响，整个就是一小跟班。

除了防卫厅长官必须由文官来担任和内局由文官来领导这两点外，日本还发明了一项具有鲜明东瀛特色的制度，这就是"防卫参事官制度"，等于是给"制服组"额外再戴上了一道紧箍咒。根据1954年颁布实施的《防卫厅设置法》，参事官是围绕相关事务制定基本政策时辅佐长官的官员，当然参事官的前提还必须是文官。结果防卫厅的内局局长都有了参事官的身份，这样一来内局局长的地位就等于变相提高了，完全压倒了三军幕僚长，所以为什么几十年来"制服组"就没赢过"西服组"也就不难理解了。"制服组"的最高职务，从统合幕僚会议议长到三军幕僚长，几乎都被内局踩在脚下，完全是被管理的角色。而且为了防止"制服组"获取外部的支持，防卫厅还有严禁"制服组"成员与参众两院议员、内阁大臣联系的训令。

另外，1954年防卫厅成立之初，内局的中高级领导都是内务省官僚和警察系统的干部，也就是被旧军人愤恨不平地称之为"内务军阀"的那批人。要知道警察和军人曾经有过不小的矛盾冲突，最具有代表性的就是1933年的大阪事件，一名陆军的一等兵因为违反交通规则又不愿接受处罚，与值勤警察发生打斗，随后被带回警局。第二天，他所在部队第4师团的师团长亲自带人冲进警局将他带走。事情闹到军部，结果军部认为军人不归警察管，所以这名士兵没错。从此内务省警察便和军方结下了怨。现在好不容易等来了"内务军阀"执掌大权的时候，哪还有"制服组"的好果子吃？所以几十年来，"制服组"受压制的地位始终都没有改变。这种官场上的矛盾内斗，也在一定程度上强化了文官治军制度的实行。

第三章

几十年的防卫之路

鉴于第二次世界大战中,军人把持政局最终将国家和民族带上了战争的不归之路,所以在战后重建起来的自卫队,日本确立了"文官治军"的基本原则,并一再制定各种制度来限制军人的权力。近年来,随着日本经济的发展,自卫队实力也水涨船高,军人们经过几十年的不懈努力,终于取得了一些改变。

从防卫厅到防卫省

朝鲜战争爆发,无疑这一事件是日本重新武装的重大转折,因为此时美国已经将日本视为自己在远东的最可靠的盟友。1951年4月接替麦克阿瑟出任联合国军总司令兼远东美军总司令的李奇微中将,是标准的军人出身,他就更直接地从军事层面来考虑此事。他上任不久就发布了《李奇微法案》,其中就提出:"日本的安全对于推进美国的远东战略极其重要,决不能容忍敌对势力在日本任何地区出现。"他认为面临苏联的巨大威胁,必须使日本的警察预备队重装化,为此将向警察预备队提供坦克、大口径火炮等重型装备。

1952年4月,日本和美国签署《旧金山和约》,宣告美国对日本的占领结束,在日本的美军也从占领军改称驻日美军。虽然名称变了,不过美军的一切都没变,基地依然在,飞机依然飞,汽车依然跑。但是对于日本就不一样,现在是摆脱了被占领状态,作为一个独立国家,应该也必须要有自己的国家防卫。原来吉田茂依靠美军来保障国家安全,自己一心搞建设的如意算盘不得不有所调整。但是他还是坚持自己"重经济轻军备"的大政方针,即使重建军队也是更重质量,是一支小而精的军队。同时,为了不再重蹈旧日本军队内部陆海军相互争斗的历史教训,决定成立一个专门部门来

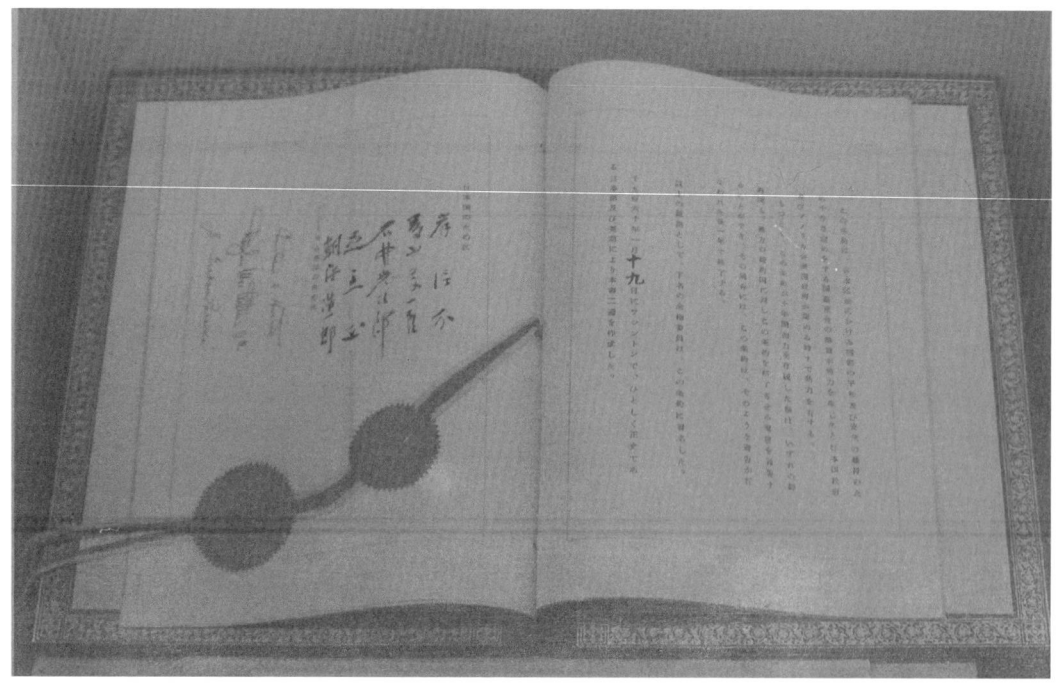

日美安保条约确定了日美同盟的关系

统一指挥管理陆海军（当时还没考虑到建立独立的空军）。

4月30日，吉田内阁通过了对警察预备队和海上警备队进行一元化整合的"保安厅设立方案"。

8月1日，保安厅作为总理府的直属外设机构（也就是所谓的外局）正式成立，吉田茂首相兼任第一任保安厅长官。保安厅下设长官官房、保安局、人事局、财务审计局和装备局五大内部局，同时还设立第一、第二幕僚监部，作为保安队（也就是原来的警察预备队）和警备队（也就是原来的海上警备队）的管理机构。

也就在保安厅成立的前后，迫于朝鲜战争的巨大压力，美国在其全球战略中已经将

防卫省标志

远东问题提高到最优先解决的层次，为此也开始大力支持日本重建军备的重装化，考虑到日本当时的财政状况是肯定无力承担军队的重装化，所以美国很是慷慨地提出

防卫省组织机构图

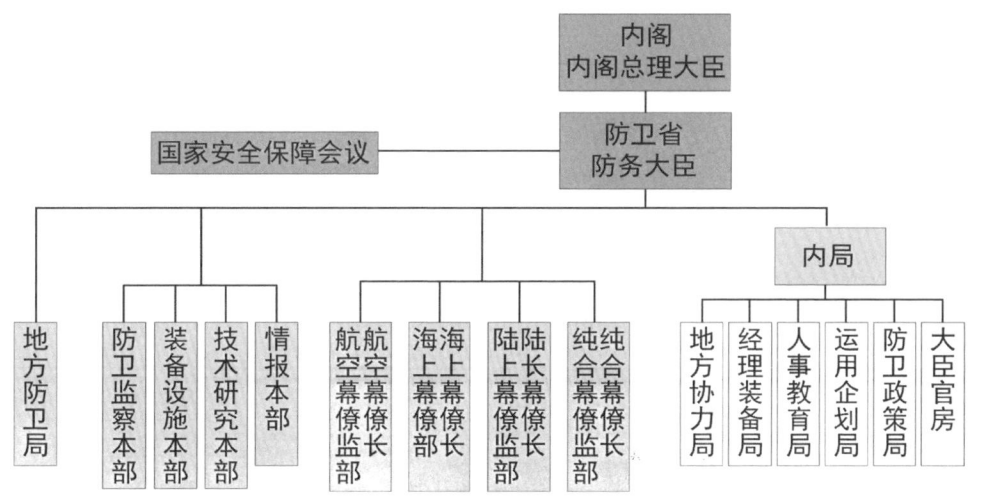

防卫大臣旗

所有装备的钱,都先由美国来垫付,至于这笔钱怎么还,以后再说。这样的好事,就连一贯轻军备的吉田茂首相也不得不动心了,于是自然很爽快地同意了美国的建议。

财大气粗的美国果然还是靠谱的,很快250辆M4A"谢尔曼"中型坦克就运抵日本,接着大批装甲车、大口径火炮也陆续运到日本,同时保安队的重装化训练也如火如荼地开展起来。

1953年1月,艾森豪威尔当选美国总统,他更加看重日本作为美国在远东的最可靠盟友的价值,国务卿杜勒斯甚至主张将美国全球战略中欧洲第一改为亚洲第一。在这样的政治大风向下,美国大大加强了对日本建军的支持和援助。

1953年3月,日美签署《日美相互防卫援助协定》。根据这一协定,日本从美国手里源源不断地获得了资金、装备方面的援助,但是世界上从来就没有白吃的馅饼,作为回报,日本也必须履行自己在安全防卫方面的义务。可以说,正是这个协定,大大加快了三大自卫队的成立。

1953年9月,吉田茂以自由党总裁的身份和改进党总裁重光葵举行秘密会谈并达成协议,双方一致同意将保安队和警备队改编为自卫队,自卫队的主要职责就是确保国家安全,抵御可能的入侵。之后自由党和改进党、民主党就自卫队的问题进行了多次协商,最终这三个号称保守三党的政治党派在创建自卫队的问题上达成了一致。但是在协商过程中,改进党不满意执政的自由党提出的"防卫力量渐进主义"的理念,认为是太过温和了,主张修改宪法,建立一步到位的"自卫军"。这是日本在战后有政党第一次提出了修宪的意见。

美国人可比日本人自己还着急,觉得当初麦克阿瑟搞得那套和平宪法有些碍事,助理国务卿罗伯逊有一次就在会谈中问到,难道不修改宪法就不能建立军备了吗?

1953年10月,美国国防部向日本提出了重建军备的方案,要求重建后的日本武装力量陆军要达到10个师团,32.5万人;海军要装备18艘驱逐舰,1.3万人;空军要装备800架飞机,3万人。而日本政府还是希望以经济发展为重点,这样的军队规模投资太大，势必会影响战后经济恢复和发展，同时也深知当时的日本国民，对于战争的苦难还刻骨铭心，反战和平思想是绝对主流，所以这样庞大规模的军队肯定会引起强烈反对的，之前保安厅提出的发展计划要五年之后才到达21万人的规模。

对美国提出的建军方案，吉田茂立即责成大藏大臣池田勇人负责进行修改。真是匪夷所思，一个国家的建军方案，居然不是由军事专业人员来完成，而是让财务人员来完成。还别说，大藏省的办事效率还是非常高的，只用了一天，就在美国方案提出的第二天，提出了日本自己的建军方案。这个方案中陆军三年内达到10个师团，18万人；海军五年内达到舰艇210艘，兵员3.1万人；空军在五年内达到飞机518架，兵员2万人。相比美国方案，陆军和空军都有缩减，只有海军是增加的。当然，作为财务人员，省钱是天性使然，所以在整个方案中明确提到总共需要资金9000亿日元，其中美国将承担2800亿日元（主要是装备）。经过一番讨价还价，美国终于同意了日本的这个建军方案。

1954年5月和6月，被称为"防卫二法"的《防卫厅设置法》和《自卫队法》两部法律分别被日本参众两院通过，这就为自卫队的成立解决了法律上的最后障碍。在这两部法律中，《防卫厅设置法》规定了防卫厅作为政府行政机构设置的目的、所辖事务和组织机构。《自卫队法》则是规定了自卫队的任务、编制、组织机构和自卫队员的身份等问题。其中明确规定了自卫队的任务是："抵御直接或间接的侵略"，而如今，自卫队的很多任务已经超出了这个范畴。

7月1日，原来的保安厅改称防卫厅，木村笃太郎担任第一任的防卫厅长官。原来的保安队和警备队分别改称陆上自卫队和海上自卫队，原来的第一、第二幕僚监部分别改称陆上幕僚监部和海上幕僚监部，作为陆自和海自的最高指挥机构，其最高领导是陆上幕僚长和海上幕僚长。同时成立了航空自卫队，设立航空幕僚监部，最高领导是航空幕僚长。三大幕僚长就相当于其他国家的陆海空军司令。这样，三大自卫队正式成立。自卫队的最高统帅是总理内阁大臣（也就是通常所说的首相），最高军事决策机构是在内阁中成立的"国防会议"（后来改称"安全保障会议"），负责讨论审议国防方针、自卫队建设及各种涉及国家安全的突发事件处置。

在自卫队建立三大幕僚监部的同时，还成立了"统合幕僚会议"。这个机构的最高领导人是"统合幕僚会议议长"，陆自、海自、空自三大幕僚长也是这个会议的当然成员。这个名称听起来好像有点像美国的参谋长联席会议，但是却没有美国参谋长联席会议那样的军事指挥权，只是个协商单位，负责拟定和调整自卫队作战、训练和后勤计划，搜集研究情报，并在进行两个军种以上的联合行动或演习时实施统一指挥。

2007年1月，首任防卫省大臣久间章生出席防卫省揭牌仪式，标志着防卫厅正式升级为防卫省

2001年日本政府对中央行政单位进行精简，将22个省厅合并为12个，原来的二级单位"厅"基本上都升格或合并为一级单位"省"，只有防卫厅是例外，没有任何变动。

2006年6月，日本政府向国会提交将防卫厅升格为防卫省的相关法案，众参两院于当年11月、12月先后通过了该法案。2007年1月9日，防卫厅正式升格为防卫省，原来的防卫厅长官久间章生也相应成为第一任防卫大臣。从"厅"到"省"只是一字之差，但改变的不仅仅是从中央二级单位升格为正部级的一级单位，更改变了这个主管防务的机构在日本政治架构中的地位。防卫厅升格为防卫省之后，虽然首相仍

历届防卫省大臣

届数	姓名	任职时间	所属政党
1	久间章生	2007年 1月 9日 — 2007年 7月 4日	自由民主党
2	小池百合子	2007年 7月 4日 — 2007年 8月27日	自由民主党
3	高村正彦	2007年 8月27日 — 2007年 9月26日	自由民主党
4	石破茂	2007年 9月26日 — 2008年 8月 2日	自由民主党
5	林芳正	2008年 8月 2日 — 2008年 9月24日	自由民主党
6	浜田靖一	2008年 9月24日 — 2009年 9月16日	自由民主党
7	北泽俊美	2009年 9月16日 — 2010年 6月 8日	民主党
8	北泽俊美	2010年 6月 8日 — 2011年 9月 2日	民主党
9	一川保夫	2011年 9月 2日 — 2012年 1月13日	民主党
10	田中直纪	2012年 1月13日 — 2012年 6月 4日	民主党
11	森本敏	2012年 6月 4日 — 2012年12月26日	无党籍
12	小野寺五典	2012年12月26日 — 2014年 9月 3日	自由民主党
13	江渡聪德	2014年 9月 3日 — 2014年12月24日	自由民主党
14	中谷元	2014年12月24日 —	自由民主党

第三章 几十年的防卫之路

然是自卫队的最高统帅，但防卫大臣将负责日本全国的国防事务，可以独立提出法案、要求召开内阁会议、直接向负责预算的财务大臣提出拨款要求。此外，在行动上，防卫省在发布"海上警备行动"等命令时，可以直接要求内阁召开会议予以批准。

这一改变也直接影响到了日本自卫队的走向。按照日本现行法律，日本自卫队不是军队，其"基本任务"包括治安出动、海上警备行动和灾害救助等，而国际紧急援助、联合国维和行动、周边事态的后方支援、反恐行动等"海外活动"在《自卫队法》中列入"杂项"、"附则"等条文中。这次在防卫厅升级的同时，还修改了《自卫队法》，把国际紧急援助活动、联合国维和行动、根据周边事态法进行的后方

首任防卫省大臣久间章生在刚揭牌的防卫省大门前

支援活动等自卫队的"附带任务"升为"基本任务"。这样一来，以后再遇到这些海外行动时，就不用再以个案的方式经国会两院审议通过。简单来说，就是给日本自卫队的海外行动松了绑。

防卫厅升级防卫省后，人们更担心，自卫队会进一步偏离其"专守防卫"的职能，转而扮演更多传统军队的角色，加大升级为"自卫军"的可能性。

防卫政策的不断变化

1954年7月，防卫厅正式成立，根据《防卫厅设置法》的规定，防卫厅主要有五大职责：1、负责防卫与警备的基本业务。2、就自卫队的行动、管理、编制、员额、装备及部署制定基本政策。3、收集管理国防所必须的资料和情报。4、负责职员的任免、奖惩及福利、教育培训。5、负责场地设施的维护管理、装备的开发、试验、采购和补给以及因自卫队训练所产生的对民众损失的赔偿。

虽然明文规定了防卫厅作为确定国防战略和政策的主要机构，也是自卫队的最高管理机构，但是日本政府并没有给防卫厅多大的权力，因为在很多人心里，对自卫队还是怀着很深的担忧和忌惮，就怕这是当年的"大日本皇军"又复活了，所以在没有彻底放心之前，防卫厅自然不可能拥有多少真正的权力。从1954年到1957年，在防卫厅成立后的最初三年里，就没有制订、发表过任何国防政策。当然，防卫厅被架空还有一个客观情况，就是驻日美军才是保障日本国家安全和防卫的真正主角，所以只要求自卫队做些最简单的辅助性任务，说白了也就是打打酱油，表示一下存在就够了，就没指望它来挑大梁。所以在具体落实的方面，美国早就为自卫队安排好了一切，也不需要你自己搞什么防务政策，你只要照着美国的意思做就是了。

堂堂的防卫厅在最初几年，确实是有点无所事事，防务政策由外务省负责，国内治安由警察厅在管，自卫队的预算和装备的采购则是掌握在大藏省和经济产业省手里，防卫厅简直就成了"自卫队管理厅"。这样长此下去，恐怕防卫厅就很可能被其他部门给兼并了，而当时也确实有过把防卫厅并入外务省的风声。于是，防卫厅终于决定要认真进行国防战略的研究了。

其实早在防卫厅的前身保安厅时代的1952年9月，就曾经成立过由保安厅次长为委员长，第一、第二幕僚长和各内局局长为委员的制度调查委员会，来讨论国防战略和防卫构想等战略层面的问题，但是这个委员会主要还都是务虚，并没有什么实质性的成果。现在防卫厅要开始进行国防战略和重大课题研究，靠这样一个委员会显然是不行的，于是在1957年取消了制度调查委员会，而改以防卫厅属下防卫局通过设立"国防会议"来负责这一重大课题。一直到今天，"国防会议"来制定国防政策就成了防卫厅乃至防卫省的惯例。

1957年5月，在防卫厅的认真准备下，《国防基本方针》出台了。这一文件虽然只有短短四条，寥寥两百多字，但却确立了防卫厅和自卫队的发展方向，其影响一直持续到今天。这个方针的要点就是建立与国情相适应的必要的防卫能力，最关键的就是在遭遇外敌入侵时，是以日美安保体制为基准采取各项应对措施。那么日美安保体制又是什么呢？简单来说，就是1951年9月《旧金山和约》以及同一天签署的《日美安保条约》（俗称的旧日美安保条约）和《美日行政协定》三大法律条文所构成的日美安全保障体系，进一步确定了日美安全同盟关系。

在1952年4月《旧金山和约》正式生效之日起，日本才恢复了独立国家的地位，但确切来说只是部分独立而已，因为美国还在日本有着大量的驻军，日本也没有真正的军队。而在这之前，从1945年8月投降以来的这段时期就被称为被占领时期，那可确确实实是完全在被占领下的状态，自然日本的国家安全也当然地就是由美国来一手包办了。在这期间被认为是战后日本防卫政策的第一个阶段。在这阶段日本的防卫政策就是全部依赖美国，因为日本已经被彻底解除了武装，根本没有这个能力来进行自主防卫。同时日本经过不懈的努力，终于说服美国放弃了原来直接军事占领的既定政策，而改由通过日本政府进行间接统治，同时也成功地将天皇保留了下来。

战后吉田茂担任首相的时期是日本政局发展中最为重要的时期，几乎确立了以后日本几十年来发展的总路线，吉田茂认为在东西方两大阵营冷战的大背景下，日本要全靠自身力量进行自主防卫，同时进行经济发展，恢复战争创伤几乎是不能的，所以他选择了紧紧追随美国，在美国的保护下专注于经济复兴，进而取得政治上的独立。这也是"吉田路线"的思想精髓。但是他的这一如意算盘还是出了点偏差，由于朝鲜战争的爆发，以及东西方冷战全面开始，美国加快了与日本媾和的步伐，使日本提前独立并重建军备。所以，最后自卫队的成立还是在吉田茂的任期之中，这显然不符合吉田茂的初衷。

从1952年日本独立到1976年日本通过《防卫计划大纲》，这二十四年被认为是日本防卫政策变迁的第二阶段。这一阶段，最重要的事件就是自卫队的创建，但是自卫队的建立从一开始就是一个矛盾结合体，是日本的和平宪法和日美安保条约这两大法律体系的矛盾结合体。因为日本的和平宪法明确规定不能拥有军队，不得行使集体自卫权，而日美安保条约却要求日本协助美军行动，参加集体自卫行动。这本身就是自相矛盾的，也正是因为存在这一先头性的矛盾，所以才会有以后日本防卫政策的不断演变甚至是蜕变。

这就又回到了1957年通过的《基本国防方针》，尽管这个方针最重要的核心是以日美安保条约为基准，但是也在字里行间透露出了日本政府重建军备的野心，那就是日本的防卫不是以外部的安全威胁为依据，而是以日本自身经济发展的程度为依据。正是基于这一点，随着战后日本的经济发展和综合国力的提升，日本的军备也逐渐扩充。从1958年到1976年曾先后四次实施过防卫力量发展计划，这四次发展计划，通常就分别被叫作"一次防"、"二次防"、"三次防"和"四次防"。

在日美关系上，又在1960年签署了《新日美安保条约》。这个新条约与旧条约相比，日本有了一定的对等地位，但日本依然可以说是美国的附庸，所以新条约签署后，社会党和一些左翼团体发动了声势浩大的群众抗议活动。这就是战后日本规模最大的群众运动——安保斗争。在最高潮时，有500万人参加游行示威，数十万人包围了国会议事堂，还有7000学生冲进国会与3000名防暴警察发生了冲突，导致一名学生在

安保斗争是战后日本规模最大的群众运动

混乱中被踩踏身亡。首相岸信介担心事态失控,两次命令刚刚成立不久的陆自出动镇压,好在被当时的防卫厅长官赤城宗德坚决地抗命拒绝。

在防卫政策上,这一阶段最重要的则是1970年10月,防卫厅第一次公布《防卫白皮书》,提出了"专守防卫"为核心宗旨的防卫政策。所谓专守防卫,也就是战略防御。

从1976年到1991年苏联解体冷战结束,这十五年被称为日本防卫政策变迁的第三阶段。在这个阶段,由于美国深陷越南战争的泥潭,国力有所下降,在全球影响力也有点衰落,而日本却因为经济的飞跃式发展,国力在急剧提高。于是,逐渐摆脱对美国的依赖,开始真正的自主防卫,就成为这一阶段的主旋律。

1976年10月日本通过《防卫计划大纲》,提出日本防卫力量的目标是"具备平时足够的警备力量"和应对"有限的小规模侵略"。这是战后日本第一次明确提出了自卫队的防卫目标。

1981年,日本政府又提出了防卫范围为"日本周围海域几百海里,海上交通线1000海里"。

1983年日本公布《防卫白皮书》,第一次正式公开宣布日本的防卫区域为"关岛以西,菲律宾以北的1000海里海上交通线"。

这一阶段,日本防卫政策最重要的事件是在20世纪70年代末提出了《综合安全保障战略》,这一战略看似是针对苏联的威胁,而实际上是体现了日本已经把自己看作是西方阵营的一员,在这样一个身份下的全球战略思考,同时也流露出对美国国力衰弱的关注。

大突破大改变

从1991年苏联解体冷战结束直到现在，被称为是日本防卫政策变迁的第四个阶段。这一阶段，苏联解体，美国成为唯一的超级大国但日渐衰微，日本、西欧实力上升，以中国为代表的一些新兴国家正在崛起，世界政治格局展现出多极化的趋势。在这样的大背景下，日本在继续维持日美安全同盟的前提下，更积极地投身于国际事务。

1992年日本通过《关于对联合国维持和平行动的合作法案》，并向柬埔寨派出1810名自卫队员执行维和任务，开始了名正言顺地跨出国门的第一步。这一法案使日本自卫队能够在参加联合国维持和平行动的名义下出兵海外，是战后日本防卫政策的一个重大转折和突破。

1995年日本通过新的《防卫计划大纲》，在继续维持日美安保体制的基础上，明确了日本的长期防卫政策，尤其是突出了对日本"周边事态"的应对。

1997年9月，日美又制订了新的《日美防卫合作指针》，在这期间第一次正式出现了"周边事态"的概念。这是一次绝对重大的转折，从过去"有事"时美国来帮助日本，到现在周边"有事"时反过来日本协助美国。

1998年，日本通过了与新的《日美防卫合作指针》相关的三个法案，即《周边事

日本国会一再通过相关法案，已经严重背离了和平宪法的初衷

防卫省总部大楼

态安全保障法草案》、《日美相互提供物品及劳务协定修正案》、《自卫队法修正案》,这就是从法律上为日本军事力量走向世界、干预地区事务提供了依据,也给日本今后所谓的"有事法制"提供了最基本的前提条件。

1999年5月,日本国会通过了《周边事态法》,为自卫队出兵海外提供了法律依据,这也是日本提出的"有事法制"的防卫理念中最具有现实意义的第一步。

2001年"九一一"事件后,搭着美国大力反恐的顺风车,日本也乘机加大了推进"有事法制"的进程,10月就是在反恐的大旗下,日本国会通过了《反恐怖特别措施法》、《自卫队法修正案》和《海上保安厅修正案》。可别小看了这三个法案,日本多年来一直梦寐以求想在法律条文上对限制有所突破,这次都实现了。首先是突破了地域上的限制,之前《关于对联合国维持和平行动的合作法案》只限于向联合国维持和平行动的地区派兵,《周边事态法》只限于周边地区,而现在只要哪里需要反恐,就可以到哪里,也就是说美国到哪里,日本就可以到哪里,或者说日本今后想去哪里,就能去哪里。其次是突破了海外派兵在武器装备上的限制,联合国维和行动强调非战斗性和自卫性,所以对携带和使用武器有很严格的限制,一般只允许自卫性的轻武器,但现在就可以携带重武器了。最重要的是突破了国会对政府海外派兵的限制。《关于对联合国维持和平行动的合作法案》和《周边事态法》都要求事先报告国会,或是得经过国会批准,而这次则是可以在20天后取得国会"事后承认"就可以了,从事先报告批准到事后承认,也就等于是给了先斩后奏的尚方宝剑。

2003年,日本向正在战争中的伊拉克派遣自卫队,参与美国对伊拉克的军事行动,而且这可不是联合国的维和行动。虽然派遣的兵员规模并不是很大,但是性质已经完全变了,不是自卫,也不是维和,而是真正的进攻。

2004年,日本国会又通过了"有事法制"三法案,即《自卫队法修正案》、《武力攻击事态法案》和《安全保障会议设置法修正案》,根据这些法案的规定,日本首相在紧急事态下将拥有可以直接调动自卫队的权力,扩大首相权限,就是这三法案的最突出的要点。如果说,反恐三法是给自卫队松开了捆绑的绳结,那么有事三法就是彻彻底底地把这根绳子给扔掉了,完全恢复了自由之身。而同年底通过的《新防卫计划大纲》,更是明确把海外派兵列为自卫队的"基本任务",同时也第一次把"岛礁防卫"作为自卫队的任务目标。有了这一条法律,防卫厅更是变本加厉,将与邻国存在争端的岛礁都纳入了自卫队的作战计划之内。

2010年12月,日本政府通过防卫省新的《防卫计划大纲》和《中期防卫力整备计划》(2011至2015年度),作为今后十年日本防卫的指南,并第一次提出了中国军事动向是"地区和国际社会的担忧事项",明确提出了要以"机动防卫"来应对周边的突发事件。

2013年7月,日本防卫省公布了新的《防卫计划大纲修正案》,提出有必要充实综合的对应能力,还提出了要拥有对敌方基地的进攻能力。尽管只是提到要具备进攻的能力,还暂时局限在战术层面,但是和日本一贯的"专守防卫"战略已经渐行渐远了。

2014年4月,日本政府对已经实行了47年之久的"武器出口三原则"进行了全面修改,提出了新的"防卫装备转让三原则",也就是"日本不向明显妨碍维护国际和平与安全的场合出口防卫装备;对允许出口的情况进行限定和严格审查;出口对象将防卫装备用于目的之外或向第三国转移时,需获日方事先同意并置于适当管理之下。"这和1967年公布的禁止向社会主义阵营国家、联合国决议规定实施武器禁运国家以及国际冲突的当事国或有冲突危险的国家出口武器的老三原则相比,通过模棱两可的字词表达,简直是把以前的近乎于全面禁止变成了现在什么限制都没了,可以说是本质的改变,一百八十度的大转变。

回顾这一阶段,可以说是翻天覆地的大转变,从周边事态到1000海里海上交通线,从反恐三法案到有事三法案,再到扩大首相权限,防卫厅升级到防卫省,还有新武器出口三原则;从地域范围,到法律限制,到机构设置,再加上武器出口,可以说是一个国家防卫政策的各个方面都发生了巨大变化。更令人担心的,这种变化更倾向于进攻,与和平宪法的宗旨是完全违背的,结合到以前日本在亚洲和太平洋曾发动过侵略战争的前科,不能不使人警觉。

统合幕僚会议标志

统合幕僚长旗

"制服组"的不懈奋斗

当日本一些希望建立与国力国情相适应的军队的人,以不懈的努力在法律上取得了一个又一个的突破的同时,自卫队内部穿着军装的人也在为自卫队向正式军队的转变而不断努力,他们就是被称为"制服组"的军人。从自卫队建立开始,为了避免重蹈第二次世界大战中军人把持政局进而将国家拖进战争的覆辙,就特别强调"文官制军",所以几十年来身为军人的"制服组"就一直被压制在文官的"西服组"之下,但这种局面已经在逐步改变了。

转折开始于 1997 年 3 月 19 日,这天桥本龙太郎首相邀请刚刚离任和新上任的统合幕僚会议的两位议长,还有陆自、海自和空自的三位幕僚长一起到官邸"恳谈",因为以前只要有"制服组"出席公开活动必须有"西服组"在场监控,但这次首相只是单独邀请了"制服组",在战后的历史上可是开天辟地的头一遭。这在以前根本就是想都不敢想的事情。在这次里程碑性质的会谈中,桥本首相还亲手打开了一瓶高档威士忌,和"制服组"的大佬们一起把酒言欢,这就更让几位"制服组"的大兵哥受宠若惊,甚至连会晤结束回去的路上都在不停感慨:"这可是从来没有过的事情啊!"

先例既开,那么后面就容易了,从此以后每个月都会有一次首相和"制服组"的单独恳谈会,这当然是"制服组"不会轻易放过的好机会,于是每次的恳谈会就变成了诉苦申冤的诉苦会,在"制服组"的不懈奋斗与努力下,第一个成果就是废止了"制服组"不得与国会议员、内阁大臣和其他中央省厅机构人员接触的训令,随着这一训令的废除,"制服组"就可以名正言顺地参与到政治决策中来了,更可以堂而皇

统合幕僚监部大楼（右）和防卫省总部大楼（左）

之地与政客们交往，从而提高了军人在政界的影响。

2000年，执政党自民党干事长石敬茂邀请"制服组"出席自民党研究国防事务的机构"国防部会"的会议，而在这之前，"国防部会"是只有内阁大臣和自民党籍的议员才能参加的，这一改变又使"制服组"可以直接参与到了日本防卫决策的最高层讨论之中。

2006年3月，从自卫队组建之日就设立的统合幕僚会议正式改为统合幕僚监部。可不要小看了就只是把会议改成了监部，这其中的名堂大了去了！原来的统合幕僚会议，只是一个协商性的机构，负责拟定和调整自卫队作战、训练和后勤计划，搜集研究情报，并在进行两个军种以上的联合行动或演习时实施统一指挥。几十年来的运行逐渐暴露出了一些问题，比如陆海空三大自卫队的最高指挥机构是各自的幕僚监部，一般情况防卫厅长官的命令是通过陆海空自的幕僚长下达，遇到有重大问题进行讨论时，统合会议议长和三军幕僚长是平等地位，于是各自为了各自利益，经常争论不休。而如果是进行两个军种以上的联合行动，统合会议议长又得临时组织指挥机构，没有长效和更协调畅通的联合指挥机构。长期以来三大自卫队都是各自为战，缺乏有效的协调配合。而随着冷战的结束和反恐的扩大，日本自卫队获得了越来越多的表现机会，这种情况下对更统一更协调的指挥体制的要求也就逐渐突出。

统合幕僚监部正是在这样的背景下成立，最高领导是统合幕僚长。统合幕僚监部

历届统合幕僚会议议长

届数	姓名	军衔	任职时间
1	林敬三	陆将	1954年 7月 1日 – 1964年 8月13日
2	杉江一三	海将	1964年 8月13日 – 1966年 4月29日
3	天野良英	陆将	1966年 4月29日 – 1967年11月14日
4	牟田弘国	空将	1967年11月14日 – 1969年 6月30日
5	板谷隆一	海将	1969年 6月30日 – 1971年 6月30日
6	衣笠骏雄	陆将	1971年 6月30日 – 1973年 1月31日
7	中村龙平		1973年 1月31日 – 1974年 6月30日
8	白川元春	空将	1974年 6月30日 – 1976年 3月15日
9	鲛岛博一	海将	1976年 3月15日 – 1977年10月19日
10	栗栖弘臣	陆将	1977年10月19日 – 1978年 7月27日
11	高品武彦		1978年 7月27日 – 1979年 7月31日
12	竹田五郎	空将	1979年 7月31日 – 1981年 2月15日
13	矢田次夫	海将	1981年 2月15日 – 1983年 3月15日
14	村井澄夫	陆将	1983年 3月15日 – 1984年 6月30日
15	渡部敬太郎		1984年 6月30日 – 1986年 2月 5日
16	森繁弘	空将	1986年 2月 5日 – 1987年12月10日
17	石井政雄	陆将	1987年12月10日 – 1990年 3月15日
18	寺岛泰三		1990年 3月15日 – 1991年 6月30日
19	佐久间一	海将	1991年 6月30日 – 1993年 6月30日
20	西元彻也	陆将	1993年 6月30日 – 1996年 3月24日
21	杉山蕃	空将	1996年 3月24日 – 1997年 9月30日
22	夏川和也	海将	1997年 9月30日 – 1999年 3月30日
23	藤绳祐尔	陆将	1999年 3月30日 – 2001年 3月27日
24	竹河内捷次	空将	2001年 3月28日 – 2003年 1月28日
25	石川亨	海将	2003年 1月28日 – 2004年 8月29日
26	先崎一	陆将	2004年 8月29日 – 2006年 3月26日

和统合幕僚长说起来很是拗口，其实这是根据日文直译过来，确切地应该翻译为联合参谋部和总参谋长。统合幕僚监部的地位是防卫省直辖，在陆海空三大自卫队幕僚监部之上。那么这样一来，日本自卫队的指挥体系就很清楚了，首相是最高统帅，然后是防卫大臣，再是统合幕僚长，最后到陆海空三大自卫队的幕僚长。统合幕僚长也就成为了日本国防事务中的第三号人物，同时也是穿军服的"制服组"第一人。

统合幕僚监部的设立，意味着自卫队有了自己真正的军令指挥系统。统合幕僚监

历届统合幕僚长

届数	姓名	军衔	任职时间	前一职务
1	先崎一	陆将	2006年 3月27日 – 2006年 8月 4日	统合幕僚会议议长
2	斋藤隆	海将	2006年 8月 4日 – 2009年 3月24日	海上幕僚长
3	折木良一	陆将	2009年 3月24日 – 2012年 1月31日	陆上幕僚长
4	岩崎茂	空将	2012年 1月31日 – 2014年10月14日	航空幕僚长
5	河野克俊	海将	2014年10月14日 –	海上幕僚长

部下设总务、作战、防卫计划和指挥通信四大部门，总编制人数为500人，真正具备了联合总参谋部的功能。下属陆上幕僚监部（相当于陆军参谋部）、海上幕僚监部（相当于海军参谋部）、航空幕僚监部（相当于空军参谋部）和高级干部监部（相当于组织人事部），统称为"四幕"。

第一任统合幕僚长由原来的统合幕僚会议议长先崎一担任，今后则将由陆海空三大自卫队的幕僚长轮流担任。这个职务是日本自卫队的最高军事指挥长官，也就是"制服组"的最高头目，不但职务上是个长字头，更重要的是确实具备了对三大自卫队进行统一指挥的实权。

但是"制服组"还是没有满足，他们继续奋斗，在2009年终于成功地取消另一项对"制服组"来说就等同于紧箍咒的制度，这就是防卫参事官制度。防卫厅（后来的防卫省）内局局长都具有参事官的身份，正是有了这一重身份，变相提高了"西服组"的地位，所以在围绕相关事务制定基本政策时，对于"制服组"具有压倒性的优势，可以说几十年来把"制服组"压得好苦。

参事官制度取消之后，改为设立不超过三个人的"防卫大臣辅佐官"，不但人数大为减少，而且大臣辅佐官的人选是由防卫大臣来选定，特别是没有再规定只有文官才能担任的限制，换句话说，这个辅佐官也可以是"制服组"，等于把文官参事官制度

统合幕僚监部标志

现任统合幕僚长折木良一

彻底取消了。从此以后,以前"西服组"文官全面压制"制服组"军人的局面也就荡然无存了。

同时,还进行了防卫省机构改革的重大工程,其中最重要的改革就是把以往文官在上,全部由文官掌控的格局改为"文武混编"。因为经过这几十年来的运作,"西服组"和"制服组"之间隔阂日深,相互从不信任到对立,严重影响了防卫省领导层的团结和凝聚,所以采取"文武混编"来实现相互融合,从而使"西服组"和"制服组"在政策制定、作战指挥等各方面都能相互兼顾各自利益,最终能融为一体,提高整个防卫省和自卫队的运作效率。具体来说,就是在防卫省各内局中设立"制度组"的编制,由二等佐或三等佐(相当于中校和少校)军官来担任,其中还有三个一等佐(相当于上校)的高级岗位。在陆海空三自的幕僚监部和主要部队里也设立了文官的管理职位,如相当于副幕僚长的"政策总监"。

2014年,日本政府又参照美国国家安全事务委员会的模式,将从1986年开始设立的"安全保障会议"改为"国家安全保障会议",这不仅仅是只增加了"国家"两个字,以前"安全保障会议"是日本审议国防事务的最高决策机构,主要由防卫大臣、政务官、防卫次官和各内局局长组成,只有在讨论涉及作战指挥方面的问题时,陆海空自的幕僚长才能在首相的召集下。列席参加,而且还没有最关键的表决权。可以说"制服组"是长期被排除在防卫决策的核心圈之外。现在就不同了,统合幕僚长、三大自卫队幕僚长都是新成立的"国家安全保障会议"的当然成员,既有发言权,还有表决权,真正开始跻身在防卫决策层之列。

通过这些改革,原先的文官治军原则已经被逐步削弱,以前文官决策军人执行的局面几乎不会再出现了。而"文武混编"则将逐步成为"军政一体",文官甚至有可能进一步被踢出决策层,相反统合幕僚监部的权限将与日俱增,或许将来极有可能重现当年军部那样的军人大权在握的情况。

虽然,日本政府还是一再表示将坚持"文官治军"原则,但是随着文官职权的一再被弱化,人们有理由担心"文官治军"最终会成为一纸空文。

自卫队的基本概况

为了杜绝第二次世界大战那样军人主导国家政局的情况,日本自卫队采用文官治军的原则,受由文官组成的内阁和拥有立法权和审议权的国会双重管辖。具体来说,内阁的管理模式是总理内阁大臣(也就是首相)是自卫队最高统帅,拥有最高指挥和监督权限。防卫大臣在首相的领导下负责管理自卫队的日常事务。由内阁重要成员组成的国家安全保障会议负责审议与防卫有关的重要事宜。

国会是另一种管理方式,自卫队的防卫出动、治安出动等都要事先经过国会批准,事后还要向国会报告。国会以通过决议的方式来审议批准自卫队编制、预算、组织等各项重要事务。

陆上自卫队、海上自卫队和航空自卫队由防卫大臣通过幕僚机构,也就是三大自卫队的幕僚监部来负责管理日常事务。各自卫队之间的协同运作和多军种合作行动则由统合幕僚监部负责,统合幕僚长由三大自卫队幕僚长轮流担任。

日本自卫队采用募兵制,也就是志愿兵制度,所有兵员都是

日本自卫队目前实力已经大大超过了很多国家的军队

通过招募考试而来。所有自卫队员都被称为"自卫官",身份是特别职国家公务员,各项待遇参照同级国家公务员再略有提高。在自卫队中,士兵都是任期制,曹(也就是士官)和干部(也就是军官)实行退休制,也就是说士官和军官都属于职业军人,而在自卫队中职业军人的比例高达77%以上,远远高于其他国家的军队,这就是说,眼下的这支自卫队人员是非常精干的骨干,只要有需要就可以迅速扩充。

自卫队分为现役和预备役两种,普通士兵的现役服役年限一般为两年,海自和空自中的一些技术性岗位则为三年。尽管自卫队招募的条件还是比较宽松,但人数还是不足。根据2013年的统计数字,陆自的满编率是90.4%,海自的满编率是92.3%,空自满编率是90.7%,统合幕僚监部等机关满编率是91.9%,平均满编率也不过90.8%,这一数字在世界各国军队中都是算比较低的。日本青年之所以不愿参加自卫队,一是自卫队在日本社会的地位不高,待遇也不是很高,二是国家长期致力经济发展,和平日久,青年中和平反战的思想比较普遍,也在一定程度上影响了自卫队的招募。所以,兵员不足是自卫队长期以来都一直面临的难题。

2013年统计,日本自卫队编制总员额27万人,其中现役军人24.7万人,文职2.2万人,预备役5.6万人。其中,陆上自卫队定员15.1万人(实际为13.5万人),编为5个方面队,辖13个师团和2个混成旅团、1个空降旅团,装备坦克1020辆,装甲车约980辆,各型飞机约511架,各种火炮7630门;海上自卫队定员4.5万人(实际为4.2万人),由担负机动作战的联合舰队和负责近海警备的5个地方队组成,装备各型舰艇142艘,39.8万余吨,飞机206架;航空自卫队定员4.7万人(实际为4.27万人),辖3个航空方面队和1个航空混成团,装备各型飞机464余架,其中作战飞机361架。此外,还拥有各式导弹28种。统合幕僚监部机关和直属机构编制3495人(实际为3213人)。

预备役是日本武装力量的组成部分,也是战时首批动员对象。日军预备役制度始设于1954年7月。1970年以前实际上只有陆自预备役,1970年海自也开始增设预备役,空自直到1986年才设立预备役。截至1996年底,日本自卫队预备役编制员额为47900人,其中陆自46000人,海自1100人,空自800人;实有人数为47371人,其中陆、海、空自分别为45483人,1093人,795人,满员率为98.3%。

现役再加预备役,总共也还不到30万,要知道日本总人口达到1.27亿,其中适龄男性多达2000万,如果再算上适龄女性的话,只有这么点兵力还不能满编,实在有些说不过去。

说完了物和人,当然就要说到钱了。其他国家一般都叫军费,军费的多少直接决定了军队的建设规模和水准，是衡量一个国家军事力量的重要指标。只是日本因为没有军队，所以不能叫军费而只能叫防卫费。1976年，当时正陷入洛克希德事件困境的首相三木武夫为了重新赢得民众的支持，第一次提出了防卫预算不得超过GNP的1%，请注意GNP和GDP是两个完全不同的概念，GNP就是"国民生产总值"，是指一个国家（或地区）所有国民在一定时期内新生产的产品和服务价值的总和，是按照国民原则核算的，只要是本国（或地区）居民，无论是否在本国境内（或地区内）居住，其生产和经营活动新创造的增加值都应该计算在内，比如本国居民通过劳务输出在境外所获得的收入就应该计算在GNP中。GDP则是"国内生产总值"，是指

三木武夫提出防卫预算不超过GNP的1%

一个国家（或地区）在一定时期内所有常住单位生产经营活动的全部最终成果，是按照国土原则核算的生产经营的最终成果，比如外资企业在本国境内创造的增加值就应该计算在GDP中。GNP就等于GDP加上本国在国外的资本和劳务的收入再减去外国在本国的资本和劳务的收入，一般GNP要大于GDP。

日本的防卫预算在1952年占GNP的2.78%，此后就逐年下降，到1967年就已经降到了GNP的1%，自从三木武夫正式宣布将防卫预算控制在GNP的1%以内之后相当长时间里，日本确实都遵循着这一规定。不过，由于日本经济的持续发展，GNP也是水涨船高，即便是1%的限制，防卫预算的绝对值也是在不断提高。到1986年，新上台的中曾根康弘内阁就公然突破了这个限制，将1987年的防卫预算提高到GNP的1.004%，尽管只是很小的突破，但性质和意义却相当大。

到2002年，日本的防卫预算达到历史最高点，高达49560亿日元，按照当年汇率计算约合392.3亿美元。此后连续十年下降，到2012年降到最低点，为46453亿日元（但是按当时汇率却相当于592.22亿美元）。2013年和2014年连续两年上涨，到

洛克希德事件

洛克希德事件，与昭和电工事件、造船丑闻事件、里库路特事件并称日本战后四大丑闻。

1976年2月4日，美国参议院外交委员会跨国公司小组委员会主席邱比奇在听证会上，揭露了洛克希德公司为向国外推销飞机而以各种名义行贿外国政要的不正当竞争事实。该公司副董事长在听证会上证实曾通过日本的代理公司丸红公司就全日空公司进口该公司生产的三星式客机向日本政界有关人物进行了巨额贿赂。

此事一经披露，立刻在日本掀起轩然大波。时任日本首相三木武夫紧急召开自民党和内阁会议，宣布支持司法部门开展调查，并成立了专门的调查委员会。

2月18日，日本最高检察厅、东京高等检察厅和东京地方检察厅会同国税厅召开了联席会议。2月24日，检察厅、警视厅、国税厅联手行动，对丸红公司及其有关涉案人员的住宅等37处场所进行了同步搜查。

3月24日，在日本的强烈要求下，美国与日本签订了《司法协助协定》，向日本提供洛克希德案的相关材料。日本检察官从中发现了一张领受人为前首相田中角荣的5亿日元的收据。

7月27日，东京地方检察厅正式以违反外汇法嫌疑逮捕田中角荣。经过长达近一个月的审讯后，东京地方检察厅决定对田中角荣以违犯外汇法和委托受贿罪起诉。8月17日，田中角荣缴纳2亿日元保释金后被取保候审。取保后的田中角荣组织了强大的律师团，从多个角度为自己进行辩护，加之关键证人田中角荣的司机自杀，秘书翻供，以及各种政治力量的介入，案件的审理一波三折。田中角荣不断推出新的证人和证据，同时，试图从法理上论证首相权限对民间航空公司的自行交易难以产生实际的影响。与此同时，检察机关提出各种反证，并最终通过田中角荣秘书的前妻出庭作证，揭露了田中角荣及其秘书的翻供行为。

1983年10月12日，历经7年审判和数百次的开庭后，法院认定田中角荣违犯外汇法、受托受贿，判处其四年徒刑，罚金5亿日元。田中角荣当场表示上诉。1987年东京高等法院判决驳回其上诉，维持原判。其后，田中角荣又提起二审上诉。1995年，经过三审，日本最高法院作出终审判决，依法驳回田中角荣二审上诉，维持原判。而此时，田中角荣已病逝将近两年。至此，这起日本历史上旷日持久的马拉松审判，在历时19年，耗资6亿日元后，终于落下帷幕。

2014年达到48848亿日元，按当年汇率计算约合477亿美元。特别需要说明的，这是日本自冷战结束以来，防卫预算首次超过GDP总量1%的比例。这种持续上涨的趋势确实需要引起警觉。就防卫预算的绝对值来看，是世界第五位，和第三位、第四位的英国和法国相比，除了在核武器、远程轰炸机、核动力潜艇等少数领域外，日本的军事实力在其他方面都已相当甚至超过了英国。

在防卫预算的具体分配上，按照部门来分，陆自一般占36%，海自占24%，空自占22%，其他单位占18%。按照种类来分，人员费用占42.5%，日常训练费35.5%，一般活动经费占22%。

日本防卫经费居高不下也是有其客观原因的，日本受和平宪法制约，实行志愿兵役制，为了提高自卫队的吸引力，人员的待遇薪酬就必须比较高。而且，由于自卫队的规模小，武器的采购量只是中美俄等国的零头，又没有像北约那样的军事同盟，通过集体采购来压低单价，这就使得武器的采购成本非常高，一支日本制造的自动步枪的成本居然是美国制造的同类步枪的3倍。还有，日本人的忧患意识很强，虽然武器的生产采购成本非常高，但是绝不会完全依赖进口，即使不再生产的武器，日本政府也会拨款要求企业积极进行维护保养，以备不时之需。试想一下，总共就装备20万支步枪，却要将能生产200万支步枪的生产线常年维持在48小时内可以正常开工的状态，这是一笔多么庞大的开支。

自卫队的咄咄怪事

日本自卫队从法律上讲还不是一支真正的军队，所以不但没有真正军队的名分，就是连一些军队所必须具有的待遇都无法享受，这就出现了一些很让人难以理解的奇怪现象。

比如说，在执行任务期间过失误杀了平民，如果是正常的军队，很简单，肇事者接受军法处置。但自卫队就不一样了，首先因为不是军队，自然也就没有军事法庭。其次由于有和平宪法的限制，所以海外出兵，无论是执行联合国维和行动，还是反海

日本自卫队防卫预算的绝对值居世界第五位

日本自卫队车队也和平民一样照样得交过路费

盗，或者是打击恐怖活动，都不能叫军事行动。所以根据《日内瓦公约的规定》，自卫队员就根本不能算是"战斗人员"，那么要是出现误杀平民的情况，就只好按照刑事案件来处理，要么算是"过失杀人"，要么就是"故意杀人"了。

再有就是自卫队员在战斗中阵亡，也同样不能享受战死的待遇和荣誉，因为和平宪法中明确放弃了交战权，所以自然不存在战斗，那么战死也就更无从谈起。只能按照日本一般公务员因公殉职的标准来得到抚恤，这一标准即使是加上海外阵亡的特别补助，也是比较低的，要想再多拿一点，就只好靠自卫队员自己去购买"人身意外保险"来补偿了。

还有现在自卫队分别部署在全日本200多个基地，但是弹药却不能存放在每个基地，全部存放在陆海空自弹药补给处的20个弹药库中。比如在关东地区，仅陆自就有好几支部队驻扎，但是弹药库就只有群马县吉井町一处，要是真出现什么状况的话，这些部队都必须赶到群马县领取弹药，等到领到弹药，恐怕什么都已经来不及了。这是因为自卫队不是军队，那就得和普通百姓一样遵守法律，没有真正军队的特殊待遇。所以，日本有关武器弹药规定的《火药取缔法》自卫队同样得遵守。《火药取缔法》规定："具有一定重量和体积的弹药，其保管场地必须和民居保持足够的安全距离。"而日本是个面积狭小的弹丸小国，本来面积就相当局促，自卫队的基地大都和居民区比邻而处，这样一来，重武器的弹药就不能存放在基地里了。以前这个问题还不是太大，毕竟很多基地都在郊外，但着经济建设的发展，市区就逐渐延伸到了基地附近，所以越来越多的基地也就无法存放重武器弹药。

和弹药问题一样的还有交通问题。通常情况下，正式的军队在执行任务时需要机动集结，那么所有车辆的过路费或者是政府埋单，或者干脆就是直接免单。而日本自卫队就不行了，不仅要礼让平民，让老百姓先走，还得如数照付过路费，也没有什么优惠折扣。更要命的是，日本自卫队尽管经费数额在全世界名列前茅，但是主要都在装备的研制采购上，偏偏就没有交通费这一项，于是自卫队如果遇到机动集结的情况，就只好事先选好路线，专走不付费的普通公路，还得大半夜开进，免得与民争道，引起不必要的麻烦。

要说免费通行也不是没有，在战后历史上也总共只有两次，一次是1995年阪神大地震，另一次是2011年东日本大地震，自卫队紧急出动抢险救灾，在这种人命关天的紧要关口，自卫队总算享受了一把免费通行的军队待遇。

而这些怪事的产生，最根本的原因就是自卫队从法律上来说，还不是一支真正的军队。这一点也是日本极力想要改变的。试问一下，连正常军队都没有的国家怎么能称得上是正常国家，还想在国际大舞台上表演发挥？所以近年来，日本一直都在积极努力实现自卫队到国防军的华丽转身。但是，毫无疑问，和平宪法是这种转型的最大障碍。可是我们也不必太过乐观，以为难以修宪就可以永远不让自卫队变成真正意义上的军队，现在日本政局的日渐保守化以及日美同盟的进一步强化，都已经使转型为正常军队的艰难过程开始具体落实。

第四章

实力强劲的海上自卫队

　　作为一个岛屿国家,海权意识自然是非常强烈的。而作为以贸易立国的外向型经济体,海上运输对于日本来说,更是攸关生死。所以在三大自卫队中,海上自卫队一直都是最受重视的。经过几十年的苦心经营,今天的海上自卫队综合实力已经跃居世界前列。

国运与海军

日本是个典型的岛国,海洋对于日本而言,意义重大。无论是当年的明治维新,还是现在的重归"正常国家",尽管国家战略的定位不尽相同,但是对于摆脱"岛国桎梏"却如出一辙。特别是在第二次世界大战结束以后,日本全力投入经济发展,成为了以海上贸易立国的外向型经济国家,并取得了巨大成功。但是这种经济战略也存在着巨大的风险,那就是对于海上运输的高度依赖。日本生产需要的原料输入和生产出来的产品输出,都主要依靠海运。在三个最重要的衡量指标中,海上进出口总量、海上贸易占GDP总量以及商船总吨位量,日本都超过了90%,远远高于普通外向型经济国家如英国、荷兰、挪威等国家的70%,可以毫不夸张地说,海上交通线就是日本生死攸关的生命线。

那么对这条生命线的保卫,就等于是对国运的捍卫,担负这一艰巨而重要任务的,就是日本海上自卫队了。除了保卫至关重要的海上交通线,在21世纪开始的重回"正常国家"的国家政治中,海自也担当着开路先锋的角色。海自和国家命运关系如此紧密,已经可以说是海自强,则国运兴;海自弱,则国运衰。所以在日本三大自

海洋对于日本而言,意义重大,所以海上自卫队也极受重视

第四章 实力强劲的海上自卫队

日本海上自卫队队员

卫队中，我们首先来介绍海上自卫队。

在日本近100年来的历史上，旧日本帝国时代的海军，被誉为"帝国之花"的联合舰队，曾经是和美英这样的老牌海军强国鼎足而立，实力位居世界第三。但是好景不长，在随后爆发的第二次世界大战中，联合舰队便宛如樱花一样绚烂怒放而迅速凋零，几乎是被彻底消灭了。战后日本重建军备，成立了海上自卫队，虽然不能说是当年联合舰队的复活，但很多方面都是延续了联合舰队的传统，比如说军旗就是当年的十六条光芒旭日旗，军歌也是当年的军歌，甚至连歌词都没改一个字。再比如尽管海自的干部培训制度是战后新制定的，但是帝国海军军官培训中最具典型的"吊床号"制度也被延续了下来，还有海自的干部候补生毕业后先要进行为期一年的远洋航海训练，也是帝国海军流传下来的传统。

20世纪80年代，日本经济发展迅猛，对自卫队的投入也是水涨船高，其中又以海自的发展最为显著，整个80年代自卫队几乎成了海自一家的舞台，甚至海自还很高调地提出，日美安保体制就是美日两国海军与海军的合作。和海自的高调遥相呼应的是1981年日本提出了保卫1000海里海上交通线的要求，这就要求海自从原来的近海防御向远洋护航转变，经过四十多年的发展，到了80年代，海自已经发展到了相当的规模，也确实已经具备了这样的实力和能力，可以随时出动一个护卫队群（也就

73

吊床号制度

吊床原来是指在海军的舰艇上水兵睡觉的那种吊在空中的床铺，吊床号就相当于床位号。但是吊床号制度（hammock number）却是个专有名称，是特指日本旧海军时代在江田岛海军兵学校里的一项制度。

日本海军成立之初，领导层都是被来自萨摩藩的将领把持，任人唯萨摩，所以有着"萨摩藩的海军"的说法，这自然引来了不少意见。为此，有着"日本海军之父"之称的山本权兵卫就参照美国公平透明的人事程序，设计出了吊床号制度，来保证任人唯贤，不拘一格选拔人才，消灭只讲究地方出身的山头派系。吊床号的位置前后就是根据学习成绩来决定，成绩好就排在前面，有点像今天中国不少学校里的成绩排名。这一制度的推行确实起到了消灭派系，唯才是举挑选人才的目的。这一制度的合理之处就在于彻底消除了海军中的门户之见，确保了一个绝对的公平环境，这也使日本海军自甲午战争之后确实始终再没有受到地方派系和山头的困扰。但是后来却发展到了简直是变态的地步，成为了日本海军论资排辈、僵化呆板的人事制度的最大缺陷。甚至有人把这一制度的缺陷提高到了直接影响到日本最后失败的高度。

举例来说，这种吊床号的排名几乎到了近似神圣的地步，甚至可以说，在当时的日本海军，从海军兵学校毕业时的吊床号几乎就决定了其在海军中未来的前途和命运，是最典型不过的"一考定终生"。在日本海军中，首先要看在海军兵学校的毕业期数，同一期的就要看吊床号了。吊床号在前的人没有晋升，后面的人就根本别想晋升。吊床号一旦确定，基本上就无法更改。除非吊床号靠前的学生退学了或者被开除了，再就是在学习期间有重大立功表现。而在和平年代，这两种情况基本是没有可能的。

当然每个人的能力都有所不同，仅仅靠考试成绩来决定一个人的命运和前途显然是很不科学的。考场上的英雄不等于就是战场上的英雄，这一制度的弊端让日本海军在战争中付出了不小的代价。具体来说，小泽治三郎和南云忠一，要论及航空作战，南云一窍不通，小泽则是十分精通。但是由于小泽比南云在海军兵学校的期数低两届，本来就是后辈，再加上吊床号也不高，所以只能给南云当下属，对于航空作战，他根本就没有插嘴的份，只能由南云这个资历高成绩好但却十足外行的家伙来领导航空作战。结果，南云先是在珍珠港错失良机，随后又在中途岛把日本海军最精锐的四艘航母都赔掉了。

小泽治三郎在1945年5月19日当上联合舰队司令长官，刚刚就任大本营就发表了一道古怪的命令，说是因为离本土太远，所以南西方面舰队和南东方面舰队改由大本营直辖，不再归属联合舰队序列。但是同样远离本土的第四舰队和第十方面舰队却又没有这样调动。原因何在？就是小泽治三郎的吊床号在作祟，小泽的吊床号是45号，而南西方面舰队司令长官大川内传七中将是41号，南东方面舰队司令长官草鹿任一中将是21号。小泽是指挥不了他们的，所以才有了这样的调动。另外，联合舰队长官应该是大将，小泽中将为什么没晋升？因为要是他晋升了，在他吊床号之前的人要么晋升，要么就得全部转为预备役。日本海军为此还做了不少工作，37期吊床号第二号的井上成美四天前的5月15日刚刚晋升大将，同时吊床号26的海军兵学校校长的小松辉久中将和大凑警备府司令长官吊床号37号的后藤英次中将被转为了预备役。这就是在给小泽的晋升开路，但是排在小泽之前的人还有许多，要是小泽晋升大将，难道把所有吊床号在他前面的人都转预备役？所以吓得小泽坚决不同意自己的晋升。原来出发点是为了公平竞争的吊床号制度，到最后就这样把日本海军的人事制度弄成了这样的死板僵硬。

战争结束之后，随着日本海军被解体，江田岛海军兵学校也被解散了。今天在海军兵学校的基础上，成立了日本海上自卫队干部候补生学校，不过和当年的江田岛海军兵学校相比，当然早已不复当年之勇了。但是，日本海军这一传统，还是被今天的日本海上自卫队继承下来。

是相当于一个特混舰队）执行远洋机动任务。同时在近海防御方面，也可以随时出动一个反潜舰队前往预定海域执行反潜作战。

接着海自又提出了"八八舰队"的目标。所谓"八八舰队"这个名称最早是20世纪20年代旧日本海军所提出的，是指由8艘战列舰和8艘战列巡洋舰组成的舰队；80年代海自的"八八舰队"则已经青出于蓝而胜于蓝了，是指由8艘驱逐舰和8架舰载直升机组成的水面舰艇编队。

海自的自卫舰队（也就是相当于旧海军时期的联合舰队）是由护卫舰队、潜艇舰队、航空队和直属部队组成，是海自的一线主力部队，约占整个海自总体实力的60%，主要承担保卫海上交通线，执行中远海反潜、机动作战和护航等任务。其中主力水面战斗舰艇都隶属于护卫舰队之下，护卫舰队又分为4个护卫队群，每个护卫队群由1艘直升机驱逐舰、2艘防空型导弹驱逐舰和5艘多用途驱逐舰组成，其中直升机驱逐舰携带3架舰载直升机，每艘多用途驱逐舰则各携带1架舰载直升机，这就形成了所谓的"八八舰队"，整个海自就有4个这样的"八八舰队"。

此后，海自对其护卫队群进一步进行扩充，再增加1艘装备"宙斯盾"系统的防空导弹驱逐舰和1艘多用途驱逐舰，其中多用途驱逐舰上还有1架舰载直升机，这样就形成了十舰九机的规模，但海自也没再改称"十九舰队"，只是不再以"八八舰队"来称呼其护卫队群了。

20世纪90年代，日本开工建造了一大批舰艇，包括"亲潮"级和"春潮"级潜艇、"金刚"级、"村雨"级和"高波"级驱逐舰、"阿武隈"级护卫舰、"大隅"级两栖运输舰、"浦贺"级扫雷支援舰以及一批辅助舰艇，发展势头相当迅猛。进入21世纪，新建舰艇还在继续，如"金刚"级驱逐舰和2艘13500吨级的"出云"级直升机驱逐舰，以及"高波"级的后续舰，使护卫舰队几乎全面更新为最新锐的战舰，进而使海自发展成一支兵种齐全、装备先进、训练有素的远洋型海上力量，其总体实力已经超过传统的海军大国英国，成为仅次于美俄的世界第三大海军。同时，如此庞大的舰艇建造和海军力量发展计划，从中也反映出日本对于海自建设的大局关注和投入，更是折射出日本寻求重归"正常国家"的急迫心态。

今日海自

日本海上自卫队指挥机构机关是海上幕僚监部，下辖自卫舰队、地方队、教育航空集团、练习舰队和其他直属部队等单位，编制员额45752人，实际兵员约4.3万人，其中女性约有3000人。装备有各型舰艇170余艘，总吨位约40万吨。其中大中型舰艇驱逐舰和护卫舰58艘，这一数字在全世界海军中名列第三。此外，还装备潜艇18艘，飞机330架，其中岸基飞机约280架。总体实力相当可观。

海上幕僚监部位于东京都新宿区市谷本村町5番，海上幕僚监部就相当于西方国家的海军参谋部，最高长官海上幕僚长就相当于西方国家的海军参谋长，直接领导海上幕僚监部，并负责整个海上自卫队的日常事务。海上幕僚长军衔为海将，但和其他海将三颗樱花星的军衔标记不同，是四颗樱花星，这就相当于美国海军的四星上将了，而且全海自也就海上幕僚长一人是四颗樱花星，以彰显与其他海将的不同。

海上幕僚长旗

海上幕僚监部作为海自的统帅机关，下设总务部、防卫部、指挥通信情报部、人事教育部、装备部、技术部、监察官、首席法务官、首席会计监查官、首席卫生官等机构，负责分别协助海上幕僚长管理海自的日常运作、作战、装备采购、后勤保障、训练、情报搜集、组织人事、法务、医务等方面工作。

海自第一个一级大单位是自卫舰队，这是海自担负海上机动作战的一线作战部队，相当于当年旧日本海军的联合舰队。自卫舰队的司令部设在神奈川县横须贺市的横须贺基地船越地区，自卫舰队司令官为海将军衔（相当于中将），下辖护卫舰队、航空集团、潜水舰队和直属部队。

其中护卫舰队是海自的骨干水面舰艇部队，司令部和海上幕僚监部司令部一起，都在横须贺基地船越地区，护卫舰队司令官军衔也是海将，下辖机动运用部队、地方配属部队和护卫队群直属部队。

（左）海上幕僚长军衔袖章（右）海上幕僚长军衔肩章

机动运用部队下辖4个护卫队群，每个护卫队群都编制有8艘驱逐舰，也就是名闻遐迩的新版八八舰队。其中第1护卫队群位于横须贺基地，第2护卫队群位于佐世保基地，第3护卫队群位于舞鹤基地，第4护卫队群位于吴港基地。在这四个护卫队群中，第1护卫队群因为从事开放性公关活动比较多，所以被称为"公关的1群"。第1护卫队

日本海上自卫队舰艇编队

群经常是优先配备最新锐舰艇，如"日向"号、"金刚"号都是在第1护卫队群。第2护卫队群因为训练强度大，因此被叫作"训练的2群"，而且这个队群中当地人很多，生活环境相对稳定，士气也较高。特别要介绍的是第2护卫队群是被部署在与韩国、中国接壤海域，算是自卫舰队中的精锐部队。第3护卫队群是在与朝鲜和俄罗斯接壤的海域，所以被称为"乡下的3群"，但也是晋升最快的龙门之地，因此又称"书类的3群"。第4护卫队群相对来说，战斗力最差，所以被叫作"不行的4群"，又因为多配备老旧军舰，经常需要修理，也被叫作"修理的4群"，是海自的战略预备队，算是一线部队中的二流部队。

地方配属部队下辖5个护卫队，其中第11护卫队编制有3艘驱逐舰，位于横须贺基地；第12护卫队编制有3艘护卫舰，位于吴港基地；第13护卫队编制有3艘驱逐舰和1艘护卫舰，位于佐世保基地；第14护卫队编制有2艘驱逐舰，位于舞鹤基地；第15护卫队编制有1艘驱逐舰和2艘护卫舰，位于大凑基地。

护卫队群直属部队包括海上训练指导队群、第1海上补给队、第1海上输送队和第1海上训练支援队。其中海上训练指导队群司令部在横须贺基地，下属单位包括各基地的海上训练指导队和制导武器教育训练队。第1海上补给队设在横须贺基地，下辖5艘综合补给舰。第1海上输送队在吴港基地，下辖3艘大隅级两栖运输舰，这个名称是日本方面叫的，其实标准排水量8900吨，满载排水量14000吨，又具有全通甲板的舰艇，应该叫两栖攻击舰才更为确切。第1海上训练支援队也在吴港基地，下辖2艘训练支援舰。

航空集团是海自所属的主力空中力量，主要负责使用反潜巡逻机进行空中巡逻和

海上自卫队组织机构图

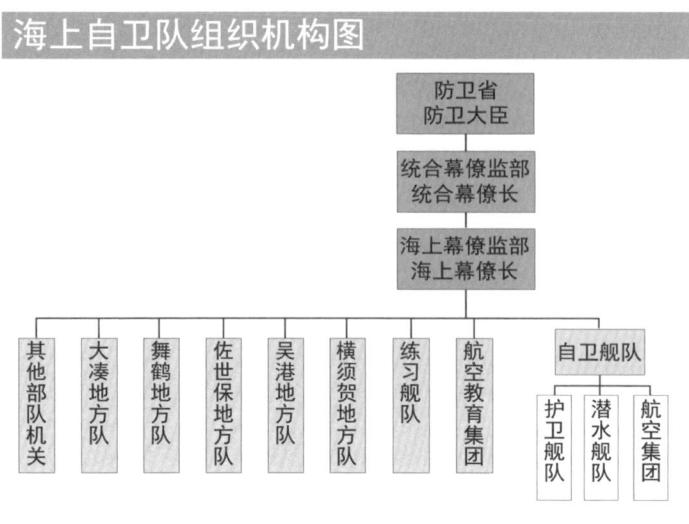

反潜搜索以及用直升机进行搜救任务。司令部设在神奈川县凌濑市厚木的海自航空兵基地,司令官为海将军衔。下辖7个航空群和航空集团直属部队。航空群是航空集团最核心的力量,其中第1航空群位于鹿屋基地,编制有20架P-3C反潜巡逻机;第2航空群位于八户基地,编制有10架P-3C反潜巡逻机;第4航空群位于厚木基地,编制有20架P-3C反潜巡逻机;第5航空群位于冲绳的那霸基地,编制有20架P-3C反潜巡逻机;第21航空群位于千叶县的馆山基地,编制有40架SH-60反潜巡逻机;第22航空群位于长崎县的大村基地,编制有40架SH-60直升机;第31航空群位于山口县的岩国基地,编制有EP-3电子战机和US-2、US-2水上飞机。航空集团直属部队包括第51航空队、第61航空队、第111航空队、第1航空修理队、第2航空修理队、航空管制队、机动设施队,其中只有第111航空队编制有10架MH-53E扫雷直升机。另外,航空集团司令部还直辖10架P-3C反潜巡逻机。

潜水舰队负责指挥、运用海自的所有潜艇,司令部设在横须贺基地船越地区,司令官为海将军衔,下辖第1潜水队群、第2潜水队群、潜艇教育训练队、第1练习潜水队。其中,第1潜水队群位于吴港基地,编制有1艘潜艇救援舰和9艘潜艇;第2潜水队群位于横须贺基地楠浦地区,编制有1艘潜艇救援舰和7艘潜艇。

护卫舰队直属部队包括扫雷队群、情报业务群、海洋业务群和开发队群,这四个单位的司令部都在横须贺基地船越地区,其中扫雷队群主要装备扫雷舰艇;情报业务群下辖作战情报支援队、基础情报支援队和电子情报支援队;海洋业务群主要是管理气象海洋观测站和海洋测量船、海缆维修船;开发队群主要是负责舰艇各系统设备的研究开发和试验。

海自第二个大单位是地方队,通俗来说就是海自的地方部队,共有五个地方队,分别是横须鹤地方队、吴地方队、佐世保地方队、舞鹤地方队和大凑地方队,配置在

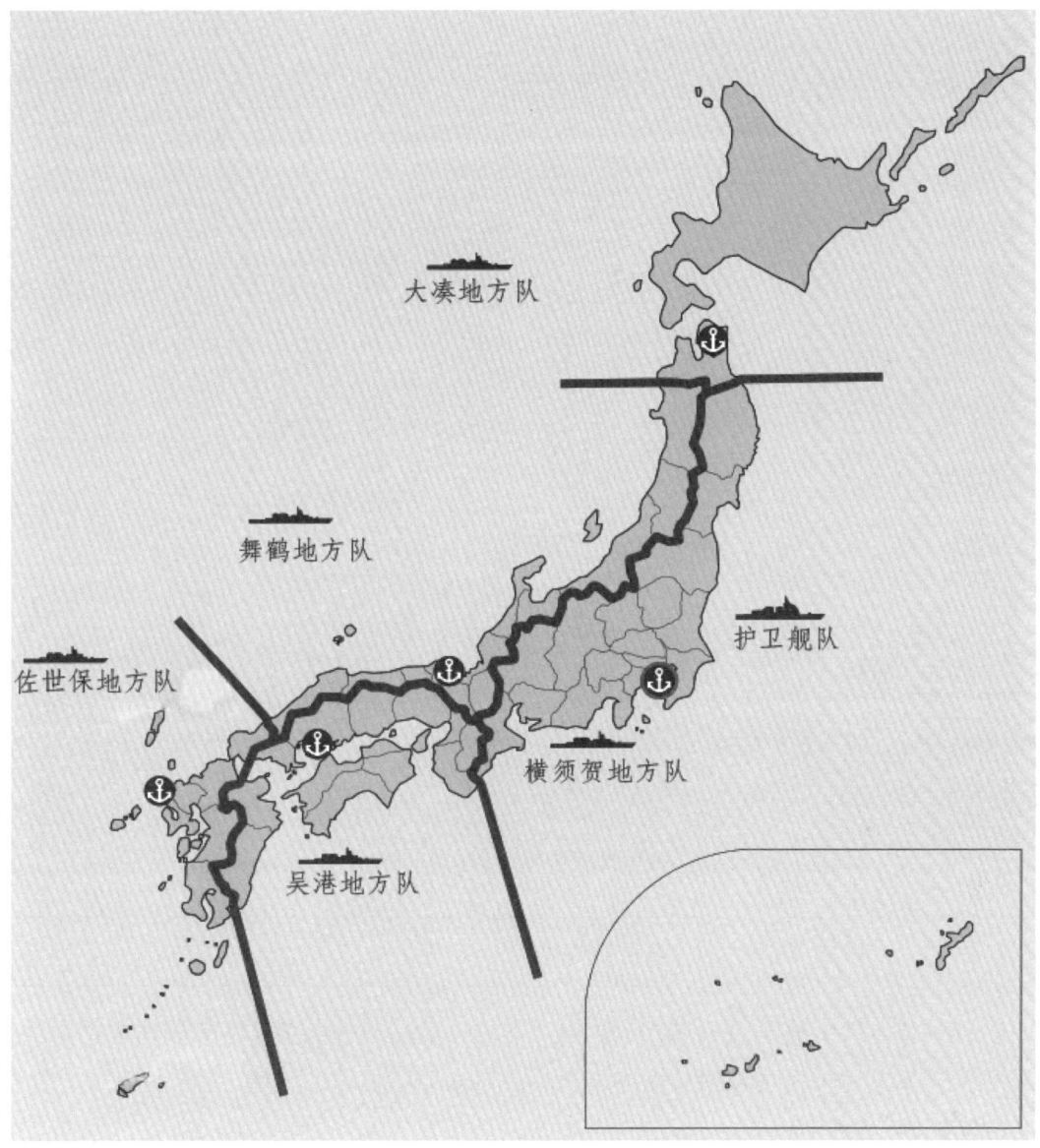

海上自卫队主要单位部署图

日本的西、北、南方向，主要是负责近海防御，作战方向和作战地域较为固定，所以平时训练的针对性也比较强，一旦发生突发情况，还可以为自卫舰队提供必要支援。五大地方队都由海上幕僚监部直接领导，地方队的指挥机关是地方总监部，司令官为地方总监，军衔是海将补（一），很奇怪的军衔吧，海将补相当于其他国家的海军少将，但又根据所担任的职务不同，分为海将补（一）和海将补（二），一般来说级别高一点的是海将补（一），级别低一点的是海将补（二）。以中国人民解放军来作对照，

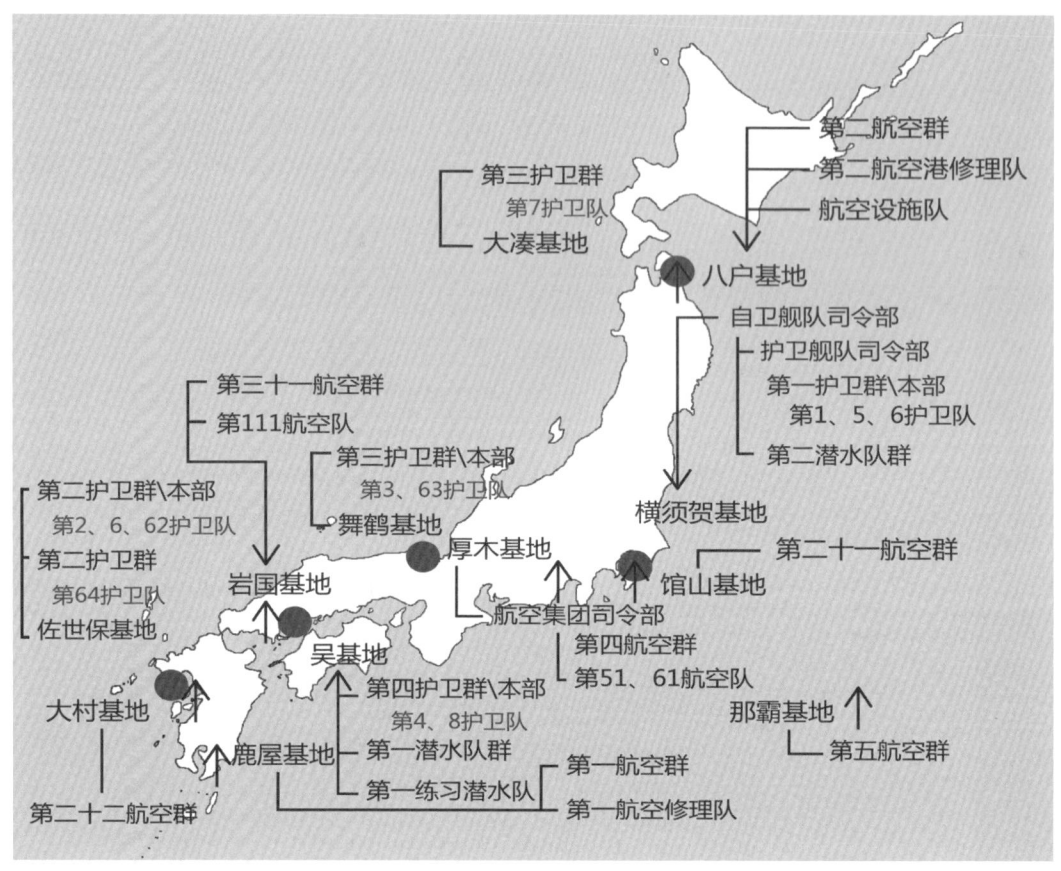

海上自卫队各主要单位分布图

海将补（一）就相当于正军级，海将补（二）就相当于副军级。确切点来说，海将补（二）更接近于准将或大校。

横须贺地方队是五个地方队中实力最强的，最高指挥机关是横须贺地方总监部，位于横须贺基地，负责岩手县以南、三重县以东海域的海上警备，辖有3艘扫雷艇、1艘特务艇、1艘运输舰、1艘多用途支援舰和1艘破冰船。

吴地方队最高指挥机关是吴地方总监部，位于吴港基地，负责歌山县以西、宫崎县以东的濑户内海到冲之鸟礁的太平洋海域的海上警备，辖有2艘扫雷艇和1艘多用途支援舰。

佐世保地方队最高指挥机关是佐世保地方总监部，位于佐世保基地，负责山口县以西的日本海、对马海峡以及鹿儿岛西南海域的海上警备，辖有6艘扫雷艇、2艘导弹艇和1艘多用途支援舰。

舞鹤地方队最高指挥机关是舞鹤地方总监部，位于京都府舞鹤市的舞鹤基地，负责秋田县以南、岛根县以东的日本海海上警备，辖有 2 艘扫雷艇、2 艘导弹艇和 1 艘多用途支援舰。

大凑地方队最高指挥机关是大凑地方总监部，位于青森县的大凑基地，负责北海道和青森县以北海域的海上警备，辖有 3 艘扫雷艇、2 艘导弹艇和 1 艘多用途支援舰。

日本海上自卫队水面舰艇部队实力相当强大

海自的第三个大单位是教育航空集团，主要负责海自所有固定翼和直升机的飞行员、机组空勤人员的教育、训练，司令部设在千叶县柏市下总基地，司令官军衔为海将，下辖下总航空教育群、德岛航空教育群、小月航空教育群和第 211 教育航空队。其中，下总航空教育群位于下总基地，主要负责 P-3 反潜巡逻机的机组人员教育和训练；德岛航空教育群位于德岛县松野郡德岛基地，主要负责所有固定翼和直升机飞行员的仪表飞行训练以及航空测量任务；小月航空教育群位于山口县下关市小月基地，主要负责所有固定翼和直升机飞行员的基础教育和飞行训练；第 211 教育队航空位于鹿屋基地，主要负责海自所有直升机飞行员的教育训练。

海自的第四个大单位是练习舰队，主要负责水面舰艇学员的海上训练，司令部设在吴港基地，司令官军衔为海将，编制有 1 艘远洋训练舰和 3 艘训练舰。

海自的直属机关和单位有系统通信队群、海上自卫队警务队、潜水医学练习队、补给队、东京业务队、东京音乐队、海自干部候补生学校、海自第一术科学校、海自第二术科学校、海自第三术科学校、海自第四术科学校和海自补给本部等。这些单位名义上是在海自的编制内，但实际上都是由防卫大臣直接管辖。

历任海上幕僚长

1. 山崎小五郎　1954 年 7 月 1 日 – 1954 年 8 月 2 日
2. 長澤浩　　　1954 年 8 月 3 日 – 1958 年 8 月 14 日
3. 庵原貢　　　1958 年 8 月 15 日 – 1961 年 8 月 14 日
4. 中山定義　　1961 年 8 月 15 日 – 1963 年 6 月 30 日
5. 杉江一三　　1963 年 7 月 1 日 – 1964 年 8 月 13 日
6. 西村友晴　　1964 年 8 月 14 日 – 1966 年 4 月 29 日
7. 板谷隆一　　1966 年 4 月 30 日 – 1969 年 6 月 30 日
8. 内田一臣　　1969 年 7 月 1 日 – 1972 年 3 月 15 日
9. 石田捨雄　　1972 年 3 月 16 日 – 1973 年 11 月 30 日
10. 鮫島博一　　1973 年 12 月 1 日 – 1976 年 3 月 15 日
11. 中村悌次　　1976 年 3 月 16 日 – 1977 年 8 月 31 日
12. 大賀良平　　1977 年 9 月 1 日 – 1980 年 2 月 14 日
13. 矢田次夫　　1980 年 2 月 15 日 – 1981 年 2 月 15 日
14. 前田優　　　1981 年 2 月 16 日 – 1983 年 4 月 25 日
15. 吉田學　　　1983 年 4 月 26 日 – 1985 年 7 月 31 日
16. 長田博　　　1985 年 8 月 1 日 – 1987 年 7 月 6 日
17. 東山収一郎　1987 年 7 月 7 日 – 1989 年 8 月 30 日
18. 佐久間一　　1989 年 8 月 31 日 – 1991 年 6 月 30 日
19. 岡部文雄　　1991 年 7 月 1 日 – 1993 年 6 月 30 日
20. 林崎千明　　1993 年 7 月 1 日 – 1994 年 12 月 14 日
21. 福地建夫　　1994 年 12 月 15 日 – 1996 年 3 月 24 日
22. 夏川和也　　1996 年 3 月 25 日 – 1997 年 10 月 12 日
23. 山本安正　　1997 年 10 月 13 日 – 1999 年 3 月 30 日
24. 藤田幸生　　1999 年 3 月 31 日 – 2001 年 3 月 26 日
25. 石川亨　　　2001 年 3 月 27 日 – 2003 年 1 月 27 日
26. 古庄幸一　　2003 年 1 月 28 日 – 2005 年 1 月 11 日
27. 齋藤隆　　　2005 年 1 月 12 日 – 2006 年 8 月 3 日
28. 吉川榮治　　2006 年 8 月 4 日 – 2008 年 3 月 23 日
29. 赤星慶治　　2008 年 3 月 24 日 – 2010 年 7 月 25 日
30. 杉本正彦　　2010 年 7 月 26 日 – 2012 年 7 月 25 日
31. 河野克俊　　2012 年 7 月 26 日 – 2014 年 10 月 13 日
32. 武居智久　　2014 年 10 月 14 日 –

日本海上自卫队自卫舰队战斗序列

（一）护卫舰队

1. 机动运用部队

   （1）第1护卫队群

   　　基地：横须贺

   　　第1护卫队

   　　　DDH-181 "日向"号驱逐舰

   　　　DDG-172 "岛风号"驱逐舰

   　　　DD-107 "雷"号驱逐舰

   　　　DD-101 "村雨"号驱逐舰

   　　第5护卫队

   　　　DDG-173 "金刚"号驱逐舰

   　　　DD-108 "曙"号驱逐舰

   　　　DD-157 "泽雾"号驱逐舰

   　　　DD-115 "秋月"号驱逐舰

   （2）第2护卫队群

   　　司令部：佐世保

   　　第2护卫队

   　　　DDH-144 "鞍马"号驱逐舰

   　　　DDG-178 "足柄"号驱逐舰

   　　　DD-102 "春雨"号驱逐舰

   　　　DD-154 "天雾"号驱逐舰

   　　第6护卫队

   　　　DDG-176 "鸟海"号驱逐舰

   　　　DD-110 "高波"号驱逐舰

   　　　DD-111 "大波"号驱逐舰

   　　　DD-116 "照月"号驱逐舰

   （3）第3护卫队群

   　　基地：舞鹤

   　　第3护卫队

   　　　DDH-143 "白根"号驱逐舰

   　　　DDG-177 "爱宕"号驱逐舰

   　　　DD-112 "卷波"号驱逐舰

   　　　DD-114 "凉波"号驱逐舰

   　　第7护卫队

   　　　DDG-175 "妙高"号驱逐舰

   　　　DD-103 "夕立"号驱逐舰

"金刚"号驱逐舰

"爱宕"号驱逐舰

"鸟海"号驱逐舰

"高波"号驱逐舰

DD-156 "濑户雾"号驱逐舰
DD-109 "有明"号驱逐舰

(4) 第 4 护卫队群
司令部：吴港
第 4 护卫队：
基地：大凑
DDH-182 "伊势"号驱逐舰
DDG-171 "旗风"号驱逐舰
DD-106 "五月雨"号驱逐舰
DD-158 "海雾"号驱逐舰
第 8 护卫队：
基地：吴港
DDG-174 "雾岛"号驱逐舰
DD-104 "雾雨"号驱逐舰
DD-105 "电"号驱逐舰
DD-113 "涟"号驱逐舰

2. 地方配备部队
(1) 第 11 护卫队
基地：横须贺
DD-129 "山雪"号驱逐舰
DD-152 "山雪"号驱逐舰
DD-153 "夕雾"号驱逐舰
(2) 第 12 护卫队
基地：吴港
DE-229 "阿武隈"号护卫舰
DE-232 "川内"号护卫舰
DE-234 "利根"号护卫舰
(3) 第 13 护卫队
基地：佐世保
DD-127 "矶雪"号驱逐舰
DD-128 "春雪"号驱逐舰
DD-132 "朝雪"号驱逐舰
DE-230 "神通"号护卫舰
(4) 第 14 护卫队
基地：舞鹤
DD-151 "朝雾"号驱逐舰
DD-130 "松雪"号驱逐舰

"旗风"号驱逐舰

"夕雾"号驱逐舰

"阿武隈"号护卫舰

(5) 第 15 护卫队

　　基地：大凑

　　DD-155 "浜雾"号驱逐舰

　　DE-231 "大淀"号护卫舰

　　DE-233 "筑摩"号护卫舰

3. 护卫舰队直属部队

　(1) 第 1 训练支援队

　　基地：吴港

　　AST-4202 "黑部"号训练支援舰

　　AST-4203 "天龙号"训练支援舰

　(2) 第 1 输送队

　　基地：吴港

　　LST-4001 "大隅"号两栖运输舰

　　LST-4002 "下北"号两栖运输舰

　　LST-4003 "国东"号两栖运输舰

　(3) 第 1 海上补给队

　　基地：吴港

　　AOE-422 "十和田"号补给舰

　　AOE-423 "常磐"号补给舰

　　AOE-424 "滨名"号补给舰

　　AOE-425 "摩周"号补给舰

　　AOE-426 "淡海"号补给舰

"朝雾"号驱逐舰

"十和田"号补给舰

(二) 航空集团

1. 司令部（厚木基地）：P3C 约 10 架

2. 第 1 航空群（鹿屋基地）：P3C 约 20 架

　　第 1 航空队（鹿屋基地）

3. 第 2 航空群（八户基地）：P3C 约 20 架

　　第 2 航空队

4. 第 4 航空群（厚木基地）：P3C 约 20 架

　　南鸟岛航空派遣队

　　第 3 航空队

　　厚木航空基地队

　　硫磺岛航空基地队

5. 第 5 航空群（那霸航空基地）：P3C 约 20 架

　　第 5 航空队

　　那霸航空基地队

6. 第 21 航空群（馆山基地）：SH-60J、SH-60K 约 40 架

   硫磺岛航空分遣队（硫磺岛基地）

   大凑航空分遣队（大凑基地）

   第 21 航空队（馆山基地）

   馆山航空基地队（馆山基地）

   舞鹤航空基地队

   第 25 航空队（大凑基地）

   大凑航空基地队

   第 73 航空队（馆山基地）

7. 第 22 航空群（大村基地）：SH-60J、SH-60K 约 40 架

   德岛航空分遣队（德岛基地）

   鹿屋航空分遣队（鹿屋基地）

   小松岛航空基地队

   第 22 航空队（大村基地）

   第 24 航空队（小松岛基地）

   第 72 航空队（大村基地）

   第 22 整备补给队（大村基地）

   大村航空基地队（大村基地）

8. 第 31 航空群（岩国基地）：EP-3 电子作战机约 10 架

   第 71 航空队（厚木基地）

   第 81 航空队

   第 91 航空队

   第 31 整备补给队

   标的机整备队（江田岛）

   岩国航空基地队

9. 航空集团直属部队

   （1）第 51 航空队（厚木基地）

   （2）第 61 航空队（厚木基地）：

   （3）第 111 航空队（岩国基地）：扫雷直升机部队 MH-53E 约 10 架

   （4）第 1 航空修理队

   （5）第 2 航空修理队

   （6）航空管制队

   （7）机动设施队

（三）潜艇舰队

1. 第 1 练习潜水队

   基地：吴港

   TSS-3601 "朝潮"号训练潜艇（原春潮级 SS-589，第一艘 AIP 潜艇）

TSS-3607 "冬潮"号训练潜艇（原春潮级 SS-588）

2. 第 1 潜艇队群

基地：吴港

直辖舰：ASR-403 "千早"号潜艇支援舰

（1）第 1 潜水队

　　SS-591 "满潮"号潜艇

　　SS-593 "卷潮"号潜艇

　　SS-594 "矶潮"号潜艇

（2）第 3 潜水队

　　SS-504 "剑龙"号潜艇

　　SS-596 "黑潮"号潜艇

　　SS-600 "望潮"号潜艇

（3）第 5 潜水队

　　SS-501 "苍龙"号潜艇

　　SS-502 "云龙"号潜艇

　　SS-503 "白龙"号潜艇

"云龙"号潜艇

2. 第 2 潜艇队群

基地：横须贺

直辖舰：ASR-405 "千代田"号潜艇支援舰

（1）第 2 潜水队

　　SS-590 "亲潮"号潜艇

　　SS-592 "涡潮"号潜艇

　　SS-595 "鸣潮"号潜艇

（2）第 4 潜水队

　　SS-505 "瑞龙"号潜艇

　　SS-597 "高潮"号潜艇

　　SS-598 "八重潮"号潜艇

　　SS-599 "瀨户潮"号潜艇

"千代"田号潜艇支援舰

日本海上自卫队地方队作战序列

（一）横须贺地方队

1. 直属部队：

　　AMS-4305 "远州"号多用途支援舰

　　AGB-5003 "白獭"号破冰船

　　LCU-2002 运输艇

2. 第41扫雷队
   MSC-604 "江之岛"号扫雷艇
   MSC-605 "父岛"号扫雷艇
   MSC-683 "角岛"号扫雷艇
3. 横须贺警备队
   ASY-91 "桥立"号特务艇
   水中处分母船3号

(二)吴港地方队
1. 第42扫雷队
   基地：神户港
   MSC-676 "旧米岛"号扫雷艇
   MSC-677 "牧岛"号扫雷艇
2. 吴港警备队
   MS-4304 "玄界滩"号多用途支援舰
   水中处分母船4号

(三)佐世保地方队
1. 佐世保警备队
   第3导弹艇队
   PG-826 "大鹰"号导弹艇
   PG-829 "白鹰"号导弹艇
2. 下关基地队
   第46扫雷队
   基地：下关
   MSC-684 "直岛"号扫雷艇
   MSC-685 "薯岛"号扫雷艇
   MSC-686 "浮岛"号扫雷艇
3. 冲绳基地队
   (1)第46扫雷队
      基地：冲绳
      MSC-689 "青岛"号扫雷艇
      MSC-691 "狮子岛"号扫雷艇
      MSC-692 "黑岛"号扫雷艇
   (2)基地队直属部队
      AMS-4303 "天草滩"号多用途支援舰
      水中处分母船6号
      LCU-2001 运输艇

"父岛"号扫雷艇

"大鹰"号导弹艇

（四）舞鹤地方队
1. 第 44 扫雷队
   MSC-681 "管岛"号扫雷艇
   MSC-682 "能登岛"号扫雷艇
2. 第 2 导弹艇队
   PG-824 "隼号"导弹艇
   PG-828 "海鹰"号导弹艇
3. 直属部队
   MS-4301 "燧滩"号多用途支援舰

（五）大凑地方队
1. 直属部队
   MS-4302 "周防滩"号多用途支援舰
2. 函馆基地队
   基地：北海道函馆
   第 45 扫雷队
   MSC-678 "飞岛"号扫雷艇
   MSC-679 "弓前岛"号扫雷艇
   MSC-680 "长岛"号扫雷艇
3. 余市防备队
   基地：北海道余市
   第 1 导弹艇队
   PG-825 "若鹰"号导弹艇
   PG-827 "雄鹰"号导弹艇

"管岛"号扫雷艇

"隼号"导弹艇

日本海上自卫队练习舰队作战序列

练习舰队
　司令部：吴港
　1. 直属部队
     TV-3508 "鹿岛"号远洋训练舰
　2. 第 1 练习队
     TV-3513 "岛雪"号远洋训练舰
     TV-3517 "白岛"号远洋训练舰
     TV-3508 "濑户岛"号远洋训练舰

基地与部署

根据日本国土地理南北狭长的特点以及可能的海上作战情况，日本海自的作战力量相对比较固定地部署在横须贺、吴港、佐世保、舞鹤、大凑五大海军基地和鹿屋、八户、厚木、岩国、馆山和那霸六大航空基地。尤其是横须贺和佐世保是部署的重点，海自一半以上的主力作战舰艇和四分之三的反潜飞机都部署在横须贺和佐世保及其周围的航空基地上。

横须贺基地位于日本列岛的中部，神奈川县横须贺市横须贺港长浦港和本港西南地区，正是东京东南65千米的东京湾入口，处在沟通东京湾和浦贺水道的咽喉位置。在这里部署兵力，无论哪里出现状况，既可以南北支援，也可以东西机动，非常便捷。日本所提出的保护1000海里海上交通线的东侧列岛屏障，就在横须贺警备区的范围以内。从陆上来说，日本首都东京以及横滨、名古屋等大港口也都在横须贺警备区的管辖范围之内，所以战略地位极其重要。同时，横须贺也是日本海自的指挥中心，自卫舰队司令部、护卫舰队司令部和潜水舰队司令部都设在这里。

除了日本海自以外，美国第七舰队也将横须贺作为其在西太平洋最重要的海军基

横须贺基地是日本海上自卫队的指挥中心，自卫舰队司令部、护卫舰队司令部和潜水舰队司令部都设在这里

地之一。驻日美国海军司令部就设在横须贺，平时经常性驻泊在此的就有第七舰队旗舰"蓝岭"号两栖指挥舰等 20 多艘作战舰艇，小海港区则是美国海军的核潜艇专用驻泊区。

横须贺之所以能成为日本和美国的最重要的海军基地，除了其地理位置重要外，还因为这里有六个干船坞，那是旧日本海军时期逐渐建造起来的。其中一号到五号船坞是美国和日本共同使用，而最大的六号船坞则是美国海军独享，这个容积达 22 万立方米，进坞吨位 8000 吨的大型船坞可以用来维修航母，是美国海军在夏威夷以西的整个西太平洋地区唯一可以修理航母的船坞，其重要性自然就不需多说了。

横须贺基地卫星图

佐世保基地

佐世保基地位于日本列岛的西部，九州岛长崎县佐世保市佐世保湾内，是日本西南地区最大的海军基地，基地规模上列在横须贺和吴港之后，居第三位。因为部署在佐世保的作战舰艇其实是在日本最重要的作战方向，是真正的第一线部队，所以日本海自会将最先进的舰艇如"金刚"级和"爱宕"级驱逐舰都部署在此。佐世保要兼顾西北的朝鲜、俄罗斯和西南的中国，还要负责 1000 海里海上交通线的西南航线安全，所以相当吃重。

吴港位于九州岛广岛县吴市，濑户内海的吴湾内。在旧日本海军时代一直是日本海军最重要的造船基地，旧日本海军中最大的超级战列舰"大和"号就是在吴海军工厂建造的，依托吴海军工厂，吴港也成为旧日本海军最大的海军基地，所以在第二次世界大战中也自然受到了美军的格外照顾，成为美军轰炸的重中之重。吴港的海军兵工厂、基地设施以及停泊的作战舰艇基本都被美军的大轰炸一扫而光。

吴港基地卫星图

厚木基地

厚木基地上的飞机

朝鲜战争爆发后吴港便成为了美军重要的前进基地,由此开始了重建。1954年日本海自成立后更是加快了重建的脚步,目前已经是日本海自最大的潜艇基地、唯一的运输舰基地和扫雷舰队基地。至2014年,在吴港部署的作战舰艇达到了51艘,远远超过了在横须贺部署的37艘。所以,无论是从基地的基础设施建设、占地规模还是从作战舰艇的停泊和部署能力来看,吴港都是日本海自当之无愧的第一基地。

在六大航空基地中,厚木基地是规模最大的,也是东亚地区规模最大的航空基地之一。和横须贺一样都位于神奈川县,但是考虑到机场噪音太大,所以在建设时特意远离横须贺和横滨两市,坐落在大和市、绞濑市和海老名市之间,厚木机场的主跑道长度达到2438米,宽45米,可以起降目前美国和日本的所有现役飞机。

目前部署在厚木的海自航空部队有航空集团下属的第4航空群、实验航空部队下属的第51航空队、运输航空部队下属的第61航空队等部队,同时也是美国海军"乔治·华盛顿"号航母的第5舰载机联队的基地。

岩国基地位于本州岛西部的山口县岩国市,距离海自规模最大的吴港基地直线距离仅30千米,主跑道长2440米,宽60米,起降能力超过了厚木基地。目前部署在岩国基地的海自航空部队有航空集团下属的第 31 航空群和航空集团直属的第 111 航空大队。

和厚木基地一样,岩国基地也是美日共用的,不过不是和美国海军,而是和美国海军陆战队共用。但是将来随着美国海军陆战队在普天间基地的航空兵和海军航母舰载机部队的迁入,岩国基地将超过厚木基地,成为美国在远东地区最大的海军航空兵基地,届时岩国基地的规模也会进一步扩大,成为日本海自最大的海军航空兵基地。

反潜和扫雷都是世界第一

早在 1951 年,一批为了重建日本海军的原旧日本海军军官成立的"新海军研究会",也就是著名的"野村机关",除了研究如何重建海军外,就是对旧日本海军在太平洋战争中的失败进行了充分的研究和分析,他们认为最终导致日本战败的最重要原因是美国对日本实施极其有效的海上封锁,美国主要靠的就是潜艇和水雷。美军的潜艇从战争爆发起就开始全力投入对日本海上交通线的破交作战,一直贯穿了整个战争。而美军的水雷封锁则主要集中在 1945 年历时四个半月的"饥饿作战",美军总共出动飞机 1526 架次,布雷 12053 枚,所布下的水雷共炸沉炸伤日本军舰 65 艘,其他各类船只 600 多艘,其中炸沉和重创无法修复的就达到 431 艘,总吨位高达 140 万吨,几乎相当于布雷前日本保有船舶总吨位的 75%。经过四个半月的水雷封锁,美军成功实现了全面封锁日本海上运输的战役企图,直接导致日本的进口物资总量下降 90%,对于战争具有决定性意义的石油、煤炭、粮食等战略物资供应几乎被彻底掐断,日军飞机、舰艇和车辆都由于燃料缺乏而无法开动,军工企业由于原料断绝,只得停产或关闭,粮食则由于海上运输断绝,日本本土粮食供应极其困难,为了优先保证军队供应,只好把对平民的粮食供应配给减少到最低限度,使得广大民众整天食不果腹,沉重打击了日本的民心士气。所以说,"饥饿战役"的水雷封锁是直接迫使日本投降的重要原因。一个反潜,一个扫雷,就是日本海军在太平洋战争中最深刻的切肤之痛,因此在战后重建海上力量时,日本海自就相当重视这两方面的建设。

先说反潜,这可是日本海自从成军以来就倍加关注的头号重点,通过几十年来的努力,总算是有所建树。反潜能力具体来说分为水面舰艇反潜、潜艇反潜和航空反潜这三部分。

海自的水面舰艇反潜能力主要集中在海自护卫舰队中的四大护卫队群,也就是四个所谓的八八舰队。在每个护卫队群的 8 艘驱逐舰中,每艘驱逐舰都配有先进的舰首球鼻声纳,其探测距离可达5500米。武备方面所有驱逐舰都装备有"阿斯洛克"反潜导弹,也有叫"阿斯洛克"反潜火箭,其实就是单级无制导固体弹道式火箭助飞鱼雷,战斗部就是著名的MK-46鱼雷。再加上533毫米的反潜鱼雷,对潜艇的威胁还是相当大的。在8艘驱逐舰中,除了防空型驱逐舰外(各舰队略有不同,有的有1艘防空型驱逐舰,有的没有),其余驱逐舰都装备有最先进的拖曳式阵列声纳系统。该系统是由舰壳声纳和拖曳声纳组合而成,可以有效地探测远距离和深水中活动的潜艇。要是和反潜直升机协同反潜,效果就更加明显。

在进行反潜作战时,通常先是派出3架反潜直升机在舰队前方3-10海里以倒三角队形进行反潜搜索,采用吊放声纳或投下声纳浮标来进行反潜搜索,1架直升机的有效搜索宽度约为9000米,留空时间约两小时,整个编队在一小时的时间里就能搜索约1000平方千米的海域,一旦发现目标,驱逐舰就赶来用拖曳声纳确定精确位置,然后由直升机和驱逐舰协同进行反潜攻击。一般情况下,在驱逐舰和反潜直升机的联合攻击下,单艘潜艇只要被发现,基本上就很难逃脱了。

潜艇反潜方面日本海自目前装备的主力潜艇"春潮"级和"亲潮"级都是大型远洋潜艇,除了有中低频主被动艇壳声纳外,还有拖曳声纳,所以探测距离更大,加上这两级潜艇的噪音小,速度快,排水量大,即使是放在世界范围也都是性能相当优异的攻击潜艇。

日本拥有100架P-3C反潜机,规模仅次于美国,名列世界第二

航空反潜更是日本海自的制胜法宝,岸基的固定翼反潜飞机就有120架,其中先进的P-3C就有100架,其规模仅次于美国而名列世界第二,在亚洲那就是毫无争议的第一了。P-3C续航时间长达16小时,除了可以携带反潜鱼雷外,还可携带4-6枚空对舰导弹,不仅是对潜艇,就是对水面舰艇也有相当的攻击力。

"管岛"级扫雷艇

所以日本海自的反潜能力,毫不夸张地说绝对可以算得上是世界顶尖水准。

再说扫雷,这也是日本海自历来的发展重点,可别忘了,当年旧日本海军唯一保留下来的海军部队就是扫雷部队,可以说是后来海自的起家部队。几十年来海自发展的扫雷装备已经多

"平岛"级扫雷艇

达几十项,很多装备的科技水平也都是位居世界前列。目前海自的扫雷舰艇就有33艘之多,包括2艘"浦贺"级扫雷支援舰、3艘"八重山"级猎扫雷舰、10艘"管岛"级猎扫雷艇,这些扫雷舰艇都隶属于自卫舰队的扫雷队群和地方队的扫雷队。在自卫舰队的编制里,扫雷队群和护卫舰队、潜水舰队都是平级的,可见日本海自对扫雷部队的重视。扫雷队群下辖4个扫雷队,再有5个地方队所辖的6个扫雷队,编制上就已经非常庞大了。

航空扫雷方面,1989年日本开始从美国引进和自行生产了10架MH-53E扫雷直升机,成立了2个航空扫雷队,现在已经合并为第111航空扫雷队。2003年又从英国引进了EH-101直升机,将其改进为ECH-101舰载扫雷直升机,配属在"日向"级直升机驱逐舰上,并计划逐步替换MH-53E直升机。

冷战时期,日本海自扫雷作战的重点是海峡、港湾和沿海地区。冷战结束后,随着日本海自逐渐向海外扩张,其扫雷的范围也不再仅限于日本列岛周边,逐步向东南

P-3C 反潜巡逻机

P-3C"猎户座"（Orion）反潜巡逻机是由美国洛克希德·马丁公司研制生产，1957 年开始设计，1958 年中标，同年 8 月原型机首飞，1961 年 4 月以后开始交付。除了美国海军以外，还有 600 多架出口到加拿大、伊朗、澳大利亚、新西兰、日本、中国台湾、挪威、荷兰等国家和地区。

该机为正常式布局，悬臂式下单翼，传统铝合金结构，按破损安全原则设计，增压机舱，乘员 10 人。

动力装置为四台涡桨发动机，单台功率 3661 千瓦，各驱动一具四叶恒速螺旋桨。主要机载设备为：AN/APS-115 全方位雷达、LTN-72 惯性导航和 AN/APN-227 多普勒导航系统、奥米加远距导航系统、AN/ASW 飞行控制系统、AN/ASQ-114 通用数据计算机和 AN/AYA-8 数据处理设备及计算机控制显示系统、AQS 磁异探测器、ASA-64 水下异常探测器、ARR-72 声纳接受机、AN/ACQ-5 数据链路，以及 ALQ-64 电子对抗设备等。

机翼前有一个 3.91 米 ×2.03 米 ×0.88 米的弹舱，机翼下有 10 个挂架，可以携带"鱼叉"反舰导弹、鱼雷、深水炸弹、炸弹、沉底水雷、水雷、火箭发射巢、空空导弹等，还可以携带各种声纳浮标、水上浮标。

日本从 1978 年开始引进 3 架，随后由川崎重工授权生产 101 架。其中 P-3CIL5 型 69 架，P-3CIII 型 32 架。此外，还生产了 9 架 P-3C 的衍生型号。这样日本总共装备了 113 架。截至 2014 年，日本在役的各型 P-3C 还有 88 架，是仅次于美国的全世界第二大用户。

基本技术数据

机长：35.61 米

机高：10.27 米

翼展：30.37 米

机翼面积：61.13 平方米

空重：27890 千克

最大燃油重量：28350 千克

最大起飞重量：64410 千克

最大平飞速度：761 千米 / 小时（高度 4575 米）

巡航速度：608 千米 / 小时（高度 7620 米）

反潜巡逻速度：381 千米 / 小时

最大爬升率：9.9 米 / 秒

实用升限：8625 米

最大半径：3835 千米

转场航程：8945 千米

最大续航时间：17.2 小时（高度 4574 米，四发）

标准反潜武器配置：4 枚 MK-46 鱼雷和 4 枚 AGM-84 反舰导弹

和西南两条 1000 海里的海上交通线扩展，而且还担负起了支援美军在西太平洋上的行动和一些"国际和平合作"行动。随着任务海域的扩大，原来日本海自只具备 10 米左右的浅海扫雷，也相应逐渐发展到了远洋深海扫雷，已经成为了当今世界扫雷实力最强的扫雷部队之一。

八八舰队也是有"短板"的

日本海自的反潜和扫雷能力绝对可以在世界上排得上号，但是相比之下，以护卫队群的八八舰队为代表的水面舰艇编队的远洋防空能力就显得有些薄弱了。虽然近年来，海自已经在对八八舰队进行新一轮的升级换代，比如以"金刚"级导弹驱逐舰来替换"太刀风"级导弹驱逐舰，以"高波"级多用途驱逐舰来替换"朝雾"级多用途驱逐舰，以"出云"级直升机驱逐舰替换"白根"级直升机驱逐舰。全面升级更新之后的八八舰队，已经是目前世界海军非航母舰队中的佼佼者，综合战斗力尤其是反潜能力都是名列前茅，但是在远洋防空和反舰方面，还是显得有些薄弱。

尽管八八舰队中有安装了"宙斯盾"防空系统的"金刚"级驱逐舰，区域防空能力还是比较强的，但是远程防空自身还是有所欠缺，特别是在离开了岸基航空兵的掩护下，更是非常脆弱。所以，日本海自在新一轮的新建军舰上普遍装备了"密集阵"近程防空系统、改进型"海麻雀"防空导弹系统，特别配备了性能先进的"标准-III"防空导弹，但是仔细看下"标准-III"的情况，最大拦截高度 122 千米，最小拦截高度 15 米，对于高空目标的最大拦截距离是 425 千米。比起现在八八舰队最大防空距离 75 千米来说，无疑是突破性的大大提升了，但是驱逐舰的 SPY-1D 雷达的最大探测距离只有 320 千米，实际上的目标识别和跟踪距离还要小，那么受雷达性能的限制，"标准-III"的有效攻击距离不会超过 300 千米。当然比起之前来说，还是有了显著提高。还要说明的是，"标准-III"在美军的武器体系中，是为战区弹道导弹防御而度身定制的，主

"金刚"级驱逐舰是八八舰队的核心

"金刚"级驱逐舰,除了舰队防空以外,还要担负反弹道导弹的任务

"标准-III"防空导弹大大提高了八八舰队的防空能力

要擅长的是对付高空沿固定就道飞行的弹道导弹,对于低空掠海飞行,速度更快,还有一定规避能力的反舰导弹,就不是那么具有针对性了。同时,反舰导弹的射程也越来越大,俄罗斯的SS-N-12"玄武岩"、SS-N-19"花岗岩"和SS-N-22"日炙"反舰导弹的射程都已经达到了500千米,美国的"战斧"反舰型的射程也有450千米,以"标准-III"小于300千米的射程,应付起来还是比较困难的。再说近程,八八舰队有"密集阵"和"海麻雀"似乎可以高枕无忧,但是如果是面对俄罗斯SS-N-27"绿松石"这一类的反舰导弹,在距离目标20千米时会下降到距海平面3米的掠海高度,以近3马赫的高速飞向目标,以这个速度到击中20千米外的目标只需20秒,在这样短的时间里,无论是"密集阵"还是"海麻雀"都很难完成发现、识别到开火的一套程序。所以,八八舰队乃至将来的十九舰队,防空还是其最薄弱的"短板",未来最大的威胁必然还是来自空中。

而八八舰队的反舰能力也是差强人意乏善可陈,主要的对舰武器是美制RGM-84"鱼叉"导弹(也叫"捕鲸叉"导弹)和国产SSM-1导弹,再有就是舰炮了。在对付中低强度的海上作战时,应该还是能够应付的。但是要知道,RGM-84"鱼叉"导弹和国产SSM-1导弹都是亚音速,射程也不过只有150千米,一旦遇到对手装备了超音速远程反舰导弹的水面舰艇,那么在导弹对决中必然是要落在下风的。

所以,防空和反舰这两项就是八八舰队先天不足的致命缺陷了。

海自的核心力量驱逐舰

说到八八舰队,就自然要提到日本海自的驱逐舰,因为现在的八八舰队就是8艘驱逐舰加8架直升机组成的。而驱逐舰更是今天海自的绝对海上力量的中坚力量,具体分为直升机驱逐舰(DDH)、导弹驱逐舰(DDG)和多用途驱逐舰(DD)三大类,直升机驱逐舰搭载较多的直升机,是反潜作战的核心和指挥舰,导弹驱逐舰装备中远程防空导弹,是整个舰队区域防空的核心,以前也叫防空型驱逐舰,多用途驱逐舰则是各项性能比较均衡,可以执行反潜、反舰、护航等多种任务。

目前海自的直升机驱逐舰主要有"白根"级2艘、"日向"级2艘以及2015年3月才刚刚服役的"出云"级首舰"出云"号,计划是建造2艘"出云"级来替代2艘"白根"级。

"日向"级2艘分别于2009年和2011年服役。"日向"级采用模块化设计,建造速度相当快,标准排水量13950吨的大舰,只用了一年多就完工下水。采用全通甲板和封闭式舰首,右舷有大型舰岛式上层建筑,乍一看就是一航母,本质上说"日向"级就是靠搭载直升机进行反潜作战,和直升机航母并没有太大的区别。既然是靠直升机吃饭的,那么有关的航空设施就相当重要了。"日向"级的飞行甲板长195米,和全舰长197米几乎相差无几,最宽处32米,最窄处23米,为了保证飞行甲板的面积,还在飞行甲板左舷前部增加了一个类似于斜角甲板的外飘。在飞行甲板上共有四个直升机起降点,两个在舰岛左侧,另外两个分别在舰岛前后各一个。在舰岛前后的起降点钢板更是特别处理,能够承受海自MH-53E和空自CH-47J这样的重型直升机起降。飞行甲板上有两部直升机升降机,都能满足运送MH-53E的要求。另外还有两部小的升降机是用来运送弹药和物资的。"日向"级舰内有两个直升机机库,分别和两部升降机相连,每个机库长30米,宽19米。在尾部升降机后面还有一个直升机维修车间,长20米,最宽处也有20米,空间相当宽敞,就连像EH-101这样的大型直升机都可以不用折叠螺旋桨直接进入车间维修。这样强大的直升机维修能力对于保持直升机在海上的长期作战意

"日向"级直升级驱逐舰有着近似航母的外形

义极其重大，这也反映出日本海自建造"日向"级的目的不是局限在近海，而是从一开始就着眼于远洋作战。"日向"级正常情况下搭载 4 架直升机，战时机库可容纳 7 架直升机，再加上飞行甲板放置 4 架，总载机数可提高到 11 架。

另外，值得一提的是，"日向"级作为护卫队群也就是八八舰队的旗舰，采用了先进的战术情报处理系统，而且还是日本第一种自主开发的水面舰艇战术情报处理系统，由先进战斗指挥系统、火控系统、反潜情报处理系统和电子战管制系统四大部分组成。这也是日本海自第一次将过去分散在各地方的战术情报处理、反潜情报处理、电子战系统全部集中在一起，然后再通过舰载广域网连接到舰上各子系统，信息处理和传输能力都非常强，完全可以适应未来的"网络战"环境。

2012 年开始建造的"出云"级就是"日向"级的放大版，布局还是沿用"日向"级的全通甲板、右舷舰岛，标准排水量达到 19500 吨（比"日向"级增加了 6000 吨），飞行甲板长度达到 248 米（比"日向"级增加了 51 米），飞行甲板最宽处为 38 米（比"日向"级增加了 6 米）。动力系统也是和"日向"级一样四台燃气轮机，但输出功率也有所提高，总功率为 134400 马力（比"日向"级增加了 34400 马力）。

"日向"级驱逐舰

为了替代 20 世纪 70 年代建造的两艘"榛名"级直升机驱逐舰，日本防卫省在 2000 年提出的 2001 年至 2005 年度中期防卫力整建计划中，提出了建造新一代的直升机驱逐机，名为"平成 16 年度直升机驱逐舰计划"（16DDH 型）。最初计划在 2004 年、2005 年各编列预算建造一艘，分别在 2008 年、2009 年服役，但因预算编列延后，首艘延至 2006 年 5 月开工，二号舰的预算推迟到 2006 年，两舰分别于 2009 年与 2011 年服役，因此原先预计于 2008 年、2009 年退役的两艘"榛名"级只能延长服役。

两艘"日向"级均由石川岛播磨重工横滨厂承造，一号舰"日向"号（DDH-181）2006 年 5 月 11 日开工，2007 年 8 月 23 日下水，2009 年 3 月 18 日服役，随即取代"榛名"号成为第一护卫队群的新旗舰。

总计"日向"号的全部成本约 1050 亿日元（约合 10.5 亿美元），其中舰体造价约 472 亿日元（约合 4.7 亿美元）。二号舰"伊势"号（DDH-182）于 2008 年 5 月 30 日开工，2009 年 8 月 21 日下水，2011 年 3 月 14 日服役，随即取代同年 1 月 17 日退役的"榛名"级二号舰"比睿"号，并成为第四护卫队群旗舰。总计"伊势"号的全部成本约 975 亿日元（约合 9.7 亿美元），其中舰体造价约 485 亿日元（约合 4.8 亿美元）。

基本数据：标准排水量 13950 吨　满载排水量 17000 吨

舰长 197 米　舷宽 33 米　吃水 7 米

动力系统：4 台 LM-2500 IEC 燃气涡轮/100000 双轴双舵 最大航速 30 节 续航力

6000 海里/20 节

舰员：347 人

雷达：1 部 FCS-3 改 3D 主动相控阵对空搜索／火控雷达　1 部 OPS-20C 平面搜索／导航雷达
　　　1 部 NOLQ-3C 整合电战系统

声纳：OQQ-21 主／被动舰首声纳

作战指挥系统：OYQ-10 先进战术指挥系统（ACDS）

武备：1 座八联装 MK-41 海麻雀点防御防空导弹　2 座 MK-15 Block 1B 密集阵近防武器系统
　　　4 挺 12.7mm 机枪　2 座三联装 324mm HOS-303 鱼雷发射器　4 座六联装 MK-36 SRBOC 干扰弹发射器

舰载机（标准编制）：3 架 SH-60K 反潜直升机　1 架 MCH-101 扫雷／运输直升机
　　　　　　　　　最大载机数 11 架直升机

"出云"级的升降机位置也有所变化，特别是后部升降机不仅位置移到了舰岛后面的右舷，而且还是舷外升降机，面积更大。飞行甲板取消了"日向"级的内削结构，增加了可用面积。这样一来，升降机和飞行甲板都可以容纳 F-35 固定翼飞机，明显是为了今后搭载 F-35 留足了后手。

另外，"出云"级还增加了"日向"级所没有的车辆滚装甲板，可以容纳 3.5 吨卡车 50 辆，以及 400 名陆战队员。

有增也有减，"出云"级比"日向"级减少的部分有取消了 MK-41 导弹垂直发射系统和鱼雷发射管。武器系统的削减，一方面是由于预算的控制，"出云"级比"日向"级的预算只增加了 11%，但排水量却增加了 40%，所以不得不对武器系统进行了简化；另一方面，武器系统的简化；也说明"出云"级不再是"日向"级的专职反潜作战，而是转向了多用途的使用，从某种意义上说，更接近于两栖攻击舰了。

目前海自现役的导弹驱逐舰有"旗风"级 2 艘、"金刚"级 4 艘和"爱宕"级 2 艘。

其中的"金刚"级是 20 世纪 80 年代日本海自为了弥补海上舰队区域防空能力的不足，从美国取得了"伯克"级的有关设

"出云"级直升机驱逐舰，是"日向"级的放大版

"出云"级驱逐舰

为取代两艘"白根"级直升机驱逐舰而建造,首舰于平成 22 年(2010 年)完成防卫预算下拨,因此也称之为 22DDH,二号舰在平成 24 年(2012 年)完成防卫预算下拨,也被称之为 24DDH。

一号舰"出云"号(DDH-183)由日本海洋联合公司横滨矶子工厂建造,2012 年 1 月 27 日开工,2013 年 8 月 6 日下水,2015 年 3 月 25 日服役。

二号舰"磐手"号(DDH-184)也是日本海洋联合公司建造,2014 开工,预计 2015 年 8 月下水。

基本数据:标准排水量 19500 吨　满载排水量 27500 吨

舰长 248 米　舰宽 38 米　吃水 7.5 米

动力系统:4 台通用电气 LM-2500 燃气轮机/135000　双轴双舵　最大航速 30 节

舰员:347 人

雷达:　1 部 OPS-50 多功能相控阵雷达　1 部 OPS-28 对海搜索雷达　1 部导航雷达

　　　1 部 NOLQ-3C 整合电战系统

声纳:OQQ-23 综合声纳

作战指挥系统:OYQ-12 先进战术指挥系统(ACDS)

武备:2 座海拉姆滚体近程防御武器系统　2 座密集阵近防武器系统

舰载机(标准编制):7 架 SH-60K 反潜直升机　2 架 MCH-101 扫雷/运输直升机

　　　　　　　　最大载机数 14 架直升机

计,然后在"伯克"级的基础上,根据自身的实际需要设计,这才有了"金刚"级。最初海自计划建造 8 艘,为每个八八舰队配备 2 艘,但是在建造过程中发现费用大大超出最初预算的每艘 7 亿美元,达到了 11 亿美元,后续的更是达到了 13 亿美元,所以不堪承受如此高昂的建造费用,只好一下子砍掉了一半,只造 4 艘,给每个八八舰队各配 1 艘。

虽然"金刚"级是在"伯克"级基础上设计的,外形也非常相像,但是日本海自却认为"金刚"级有很多改进提高,而不是简单的山寨仿造,是青出于蓝而胜于蓝。排水量增加了 1000 吨,主要就用来提高续航力和防护力。当然,"金刚"级的最大亮点就在于"宙斯盾"系统,这一系统最核心的就是 AN/SPY-1D 多功能相控阵雷达,可以覆盖全舰 360 度半球空域,对 9000 米高空目标探测距离是 400 千米,对 1000 米低空目标探测距离是 100 千米,对 300 米超低空目标探测距离是 47 千米,可以同时监视 400 批次目标,并自动跟踪其中的 200 批次。从这些数据可以看出,这一系统的性能确实不同凡响。

"金刚"级的武器系统核心是 MK-41 导弹垂直发射系统,总共有 96 单元,但其中有 6 单元是补给装弹装置，实际安装导弹的是 90 单元，可以装备"标准-III"防空导弹和"阿斯洛克"反潜导弹，火力反应迅捷，攻击密集，威力不可小视。

"金刚"级虽然是防空型驱逐舰，但和母版"伯克"级不同，还是配备了强大而先进的反潜探测设备，这显然是日本海自一贯强调反潜作战的风格使然。随着"金刚"级的服役，使日本海自拥有了远（"标准-II"防空导弹）、中（"标准-I"防空导弹）、近（"海麻雀"防空导弹）、内（"密集阵"近防系统）四层防空防御体系，从理论上说这四层防空系统可以拦截 80% 的来袭导弹。

2003 年 12 月，日本正式确定引进弹道导弹防御系统，而其中最关键的就是以"金刚"级为主的海基导弹防御系统，因此逐步开始对 4 艘"金刚"级进行相应的改进升级，包括引进"标准-III"防空导弹、对"宙斯盾"系统的升级和指挥通信系统的改进与提高。

"金刚"级驱逐舰

"金刚"级驱逐舰，日本称之为"护卫舰"，配有"宙斯盾"系统的导弹驱逐舰，是日本海上自卫队在 1988 年时为了提高防空能力而建造。在 2007 年"爱宕"级驱逐舰服役之前，是日本海自排水量最大的作战舰艇，是全球除了美国海军之外最早出现的"宙斯盾"舰。

一号舰"金刚"号（DDG-173）由三菱重工长崎造船厂建造，1990 年 5 月 8 日开工，1991 年 8 月 26 日下水，1993 年 3 月 25 日服役。

二号舰"雾岛"（DDG-174）号由三菱重工长崎造船厂建造，1992 年 4 月 7 日开工，1993 年 8 月 19 日下水，1995 年 3 月 16 日服役。

三号舰"妙高"号（DDG-175）由三菱重工长崎造船厂建造，1993 年 4 月 8 日开工，1994 年 10 月 5 日下水，1996 年 3 月 14 日服役。

四号舰"鸟海"号（DDG-176）由石川岛播磨重工建造，1995 年 5 月 29 日开工，1996 年 8 月 27 日下水，1998 年 3 月 20 日服役。

2004 年为了配合反弹道导弹计划，开始对"金刚"级进行升级，将"宙斯盾"系统升级为具备反弹道导弹能力与联合作战能力的 Baseline 7.1 型，雷达升级为 SPY-1D(V)1，并为每艘"金刚"级配备 9 枚"标准-III"导弹。至 2010 年底，完成全部四艘"金刚"级的升级。

基本数据：标准排水量 7250 吨　满载排水量 9485 吨

　　　　　舰长 161 米　舷宽 21 米　吃水 6.2 米

动力系统：4 台 LM2500 燃气涡轮/100000　双轴双舵　最大航速 30 节　续航力 6000 海里/20 节

舰员：300 人

雷达：1 部 AN/SPY-1D 3D 相控阵雷达　1 部 OPS-28D 平面搜索雷达　1 部 OPS-20 导航雷达

声纳：OQS-102 主/被动舰首声纳　OQR-2 被动式拖曳阵列声纳

作战指挥系统：OYQ-8 "宙斯盾" Baseline J1 作战指挥系统
武备：1门单管 127 毫米舰炮 96 单元 MK-41 导弹垂直发射系统 2 座四联装 90 式反舰导弹/鱼叉反舰导弹发射器 2 座密集阵近防武器系统 2 座三联装 324 毫米鱼雷发射管 4 座 MK-36 干扰弹发射系统 1 座 AN/SLQ-25A 鱼雷对抗系统 1 座 NOLQ-2 电战系统
舰载机：无机库，有直升机平台

由于"金刚"级的建造数量比原计划缩水了一半，所以日本海自从 2004 年就开始建造"金刚"级的改进型"爱宕"级。"爱宕"级根据"金刚"级的使用情况和美国海军"伯克"级的改进方案，采用"伯克"级的最新改进型 IIA 型为母本，相比"金刚"级，"爱宕"级的改进主要是新增了直升机机库，采用了更先进的雷达系统，并加强了与美国海军的信息资源共享能力，武器系统取消了"金刚"级上的补给装弹装置，全部 96 单元都是作战单位。对舰导弹也用国产的 SSM-1B 取代了"金刚"级上的"鱼叉"，"密集阵"系统也是最新的型号，主炮也从意大利的奥托舰炮换成了具有隐身性能的美制 MK-45 舰炮。

日本正式确定引进弹道导弹防御系统，而其中最关键的就是以"金刚"级为主的海基导弹防御系统

多用途驱逐舰无论是型号还是数量都是三大类驱逐舰中最多的，是海自名副其实的水面舰艇骨干。目前现役的多用途驱逐舰有"初雪"级 6 艘、"朝舞"级 4 艘、"村雨"级 9 艘、"高波"级 5 艘和"秋月"级 4 艘，总共五个型号 28 艘。其中，"村雨"级是日本海自 20 世纪 90 年代开始大批建造的多用途驱逐舰。海自本来就计划"村雨"级全面替代已经老旧的"初雪"级和"朝雾"级，并且受到美国海军"伯克"级的影响，对这一新型多用途驱逐舰提出了很高的要求，比如采用相控阵雷达、导弹垂直发射装置，并强化了反潜、反舰和防空能力，排水量也增加到 5000 吨。但是随着冷战的结

由于"金刚"级的建造数量比原计划缩水了一半，所以日本从 2004 年就开始建造"金刚"级的改进型"爱宕"级

"爱宕"级驱逐舰

20世纪90年代末期以朝鲜弹道导弹威胁为借口，对海上自卫队提出了海上弹道导弹防御的需求。此外，建造于20世纪70年代的3艘"太刀风"级驱逐舰性能逐渐落伍，难以满足舰队防空作战要求。因此，日本决定在"金刚"级的基础上发展一型具有强大区域防空能力和一定拦截弹道导弹能力的新型"宙斯盾"驱逐舰。2000年12月日本防卫厅发表的《新中期防卫力量整备计划》中正式批准建造2艘新型"宙斯盾"驱逐舰，代号为14DDG和15DDG。

一号舰"爱宕"号（DDG-177）由三菱重工长崎造船厂建造，2004年4月5日开工，2005年8月24日下水，2007年3月15日服役。

二号舰"足柄"号（DDG-178）由三菱重工长崎造船厂建造，2005年4月6日开工，2006年8月30日下水，2008年3月13日服役。

基本数据：标准排水量7700吨　满载排水量10050吨　舰长165米　舷宽21米
　　　　　吃水 6.2米

动力系统：4台LM2500燃气涡轮机/100000　双轴双舵　最大航速30节　续航力7000海里/19节

舰员：310人

雷达：1部AN/SPY-1D(V) 3D相控阵雷达　1部OPS-28D平面搜索雷达
　　　1部OPS-20导航雷达

声纳：OQS-102 主/被动舰首声纳　OQR-2拖曳阵列声纳

作战指挥系统："宙斯盾"Baseline7作战指挥系统

武备：1门127毫米舰炮　96单元MK-41导弹垂直发射系统　2座四联装90式反舰导弹发射装置　2座密集阵近防武器系统　2座三联装324毫米鱼雷发射管

舰载机：1架SH-60J/K反潜直升机

束，日本所面临的海上威胁已经大幅度减小，而照此标准建造的新型驱逐舰造价估计每艘至少在5亿美元以上，这也是日本难以承受的。所以，最后只能退而求其次，重新调整设计思路，放弃了很多新技术，又回到在"朝雾"级基础上进行改进与提高的保守方案上。

"村雨"级主要针对"朝雾"级空间小、武器系统落后和不具备隐身性能这三点进行改进，在排水量方面足足比"朝雾"级增加了30%，但由于自动化水平的提高，舰员只有165人，比"朝雾"级还少。武器系统采用了MK-48导弹垂直发射装置，使得导弹发射速度达到了1发/秒，但是由于只装备了2部火控雷达，只能同时引导2枚导弹，这就把导弹垂直发射的速度优势抵消了，相比"朝雾"级来说，并没有达到质的飞跃。虽然军舰侧面采取了内倾设计，并尽量减少垂直面，具备了一定隐身性能，但比起同时代的舰艇如法国的"拉斐特"级护卫舰还是显得比较低级。相比"朝

"村雨"级是日本海自20世纪90年代开始大批建造的多用途驱逐舰

雾"级具有明显提高的只有雷达系统，采用了国产OPS-24B有源相控阵雷达，特别是该雷达的显示终端采用多块大屏幕彩色显示器，可以同时显示、监视200个目标，使得"村雨"级在探测、跟踪和多目标处理等方面确实有了突破性的提高。

本来"村雨"级计划建造12艘，以全部替换12艘"初雪"级，但随着服役数量的增加，"村雨"级的不足之处也逐渐暴露出来，特别是在武器系统方面，本来想为了降低成本而采用两种导弹垂直发射系统混搭，结果不仅2套发射装置所使用的导弹无法兼容，还给维护、保养、使用都增加极大的困难。所以，最后在建造了9艘后就停止再造，而改为新建"高波"级来替换了。

"村雨"级驱逐舰

"村雨"级是世界上第一种投入服役的配备舰载有源相控阵雷达的舰艇，即三菱电子在20世纪80年代开发的OPS-24D波段三维对空搜索雷达，"村雨"级以OPS-24的高性能搭配OYQ-9的强大数据处理能力，使得其虽然不是防空型驱逐舰，但仍具备相当程度的战场空域管理能力。

"村雨"级原计划建造12艘，后来因发现武器系统缺陷而缩减为9艘。

一号舰"村雨"号（DD-101）由石川岛播磨重工建造，1993年8月18日开工，1994年8月23日下水，1996年3月12日服役。

二号舰"春雨"号（DD-102）由三井造船玉野船厂建造，1994年8月11日开工，1995年10月16日下水，1997年3月24日服役。

三号舰"夕立"号（DD-103）由住友重工追浜造船所浦贺船厂建造，1996年3月18日开工，1997年8月19日下水，1999年3月4日服役。

四号舰"雾雨"号（DD-104）由三菱重工长崎造船厂建造，1996年4月3日开工，1997年8月21日下水，1999年3月18日服役。

五号舰"电"号（DD-105）由三菱重工长崎造船厂建造，1997年5月8日开工，1998年9月9日下水，2000年3月15日服役。

六号舰"五月雨"号（DD-106）由石川岛播磨重工建造，1997年9月11日开工，1998年9月24日下水，2000年3月21日服役。

七号舰"雷"号（DD-107）由日立造船舞鹤造船厂建造，1998年2月25日开工，1999年6

月 24 日下水, 2000 年 3 月 14 日服役。

八号舰"曙"号 (DD-108) 由石川岛播磨重工建造, 1997 年 10 月 29 日开工, 2000 年 9 月 25 日下水, 2002 年 3 月 19 日服役。

九号舰"有明"号 (DD-109) 由三菱重工长崎造船厂建造, 1999 年 5 月 18 日开工, 2000 年 10 月 16 日下水, 2002 年 3 月 6 日服役。

基本数据: 标准排水量 4550 吨　满载排水量 6200 吨

舰长 151 米　舷宽 17.4 米　吃水 5.2 米

动力系统: 2 台 LM2500 燃气涡轮 /43000 轴马力　2 台 Spey SM-1C 燃气涡轮 /27000 轴马力

双轴双舵　最大航速 30 节　续航力 6000 海里 /20 节

舰员: 166 人

雷达: 1 部 OPS-24 3D 对空搜索雷达　1 部 OPS-28D 平面搜索雷达　1 部 OPS-20 导航雷达　2 部 FCS-2-31 火控雷达

声纳: OQS-5 主 / 被动舰首声纳　OQR-2 被动拖曳阵列声纳

作战指挥系统: OYQ-9 作战指挥系统

武备: 1 门 76 毫米舰炮　16 单元 MK-41 导弹垂直发射系统　16 单元 MK-48 导弹垂直发射系统　2 座四联装 90 式反舰导弹发射装置　2 座密集阵近防武器系统　2 座三联装 324 毫米鱼雷发射管　NOLQ-2/3 电子战系统　MK-36 干扰弹发射系统 (SRBOC)　AN/SLQ-25 鱼雷对抗系统

舰载机: 1 架 SH-60J/K 反潜直升机

"高波"级是作为"村雨"级的改进型, 所以在总体设计上没有太大的改动, 舰型、外形尺寸、动力系统等都还是基本沿用"村雨"级的, 只是在武器系统方面进行了较大的调整, 取消了舰尾的 MK-48 导弹垂直发射系统, 舰首的 MK-41 导弹垂直发射系统的作战单元则增加到 32 单元, 并且同时兼容使用"海麻雀"和"阿斯洛克"导弹, 两种导弹的数量也可以根据任务的不同灵活配备。主炮也换了口径更大的 127 毫米炮, 提高了对舰和对岸攻击力。此外, 在电子设备方面也有了提升。通过不断吸取"朝雾"级和"村雨"级的经验教训, 逐步弥补与改善了之前存在的不足和缺陷, 使"高波"级成为一款性能非常均衡和优异的多用途驱逐舰, 本来只计划建造 3 艘, 来补足"村雨"级少建的 3 艘, 但后来却建造了 5 艘, 可见日本海自对"高波"级的肯定。

日本海自还在建造"高波"级的时

"高波"级是作为"村雨"级的改进型, 主要在武器系统方面进行了较大的调整

"高波"级驱逐舰

"高波"级驱逐舰是"村雨"级驱逐舰的改进型，以反潜任务为主，防空则仅限于近程点防御。本来只计划建造3艘，后来见总体性能比较优秀，又增加了2艘。

一号舰"高波"号（DD-110）由石川岛播磨重工浦贺造船厂建造，2000年4月25日开工，2001年7月26日下水，2003年3月12日服役。

二号舰"大波"号（DD-111）由三菱重工长崎造船厂建造，2000年5月17日开工，2001年9月20日下水，2003年3月13日服役。

三号舰"卷波"号（DD-112）由石川岛播磨重工横滨造船厂建造，2001年7月17日开工，2002年8月8日下水，2004年3月18日服役。

四号舰"涟波"号（DD-113）由三菱重工长崎造船厂建造，2002年4月3日开工，2003年8月29日下水，2006年2月16日服役。

五号舰"凉波"号（DD-114）由石川岛播磨重工横滨造船厂建造，2003年9月24日开工，2004年8月26日下水，2006年2月16日服役。

基本数据：标准排水量 4650 吨　满载排水量 6300 吨
　　　　　舰长 151 米　舷宽 17.4 米　吃水 5.3 米
动力系统：2 台 LM2500 燃气涡轮机　2 台 SM-1C 燃气涡轮机　双轴双舵　最大航速 30 节
　　　　　续航力 6000 海里 /20 节
舰员：175 名
雷达：1 部 OPS-24 3D 对空搜索雷达　1 部 OPS-28D 平面搜索雷达
声纳：OQS-5 主 / 被动舰首声纳　OQR-2 被动式拖曳阵列声纳
作战指挥系统：OYQ-9 作战指挥系统
武备：1 门 127 毫米舰炮　32 单元 MK-41 导弹垂直发射系统
　　　2 座四联装 90 式反舰导弹发射器　2 座密集阵近防武器系统
　　　2 座三联装 324 毫米鱼雷发射管　4 座 MK-36 SRBOC 干扰弹发射系统
　　　1 座 AN/SLQ-25 鱼雷对抗系统　1 座 NOLQ-2/3 电战系统
舰载机：1 架 SH-60J/K 直升机

候，就已经开始发展更新的多用途驱逐舰，来替换"朝雾"级，同时也作为"宙斯盾"驱逐舰的补充。这就是海自最新的多用途驱逐舰"秋月"级，在设计思路上，"秋月"级明显与之前的几个级别不同，不再是"反潜第一，防空第二，反舰第三"，而是要像美国的"伯克 IIA"级那样具有相当的任务弹性，特别是在"金刚"级和"爱宕"级将要担负起弹道导弹防御重任之后，就更需要"秋月"级来为这两级"宙斯盾"驱逐舰提供必要的保护，担当起区域防空的重任。这就成了建造"秋月"级的最重要目的。

"秋月"级最大的亮点是装备了日本耗费 20 多年才研制成功的第五代作战指

挥系统——先进技术战斗系统（ATECS），这套系统的作用、结构和美国的"宙斯盾"系统极为相似，是一种综合了相控阵雷达与高速数据处理系统的集成化作战指挥系统。在防空导弹方面，没有选择"标准-II"而是选用了"改进型海麻雀"，这是考虑到如果采用"标准-II"，载弹量只有24枚，而使用"改进型海麻雀"载弹量则可以达到64枚。而且"改进型海麻雀"速度更高、射程更远、机动性更强，尤其是对付高速掠海的反舰导弹时具有更高的拦截率。另外，"秋月"级为了应对新时代的反恐作战需要，还可以携带2艘快速突击艇。

"秋月"级驱逐舰将要担当起区域防空的重任

"秋月"级驱逐舰

原本日本海自打算建造9艘"村雨"级与11艘"高波"级，一比一来全部替换"初雪"级与"朝雾"级，但由于预算有限，最后只建造了9艘"村雨"级与5艘"高波"级；而原本希望从"高波"级开始配备的新一代防空系统FCS-3也由于开发进度赶不及和经费紧张的关系，无法在"高波"级上实现。因此，日本海自需要等到新一代驱逐舰，才能实现FCS-3等新装备，并全面替换剩下的"朝雾"级，这就是"秋月"级，是日本海自的一种多用途驱逐舰，主要用以担负舰队的防空、反潜和反舰等方面的作战任务，为海自现役最新锐舰只。装备日本国产相控阵雷达00式射击指挥系统三型改（FCS-3A），在一定程度上对掠海反舰导弹的末端拦截能力要优于美制"宙斯盾"系统的AN/SPY-1相控阵雷达。

日本防卫省在平成19年（2007年）批准建造四艘19DD型（即"秋月"级），一号舰造价749.72亿日元（约合7.17亿美元），几乎是"高波"级的两倍。日本防卫省在平成20年（2008年）通过19DD型二号舰（20DD）的建造预算（编列690亿日元）。在平成21年（2009年），防卫省编列19DD三号舰与四号舰（21DD）的预算，编列1515亿日元，比起两舰分开订购可省119亿日元。

一号舰"秋月"号（DD-115）由三菱重工长崎造船厂建造，2009年7月17日开工，2010年10月13日下水，2012年3月14日服役。

二号舰"照月"号（DD-116）由三菱重工长崎造船厂建造，2010年7月9日开工，2011年9月15日下水，2013年3月7日服役。

三号舰"凉月"号（DD-117）由三菱重工长崎造船厂建造，2011年5月18日开工，2012年

10 月 17 日下水，2014 年 3 月 12 日服役。

四号舰"冬月"号（DD-118）由三井造船玉野造船厂建造，2011 年 6 月 14 日开工，2012 年 8 月 22 日下水，2014 年 3 月 13 日服役。

基本数据：标准排水量 5000 吨　满载排水量 6800 吨
　　　　　舰长 150.5 米　舷宽 18.3 米　吃水 5.4 米
动力系统：4 台川崎重工 SM-1C 燃气涡轮机　双轴双舵　最大航速 30 节
　　　　　续航力 6000 海里 /20 节
舰员：200 人
雷达：1 部 FCS-3A 多功能有源相控阵雷达　1 部 OPS-20C 平面搜索雷达
声纳：OQQ-22 主 / 被动舰首声纳　OQR-3 被动式拖曳阵列声纳
作战指挥系统：OYQ-11 先进战术指挥系统
武备：1 门 127 毫米舰炮　32 单元 MK-41 导弹垂直发射系统
　　　2 座四联装 90 式反舰导弹发射器　2 座密集阵近程防御武器系统
　　　2 座三联装 324 毫米鱼雷发射管　4 座 MK-36 Mod12 SRBOC 干扰弹发射系统
　　　1 座 Type-4 鱼雷对抗系统　1 座 NOLQ-3D 电战系统
舰载机（标准编制）：1 架 SH-60J/K 直升机　最大载机数 2 架直升机

随着 4 艘"秋月"级驱逐舰的服役，使日本海自的海基反导部署更加合理。以海自最新的编制，一个护卫队群将划分一个机动作战编队和一个反弹道导弹编队，其中反弹道导弹编队将由 1 艘"金刚"级或"爱宕"级、1 至 2 艘"秋月"级和 2 艘"村雨"级或"高波"级组成，在执行反导任务时，"金刚"级或"爱宕"级负责目标导弹探测、弹道计算、武器准备等工作，而此时就完全要依靠"秋月"级来提供整个编队的区域防空重任。

低调的潜艇部队

一说起日本海自，人们首先就会提到八八舰队，或是装备"宙斯盾"的"金刚"级驱逐舰，要么就是类似于准航母的"大隅"级和"出云"级，相比海自的水面舰艇，海自的潜艇部队就要明显"默默无闻"了，其实，潜艇才是日本海自最具有攻击力的部队，这就像是日本忍者，平时默默无闻，行踪诡秘，但是一旦出手，就必然是致命一击。

谁都清楚，潜艇和航母一样都是海军中最具攻击力的舰种，而在日本有关的海军建设规定中，只有对航母是有限制的，对潜艇没有限制。这就给了日本海自发展潜艇的绝好机会，早在 1950 年海自都还没成立前，一心在为重建海军而努力的"野村机

日本潜艇的技术水平在当今世界上也是名列前茅

关"提出的军备计划中就明确提出要为海军装备 8 艘潜艇,并且深刻检讨在第二次世界大战中潜艇运用的得失经验。

对于潜艇,在第二次世界大战中日本可是有着极其深刻的切肤之痛,所以海自成立之后,就将潜艇部队列为发展重点,将其作为三位一体反潜体系的重要一环,并将水下攻击作为海自最重要的攻击手段之一。

海自的第一艘潜艇是 1957 年向美国租借的"小鲨鱼"级的"斑革鲀"号(USS Mingo,SS-261),改名为"黑潮"号。海自租借"斑革鲀"号并不是打算将其作为作战潜艇来使用,而是让自己的潜艇设计人员能有一个直观的认识并在此基础上进行研究,同时用来培训战后第一批潜艇艇员。从一开始,日本在潜艇的发展上,就没打算完全跟在美国后面,而是将自主研制作为潜艇发展的根本。毕竟日本在第二次世界大战期间就拥有了世界一流的潜艇设计研究力量,并不比美国英国逊色多少,尽管在战争中潜艇生产的工业基础损失惨重,但技术人才和技术储备还在,独立开展潜艇研制并没有太大的困难。所以在详细吃透了"斑革鲀"号的技术后,日本立即就开始了战后第一代国产潜艇的研制。

1960 年 6 月,战后日本自行研制的第一艘潜艇"亲潮"号建成下水,距离引进第

"汐潮"级是在"涡潮"级的基础上改进而来,但本着小步快进的原则,在艇体材料、动力系统、静音能力、水下探测以及艇员居住舒适性方面都有不小的提高

一艘"斑革鲀"号才刚刚三年,可见日本潜艇研制生产能力的底子还是相当雄厚的。这艘潜艇是以第二次世界大战时日本海军的"伊-201"级潜艇为蓝本,吸收了美国"小鲨鱼"级的技术优点,是一款大型远洋潜艇,排水量1100吨,水下最高航速19节,这一技术指标即使在今天依然不算很落后。与第二次世界大战时期日本海军只是将潜艇作为"会潜水的船"不同,战后日本潜艇发展就极其注重水下性能,将潜艇真正作为"能潜在水下的船"。

接着,日本又研制生产了"早潮"级和"夏潮"级,这两个级别都是小型潜艇,日本海自将其定位于主要用来培训潜艇艇员的训练潜艇。

到60年代中期,又相继建成了"大潮"级和"朝潮"级,其中"大潮"级仅一艘,更多的是带有试验性质,从4艘"朝潮"级开始,日本海自才算是真正形成了水下的作战能力。

70年代建造的7艘"涡潮"级是战后日本第一种大批量建造的潜艇,可以说是日本战后潜艇发展的重要里程碑。采用纯水滴艇型，十字型尾舵，螺旋桨在尾舵后的布局，双层艇壳，耐压艇壳采用日本最新研制的 NS63 高强度钢材，使得潜艇最大极限下潜深度达到 200 米，新型的柴电动力系统使水下航速达到了创记录的 20 节。"涡潮"级不仅在当时是性能相当先进的潜艇，也为日本潜艇的后续发展积累了经验，打下了基础。

也是从"涡潮"级开始，日本海自将潜水舰队的现役作战潜艇数量控制在 16 艘，每年新建 1 艘，同时退役 1 艘。这样可以保持现役潜艇的艇龄较新，也就是说，最老的潜艇也不过服役 16 年，又将退役潜艇封存起来，一旦出现状况，随时可以启用。

80 年代是日本海自潜艇发展的高峰期，接连推出了"汐潮"级和"春潮"级两个级别的大型潜艇，虽然说都是在"涡潮"的基础上改进而来，但本着小步快进的原则，这两个级别的潜艇在艇体材料、动力系统、静音能力、水下探测以及艇员居住舒适性方面都有不小的提高。特别是"春潮"级性能非常出色，在美日联合演习中，多次让反潜实力极强的美国海军都大感头痛，但日本海自并不满足，随即就在 90 年代开始研制更先进的"亲潮"级，确实"亲潮"级不负重望，比"春潮"级是更上了一层楼。"亲潮"级一改之前几个级别都是纯水滴型的艇型，采用了雪茄型（也叫抹香鲸型）艇型。可不要小看了这个变化，水滴型的优势在于能达到水下的高速性，而雪茄型则是艇内空间较大，可以容纳更多的探测装置、武器系统，人员的居住舒适性也能进一步提高，并且为今后的系统升级留下足够的空间，具有可持续发展性。更重要的是，这个艇型的转变不仅是潜艇发展的思路转变，更折射出日本海自的战略思想也从原来的近海防御作战开始向远洋"攻防兼备"转变，因为只有雪茄型艇型才具有更大的续航力，更多的武器系统，才能更适合于远洋作战。除了艇型的变化外，其他综合性能也有了不同程度的提高，主要的如艇壳采用 CN110 高强度钢，使最大下潜深度达到了 500 米；大量采取降噪措施，如安装消声瓦、指挥台围壳改为横截面为梯形、采取减振浮筏技术等，使噪音比"春潮"级降低了 20 分贝，达到 110 分贝左右，已经非常接近海洋背景噪音，比有着"深海黑洞"之称的俄罗斯海军 636"基洛"级潜艇也毫不逊色。因此，"亲潮"级被誉为是全世界最先进的柴电动力潜艇。

"亲潮"级可以说已经达到了常规潜艇的一个极高的颠峰，但所谓得陇望蜀，人的欲望是无止境的。日本海自并未就此满足，还要继续更进一步。常规潜艇和核潜艇相比，最大的差距就是水下续航力的差距，因为核潜艇的核动力系统是不需要依赖空气的，从理论上讲几乎具有无限制的水下续航力，操纵核潜艇的人能在水下坚持多久，核潜艇就能在水下航行多久。常规动力潜艇现在基本是采取柴油机＋电动机的复合

"亲潮"级潜艇

"亲潮"级潜艇是日本海上自卫队建造的大型柴电动力攻击潜艇,因为这一建造项目是"平成五年潜艇建造计划"而称之为05SS级。平均每艘"亲潮"级的建造成本约5亿美元。

"亲潮"艇的外型设计融合了低可侦测性与流体力学的考虑,其帆罩采用倾斜渐缩的堆字造型以分散敌方大部分主动声纳的反射波,舰体表面力求平滑简洁,尽可能减少潜艇外部的突出物,如此可改善潜艇的流体力学特性,使航行时水流经舰体产生的阻力与噪音降低,有助于增加隐蔽性与动力效率。所以"亲潮"级比前一型"春潮"级潜艇有着更良好的操控性能、更大的下潜深度、更大的续航力以及更强的情报处理能力。

一号艇"亲潮"号(SS-590),由三菱重工神户造船所建造,1994年1月26日开工,1996年10月15日下水,1998年3月16日服役。

二号艇"满潮"号(SS-591),由三菱重工神户造船所建造,1995年2月16日开工,1997年9月18日下水,1999年3月10日服役。

三号艇"涡潮"号(SS-592),由川崎造船神户工场建造,1996年3月6日开工,1998年10月15日下水,2000年3月9日服役。

四号艇"卷潮"号(SS-593),由三菱重工神户造船所建造,1997年3月26日开工,1999年9月22日下水,2001年3月26日服役。

五号艇"矶潮"号(SS-594),由川崎造船神户工场建造,1998年3月9日开工,2000年11月27日下水,2002年3月14日服役。

六号艇"鸣潮"号(SS-595),由三菱重工神户造船所建造,1999年4月2日开工,2001年10月4日下水,2003年3月3日服役。

七号艇"黑潮"号(SS-596),由川崎造船神户工场建造,2000年3月27日开工,2002年10月23日下水,2004年3月8日服役。

八号艇"高潮"号(SS-597),由三菱重工神户造船所建造,2001年1月30日开工,2003年10月1日下水,2005年3月9日服役。

九号艇"八重潮"号(SS-598),由川崎造船神户工场建造,2002年1月15日开工,2004年11月4日下水,2006年3月9日服役。

十号艇"濑户潮"号(SS-599),由三菱重工神户造船所建造,2003年1月23日开工,2005年10月5日下水,2007年2月28日服役。

十一号艇"持潮"号(SS-600),由川崎造船神户工场建造,2004年2月23日开工,2006年11月6日下水,2008年3月6日服役。

基本数据:

水面排水量 2750吨

水下排水量 4000吨

艇长 82米

艇宽 8.9米

吃水 7.4米

动力系统:

2 台 Kawasaki 12V25/25S 四行程柴油主机
2 台 Kawasaki 交流发电机
1 台推进用电动机
单轴／七叶片螺旋桨
最大水面航速 13 节
最大水下航速 20 节
最大下潜深度 500 米
艇员 70 人

雷达：
1 部 ZPS-6 搜索雷达
1 部 ZLA-7 电子支援系统

声纳：
ZQQ-6 整合式声纳系统
ZQR-1 被动拖曳阵列声纳等

作战指挥系统：
ZYQ-3 潜艇作战指挥系统

武备：
6 具 533 毫米鱼雷发射器（鱼雷载弹 22 枚，可使用 89 式鱼雷、"鱼叉"反舰导弹）

动力系统，柴油发动机工作时必须依赖空气，所以常规潜艇在水面航行用柴油机，水下航行用电动机，电动机的动力来自蓄电池，所以工作时间非常有限，撑死了也不过几十个小时。而且为了保证蓄电池的足够电力，还需要柴油机为其充电，这就迫使潜艇隔一段时间就必须浮出水面或者是在通气管状态下开动柴油机为蓄电池充电。即便是通气管状态航行，柴油机为蓄电池充电的噪音也很大，很容易被发现，从而将潜艇最大的法宝隐蔽性给破坏了。所以，其实常规动力潜艇的潜航能力是相当有限的，于是又设想能在常规动力潜艇的动力系统上再进一步，主要就是大大提高水下的潜航性能，最好能达到准核潜艇的水准。AIP 动力系统就这样应运而生，所谓 AIP 系统就是 Air Independence Power——"不依赖空气推进装置"的英文缩写，更确切地说就是燃料电池动力系统，将氢燃料和氧化物放到特殊燃烧室内进行电化学反应，直接转换成电能，输出电能驱动电动机，这是完全不需要依赖空气的，几乎等于是准核动力了。日本从 1986 年开始 AIP 系统的研究，但在遭遇了一系列短时期内都难以克服的技术问题后，只好转向引进国外技术。在考察了几家欧洲公司的 AIP 系统之后，日本最终选择了技术最为成熟的瑞典的"斯特林"AIP 发动机作为新一代潜艇的动力系统。

2000 年日本海自将已经转为训练艇使用的"春潮"级的七号艇"朝潮"号装上

2000年日本海自将已经转为训练艇使用的"春潮"级的七号艇"朝潮"号装上"斯特林"发动机进行实际测试

"斯特林"发动机进行实际测试,在经过几年的使用后,获得了大量一手的使用经验,在此基础上,日本于 2005 年 3 月开工建造第一代 AIP 潜艇"苍龙"级,计划建造 9 艘,现在已建成服役的有 5 艘。首先,"苍龙"级在命名上就完全颠覆了海自历来的潜艇命名规则,不再用"X 潮",而是用了"X 龙"。熟悉第二次世界大战历史的朋友都知道,第二次世界大战中日本联合舰队也有艘军舰叫"苍龙"号,不过不是潜艇,而是航空母舰。用当年航母的名字来命名潜艇,可见今天日本海自对这一级 AIP 潜艇的重视和期望。其次,虽然由于受到功率的限制,"斯特林"发动机还不能完全取代传统的柴 - 电动力系统,只是作为辅助动力,主要在水下潜航时使用。但是已经可以在不使用艇上蓄电池的情况下,只使用"斯特林"发动机就能以 5 节的航速在水下整整航行 15 天。如果水下航速降低到 3 节,那么水下续航时间还可以进一步延长到 20 天左右,要是再和艇上的蓄电池结合使用,那么水下续航时间还能再长。这样一里,"苍龙"级的隐蔽性就相当惊人了,伴随着如此优异的隐蔽性,再加上并不比"亲潮"级逊色的其他综合战斗力,足以将"苍龙"级打造成极为可怕的水下恶龙。

现在日本海自的潜艇舰队就是由 11 艘"亲潮"级和 5 艘"苍龙"级组成,而且今后还会有 4 艘"苍龙"级服役来替换 4 艘"亲潮"级,且不说以后再有第二代 AIP 潜艇服役,就是光由"亲潮"级和"苍龙"级组成的潜艇舰队就足以横行整个西太平洋了,其水下战力绝对是令人生畏的。

"苍龙"级潜艇

"苍龙"级潜艇因为建造项目"平成16年度潜艇计划"简称为16SS,是日本海上自卫队现役最新锐的潜艇。采用了斯特林AIP闭循环推进系统,是日本第一种采用AIP动力的潜艇,也是日本海自乃至世界上排水量最大的常规动力攻击潜艇。

计划建造9艘,已经建成服役5艘,还有4艘在建。每艘平均造价为558亿日元(约合6.12亿美元)。

一号艇"苍龙"号(SS-501),由三菱重工神户造船厂建造,2005年3月31日开工,2007年12月5日下水,2009年3月30日服役。

二号艇"云龙"号(SS-502),由川崎重工神户造船厂建造,2006年3月31日开工,2008年10月15日下水,2010年3月25日服役。

三号艇"白龙"号(SS-503),由三菱重工神户造船厂建造,2007年2月6日开工,2009年10月16日下水,2011年3月14日服役。

四号艇"剑龙"号(SS-504),由川崎重工神户造船厂建造,2008年3月31日开工,2010年11月15日下水,2012年3月16日服役。

五号艇"瑞龙"号(SS-505),由三菱重工神户造船厂建造,2009年3月16日开工,2011年10月20日下水,2013年3月9日服役。

六号艇"黑龙"号(SS-506),由川崎重工神户造船厂建造,2011年1月21日开工,2013年10月31日下水,2015年3月16日服役。

七号艇"仁龙"号(SS-507),由三菱重工神户造船厂建造,2012年3月开工,2014年10月10日下水。

八号艇8123号(尚未命名,SS-508),由川崎重工神户造船厂建造,2013年3月开工,计划2015年10月下水。

九号艇8124号(尚未命名,SS-509),由三菱重工神户造船厂建造,2014年3月开工,计划2016年10月下水。

基本数据

水面排水量 2950吨

水下排水量 4200吨

艇长 84米

艇宽 9.1米

吃水 10.3米

动力系统:

  2台柴油机

  1台推进用电动机

  4台斯特林MK.2封闭循环发动机

  单轴/七叶片螺旋桨

最大水面航速 13节

最大水下航速 20节

最大下潜深度 500 米

艇员 65 人

雷达：

 1 部 ZPS-6 搜索雷达

声纳：

 ZQQ-7 整合式声纳系统（含拖曳阵列声纳）

 艇首主 / 被动声纳

 侧面被动阵列声纳

作战指挥系统：

 ZYQ-51 潜艇作战指挥系统

武备：

 6 具 533 毫米鱼雷发射管（鱼雷载弹 30 枚，可使用美制 MK-37 或日本 89 式鱼雷、"鱼叉"反舰导弹）

  从顶尖的常规潜艇再到 AIP 潜艇，人们自然会有个问题产生，日本会不会再进一步发展核潜艇呢？因为日本在核技术方面还是比较领先的，目前日本核能发电占总发电量的 40%，仅次于法国而位居世界第二。这么多核电站这么长时间的运转，也使日本掌握了一整套核动力设计、使用、维护方面的经验以及相关技术人员。早在 1969 年日本就已经建造了核动力民用船"陆奥"号，利用民船的幌子试验了船舶动力的核反应堆技术。再看潜艇方面，日本总共设计生产了七个级别的水滴型潜艇，要知道水滴型的水下航行优势，在常规动力潜艇上是无法全部发挥出来的，只有核潜艇才能将水滴型的优势淋漓尽致地发挥出来，但日本这七个级别的常规潜艇建造无疑是为核潜艇的建造已经做好了大量的技术储备。而且近年来，日本积极参与俄罗斯的退役核潜艇拆解工作，对核潜艇的设计和建造也有了最直观的了解。

  所以，一般都认为日本建造核潜艇最大的障碍是来自政治方面，尤其是《和平宪法》和"无核三原则"，但是实际上，如果日本真要铁了心建造核潜艇，这些政治上的障碍都不是问题，你看自卫队海外出兵这么明显违反《和平宪法》的情况不都一样被突破了吗？

  真正阻碍日本发展核潜艇的说到底还是在技术层面，尽管日本之前已经有了很多的核动力方面和常规潜艇方面的技术储备，但核潜艇绝不是简单的把核动力放到常规潜艇上，这几乎就是完全不同的两个概念，在工程力学、材料、冶金等诸多方面都是完全不一样，别看核潜艇和常规动力潜艇外形上很相似，其实内部结构完全不同。日本对于核潜艇充其量也就拆解过几艘俄罗斯的报废核潜艇，几乎可以说是一切从零开

现在日本海自的潜艇舰队就是由 11 艘"亲潮"级和 5 艘"苍龙"级组成,图为"亲潮"级的"矶潮"号

始,没有任何经验或者外援可以借鉴。美国虽然是日本的盟国,也向日本提供了不少先进的军事技术和装备,但美国对日本也是有所警惕的,对于涉及底线的问题是毫不含糊的,比如 F-15 战斗机项目,尽管日本购买了 F-15 的整条生产线,但美国就是没有提供 F-15 发动机的核心技术,更别说像核潜艇这样极度敏感的装备了,所以日本要想独立研制核潜艇,至少在看得见的未来,还是基本上难以实现。

曲折的航母梦

作为世界上建造了第一艘真正的航母"凤翔"号的国家,作为曾经拥有过世界上最强大的航母舰队的国家,日本对于航母可谓是万般难舍。对于战后重建的海上自卫队来说,航母不仅仅是一个强大海军的典型代表,更寄托着他们无尽的遗憾和骄傲。所以,从 20 世纪 50 年代重建军备开始,他们就孜孜不倦地希望再圆航母梦。

1951 年 10 月,负责筹备重建海军军备的日美联合委员会的主任委员前海军少将山本善雄提出了《新日本海军再建案》,就在这个报告中,提出了要向美国引进 4 艘护航航母。而此时,不要说海自,就连海自的前身海上警备队都还八字没一撇,这么早就急不可耐地提出了要引进航母,充分说明了旧日本海军人员对于航母的那份如饥似渴的期望,且不说当时的政治环境,就是日本当时的经济情况,也根本不可能维持

"凤翔"号航空母舰，世界上第一艘真正的航空母舰

这样一支航母舰队。所以，这个报告也就如流星一样一闪而过，再没有什么下文了。但是，这个报告可以看作是追求旧海军辉煌的人们的一次火力试探，也是战后日本航母梦的开始。

1961年7月出台的1961年到1966年五年国防规划的第二次防卫力整备计划（也就是"二次防"计划）中，就又再次出现了航母的身影。那是一艘标准排水量8000吨，搭载18架HSS-2"海王"直升机的护航航母，尽管计划的设计者尽量淡化航母概念，竭力打"护航舰"的擦边球，试图蒙混过关，但在当时的大环境下，这个计划实在太过敏感了，因此计划才一提出，就遭到了各方面的强烈反对，美国也反对这个计划，所以最终这个航母计划甚至都没正式放进"二次防"里就夭折了。

经过这次挫败，日本在1967年提出1967年到1971年的第三次防卫力整备计划（也就是"三次防"计划）中，就不敢再直接提出建造航母，而是来了个曲线迂回，提出了独创的舰种——直升机驱逐舰，这个舰种名字倒和前苏联为了规避《蒙特勒公约》中有关航母通过土耳其黑海海峡的限制，而发明的航空巡洋舰有着异曲同工之妙。第一代的直升机驱逐舰就是"榛名"级，从前面看就和普通的驱逐舰并没什么不同，而在军舰后部则有着一个可以容纳2架直升机的机库和飞行甲板，而且作为战后日本第一种装备舰载机的水面舰艇，"榛名"级意义可谓深远。由于毕竟"榛名"级前面一半还是驱逐舰的样子，离航母还是有很大区别，所以这个造舰计划顺利得以通过。此后又有了第二代直升机驱逐舰"白根"级，随着这4艘直升机驱逐舰的服役，航空力量迈出了上舰的第一步。

1992年，日本海自提出了建造两栖运输舰计划，1998年起3艘"大隅"级陆续建成服役。"大隅"级是日本海自第一种具备了航母外形特征的舰艇，全通式甲板，岛式上层建筑，确实让人不由地发出疑问，这不就是艘航母吗？再加上海自还曾有引进AV-8B"鹞式"垂直起降飞机的计划，"鹞式"上"大隅"，48小时之内改装成航母的言论一时间也是喧嚣尘上。不过仔细分析下"大隅"级的情况，尽管有着和航母非常相似的外形，但还是有着相当的差距。首先是航速，"大隅"级最高航速22节，和航母普遍要求的30节有不小距离。如果达不到30节航速，就很难在起飞时形成足够的甲板风，增加了舰载机起飞的难度。而要提高航速，就势必要更换发动机，这可是牵一发而动全身的大改动啊，没有个三五个月根本做不到。其次是升降机尺寸太小，"大隅"级的两台升降机宽度都只有4.5米，无法放上现役的任何一种舰载直升机，也就是说"大隅"级的载机是全部放置在飞行甲板上的，内部也没有机库，完全是徒有其表。要改装成航母，那么肯定要更换尺寸更大的升降机，这样就必然要牵涉到改变舰体结构，也是个伤筋动骨的大改动。再次，飞行甲板布局不合理，虽然"大隅"级的飞行甲板长120米，宽25.8米，表面上看还是很不错的，但是"大隅"级的岛式建筑横截面太大，横在飞行甲板中间，导致旁边的飞行甲板宽度一下就缩小到了12米，这点宽度根本无法安排起降点，等于是把飞行甲板一下分为两个部分。而前面的飞行甲板上还有两台升降机，所以没法布置直升机的起降点，只有后面的飞行甲板长50米，宽25.8米，没有任何阻拦，是个比较理想的场地，可以起降现役的各种直升机。

"榛名"级驱逐舰对日本海自来说意义深远，迈出了航母发展的第一步

"大隅"级两栖运输舰的二号舰"下北"号

"大隅"级两栖运输舰很难改装成真正的航母

最后也是最关键的是，"大隅"级没有机库，即便是将舰内的船坞舱和车辆舱改装成机库，但是由于这两个舱都比较狭小，即使合并起来，也只可以勉强进出飞机，

而根本没有吊装操作的空间，无法进行维修作业。所以，正因为有了上述几点几乎无法克服的先天缺陷，"大隅"级不要说现在，就是将来改装，也很难成为真正意义上的航母。由此看来，把"大隅"级定义为两栖运输舰还是更为合适和贴切。

反倒是接下来的两个级别的直升机驱逐舰"日向"级和"出云"级更具有航母的潜质，或者说更具备了未来改装成航母的条件。特别是"出云"级飞行甲板长达248米，不要说直升机，就连F-35都可以不依靠上仰角度的滑跃甲板而实现短距起飞，飞行甲板的钢材是耐高温耐高压的特种钢，完全可以承受F-35起降时的高温高压，这点连美国海军的"尼米兹"级航母都没做到，"出云"号上的升降机尺寸也够大，特别是其中一台还是舷外升降机，装上F-35也是绰绰有余。从这几点就可以看出，"出云"级应该为将来像F-35这样的固定翼飞机上舰预留好了后手，只需要比较简单的改动就可以很快变身为准航母。所以，日本海自的航母之梦已经并不遥远了。

"大隅"级两栖运输舰

"大隅"级两栖运输舰，本级舰始于90年代初日本柬埔寨维和行动之后的"海外派遣部队输送母舰计划"，取代之前的"三浦"级坦克登陆舰和"渥美"级坦克登陆舰。

本级舰设计类似意大利海军"圣乔治"级两栖登陆舰，采用全通式甲板构型，舰岛位于右舷，外形虽很像航母，但没有航空力量的操作能力，也没有相应的航空管制、战役指挥等指挥通信能力。

原计划分两批共建造6艘，实际只建造了第一批3艘。

一号舰"大隅"号（LST-4001），由三井重工玉野造船厂建造，1995年12月6日开工，1996年11月18日下水，1998年3月11日服役。

二号舰"下北"号（LST-4002），由三井重工玉野造船厂建造，1999年11月30日开工，2000年11月29日下水，2002年3月12日服役。

三号舰"国东"号（LST-4003），由三井重工玉野造船厂建造，2000年9月7日开工，2001年12月13日下水，2003年2月26日服役。

基本数据

标准排水量 8900 吨

满载排水量 14000 吨

舰长 178.0 米

舰宽 25.8 米

吃水 6.0 米

动力系统：

  2台三井16V42M-A柴油发动机

  双轴

最大速度 22 节
乘员：
　　舰员 135 名，其他人员 330 名
雷达：
　　1 部 OPS-14C 对空搜索雷达
　　1 部 OPS-28D 海面搜索雷达
　　1 部 OPS-20 导航雷达
武备：
　　2 座密集阵近防武器系统
　　4 座 Mk137 雷达干扰弹发射器
运载力：
　　90 式主战坦克 15 辆
　　LCAC 登陆气垫船 2 艘
舰载机：
　　无编制舰载机，飞行甲板可停靠直升机

一招鲜走遍天还是不够的

日本海自从 1954 年正式成立以来，一直都是作为美国海军的"东亚反潜部队"来定位的，经过几十年来的努力，也确实在反潜这一领域，取得了不小的成绩，至少是在东亚西太平洋地区，日本海自的反潜战能力是毫无半点疑问的老大，就是放眼全世界，在反潜作战方面能超过日本海自的，恐怕也就只有美国海军了。在反潜战这个方面，用一招鲜吃遍天来形容是毫不夸张的。

而在日本海自内部，也是一直都在强调"反潜第一"，在战术思想、舰艇建造、装备采购等诸多方面都是把反潜作为第一要务，久而久之，就成为了只有反潜能力最为突出，其他都相对要弱的跛腿巨人了。

但是，随着进入 21 世纪，世界形势发生重大转变，美国的国力逐渐衰微，开始要求日本海自在西太平洋上担负起更多的任务时，才猛然发现，在几十年建设发展中所积累下的一些缺陷都暴露了出来。

在海上力量的各种任务中，日本海自除了反潜，那就是扫雷还算过得去，能够代替美军应付在太平洋上的状况。但是除了反潜和扫雷之外，防空、反舰、两栖作战，都有不小问题。先是防空，由于早先是强调近岸防御，可以得到己方岸基航空兵的有效掩护，并没多考虑这个问题。但随着海自逐渐走向远洋，脱离了岸基航空兵的保护圈,冷战时期还能得到美军航母舰队的空中掩护,但现在美军自己也是应接不暇,日本海自就要独立在没有美军航母舰队的空中掩护下的远洋作战,这才发现八八舰队的远洋防空能力实在是个问题。

再看反舰能力,目前海自的八八舰队远洋反舰作战手段就只有亚音速反舰导弹,而在当今世界各国海军都已经普遍装备了远程超音速反舰导弹的情况下,这种反舰手段实在是太落后了。

同样,现代化海军已经不是单纯在海上作战,以美国为首的西方海军已经提出了"以海制陆"的战术思想,海军不但要对海作战还要担负起对陆作战的重任,也就要求海军必须具备强大的对陆攻击能力。而反观日本海自,就连低层次的对海反舰能力都是稀松落后,那就更别提对陆的攻击了。

说到这里,就提到了日本海自在各项任务中最薄弱最不足的两栖作战能力了,在20世纪90年代之前,日本海自的两栖作战装备就只有一些美国第二次世界大战时期的登陆舰艇,舰龄又老,性能又差,根本不具备在现代化战争条件下的两栖作战能力,也就极大地限制了日本的兵力投送能力。这在当时还不是什么问题,也没有引起海自和整个自卫队的重视,但是随着21世纪越来越多的海外出兵,以及和周边国家岛屿主权的纷争,这就对日本海自的两栖作战能力提出了新的要求,正是在这样的背景下,才有了"大隅"级。很多人只看到"大隅"级近似航母的外形,就把注意力都

P-3C 反潜机为核心的日本海自反潜部队在反潜战这个方面仅次于美国海军

日本海上自卫队的 SH-60 "海鹰" 直升机性能非常先进,但是在没有制空权的情况下也是不堪一击的

集中到所谓日本造航母上了,其实通过对其内部结构照片和数据分析,"大隅"级改装成航母的可能性几乎为零。"大隅"级真正的作用还是在两栖作战方面,主要是用来进行兵力投送。这一点对于海自的两栖作战能力来说,具有极大的飞跃,使日本自卫队的兵力投送能力有了显著提高。

未来走向值得关注

在最新的日本《防卫大纲》中,将海自的主要任务概括为三大项:防止大规模侵略事态、对抗新的威胁、为国际社会安全作出应有的贡献。根据这新的三大任务,海自也开始对编制、兵力结构和装备体系进行全面的评估和改进。

首先是把八八舰队扩编为十九舰队,这也是日本海自在水面舰艇建设方面的重中之重。所谓"十九舰队",就是在原来的八八舰队基础上,再增加 1 艘装备"宙斯盾"系统的防空导弹驱逐舰和 1 艘多用途驱逐舰,其中多用途驱逐舰上还有 1 架舰载直升机,这就等于增加了 2 艘驱逐舰和 1 架直升机,整个舰队也就变成由 10 艘驱逐舰和 9 架舰载直升机所组成,因此得名"十九舰队"。

然后在十九舰队的基础上再分成"弹道导弹防御编队"和"机动作战编队","弹道导弹防御编队"仿效美国海军的类似编制,即以 1 艘装备"宙斯盾"系统的导弹驱

日本自卫队

飘扬着旭日旗的日本海上自卫队,让人很自然地想起当年横行太平洋的旧日本海军

逐舰为核心,再配以3到4艘其他驱逐舰,担负海基的反弹道导弹防御任务。"机动作战编队"则是以1艘"准航母"的直升机驱逐舰为核心,再配以4到5艘其他驱逐舰,组成事实上的准航母编队,执行反潜、反舰等作战任务。

随着日本成为军事大国的野心急剧膨胀,作为三大自卫队的重点海上自卫队,实力也随之急剧扩充,必然会给整个亚洲和西太平洋地区带来严重的隐患。特别是海自的三大任务中"对抗新的威胁",更是将中国列为了新的威胁,不断提出"时时把握中国海军动向,保持长期戒备状态",这些言论,以及未来日本海自的发展走向,这一切都必须引起我们足够的警惕和重视。

日向级直升机驱逐舰很明显地表露出日本在海洋的野心

第五章
打造"亚洲最强空中武力"

　　航空自卫队是随着防卫厅和自卫队组建而成立的新军种,起点虽然低了点,但是发展却很快,到20世纪80年代已经可以在西太平洋地区号称最强空中力量了。但是相对来说,防空截击还能算是世界一流水准,对地对海攻击就要相形见绌了,这也和之前专守防卫的战略有关,随着日本自卫队逐渐走出去,航空自卫队也要面临转型的课题考验。

最初仰人鼻息的窘境

1954年7月1日，日本防卫厅正式成立，三大自卫队也都同时成立，特别是航空自卫队（简称空自，下同）的成立，可以说是在日本军事历史的里程碑。在这之前，旧日本军队只有陆军和海军，空中力量分为陆军航空队和海军航空队，分别归陆军和海军指挥。这次空中力量真正能够和陆军海军比肩并立，成为独立军种，也总算是跟上了时代的脚步。

成立之时，航空自卫队只有6700人，规模并不是很大，但是这些人员大都是以前旧日本陆军和海军航空队的老人，都曾在作战部队里服役多年，实战经验丰富，素质都比较高。但是，和人员的高素质形成鲜明对比的却是装备的低劣，更确切来说，装备还不是低劣，甚至都可以说是空白，连最起码的有无问题都没解决。因为当时空自的装备就是146架破旧的教练机，连1架战斗机都没有，几乎是没有什么战斗力的。

这时的日本还在努力恢复战争创伤，各方面建设都是百废待兴，再加上又是在美军占领下，要靠日本自己的力量来发展空中力量，肯定是不现实的。所以，日本只好求助于美国，而美国从遏制苏联的全球战略出发，也希望日本能够尽快武装起来，担负起一定的责任和义务，因此一改以前绝对不允许日本发展军事航空的战略，开始扶植日本发展空中力量。

1955年12月，驻日美军向日本移交了第一架喷气战斗机F-86"佩刀"。说起F-86"佩刀"，那也是在航空发展历史上赫赫有名的机型，当年在朝鲜战争中是志愿军米格-15战斗机最强劲的对手，但是到1955年，已经事过境迁了，F-86的性能已经全面落伍，美军已经开始换装世界上第一种超音速喷气战斗机F-100"超级佩刀"，所以美国才会把F-86这种已经落后的二手货交给日本。

尽管F-86已经算不上什么先进装备，但好歹解决了日本空自在喷气战斗机方面的有无问题，使日本空自得以真正进入了喷气战斗机时代。从1955年12月到1957年，日本空自总共接受了180架F-86，也正是凭借这批喷气战斗机，使空自能够组建

F-86是日本航空自卫队装备的第一种喷气式飞机

起航空集团司令部以及第 1、2、3、4 航空团,人员也迅速扩充到 2.26 万,装备的飞机总数更是达到了 786 架,其中作战飞机 344 架,可以说初具规模。

在这一基础上,1958 年空自将航空集团改编为航空总队,同时组建了北部、中部航空队。1961 年又组建了西部航空队,基本上完成了空军的体制建设,空自至此才算是一支真正具备了

米格 -21 是苏联空军 20 世纪 60 年代装备的主力战斗机

作战能力的空中力量。所以在空自的发展历程上,尽管 F-86 在当时再怎样落后,但毕竟是空自第一块坚实的基础。

1958 年,苏联前线航空兵开始换装最先进的米格 -21 战斗机。这是苏军第一种达到 2 倍音速的战斗机,被誉为"在空气动力学方面无可挑剔的完美杰作",公认为最成功的超音速战斗机,是第二代喷气战斗机的典型代表,其改进型直到今天都还在不少国家空军中服役。这样一来,处在与苏联直接对抗第一线的日本压力就陡然剧增了,本来以 F-86 对付苏联的米格 -19 就已经相当吃力,现在还要对付更新的米格 -21,那就更没有一丝胜算了。因此,日本于 1959 年 8 月,向美国派出了考察团,考察确定新一代战斗机的具体型号。一开始美国提出的是 F-100 战斗机,但这次日本学乖了,虽然 F-100 具备超音速性能,但比起米格 -21 还是有一定差距的,所以日本考察团最后选中的是 F-104"星"战斗机。1959 年 11 月,日本最终决定引进 200 架 F-104C 战斗机。要说 F-104 战斗机是世界上第一种超过 2 倍音速的战斗机,性能在当时来说是非常先进的。按理美国是不会把这样最先进的战斗机交给日本的,但是 F-104 自己太不争气,对于驾驶技术要求很高,稍有不慎就是机毁人亡的惨剧,在服役以后,飞行事故接二连三,以至于在美国空军中被称作"寡妇制造者"。正是由于这个原因,迫使美国空军果断决定将 F-104 退出一线作战部队,而作为对外军援的首选机型,这样才便宜了日本。

1961 年 6 月,第一架 F-104 交付日本。随着日本防卫厅和八家企业签订了 F-104 的生产合同。从 1961 年到 1967 年,日本空自通过直接引进、引进零部件自行组装和独立生产等不同方式,总共装备了 230 架 F-104。对于空自来说,F-104 无疑是具有划

F-104是日本航空自卫队用来对抗苏联米格-21的超音速战斗机

时代意义的,因为这是空自装备的第一种超音速战斗机,使空自得以积累宝贵的超音速战斗机使用经验,同时也凭借F-104的先进性能,使日本空自开始跻身世界一流空军行列,也总算拥有了可以和苏联空军旗鼓相当的战机,一改以前处于装备劣势的窘境。更重要的是通过对F-104的生产,日本掌握了先进喷气飞机的生产技术,为日后自行研制生产F-1战机打好了基础。

再上一层楼

1961年,苏联第一种超音速轰炸机图-22"逆火"在莫斯科航空节上首次露面。这种轰炸机升限达到了12000米高空,能够以超音速接近目标,或是在200千米距离发射导弹,或是高速冲到目标上空以常规炸弹进行轰炸,再以超音速脱离。日本空自装备的F-104对于这种轰炸战术就有点力不从心了。

到了1967年又得到了苏联空军即将装备新一代米格-23战斗机的消息,尽管还不知道米格-23的具体性能,但是此前米格-21的噩梦还历历在目,感到如芒在背的日本立即决定引进新一代战斗机,以应对苏联新飞机的威胁。这回日本选中的是美国的F-4E"鬼怪"战斗机。F-4E相比F-104,虽然都采用一样的发动机,基本飞行性能相差无几,但是F-4E装备了两台发动机,而F-104只有一台,所以F-4E可以称得上是重型战斗机了,导弹携带量也是F-104的两倍,特别是受到当时

苏联图-22"逆火"轰炸机对日本构成了严重威胁

第五章 打造"亚洲最强空中武力"

F-4 装备部队使日本航空自卫队第一次摆脱了装备劣势的阴影

"多用途战斗机"思想的影响，不再是像 F-104 那样只是单纯的防空型截击机，而是可以担负截击，也可以进行争夺制空权，还可以承担对地攻击，是名副其实的多面手。

美国考虑到 F-4E 已经在自己空军和海军航空兵中服役了七年，而且已经开始了 F-4E 后续机型的研制，F-4E 的淘汰可以说为时不远了，所以也就同意了日本的要求，但是美国还是留了一手，将提供给日本的 F-4E 上的对地攻击相关设备全部拆除，等于是打了个大折扣给日本，不过价格上可是没有什么优惠，F-4E 的单价高达 20 亿日元，是 F-104 的六倍，F-86 的十七倍！卖给日本的 F-4E 被称为 F-4EJ 型，也就是 F-4E 专门出口给日本的型号。从 1969 年到 1972 年，日本空自总共装备了 140 架 F-4EJ。尽管引进的 F-4EJ 被拆除了对地攻击系统，但是对于空自来说还是意义十分重大。首先，F-4EJ 的驾驶操纵要比 F-104 好很多，减少了飞行员的压力。更重要的是 F-4EJ 能够有效对抗苏联的图 -22 轰炸机，相对苏联空军当时的主力战斗机米格 -21 乃至后来的米格 -23，都具有一定的技术优势。这是空自成立以来第一次拥有了在性能上胜过对手的战机，彻底摆脱了装备劣势的阴影。

就在空自开始装备 F-4EJ 的同时，日本也开始了第三次防卫力量发展计划（也就是所谓的"三次防"）。在此阶段，空自的实力进一步提高。F-86 全面退役，在新型战

F-4EJ 战斗机

1966 年 11 月，日本决定向美国引进 F-4E"鬼怪"战斗机。

1971 年 7 月，第一批 2 架 F-4E 交付日本。随后美国又向日本提供了 11 架 F-4E 的散件，由日本三菱重工进行组装。再以后三菱重工获得了生产 F-4E 的授权许可，直接开始生产，至 1981 年 5 月停产，总共生产了 127 架。这些引进、组装和自行生产的 F-4E 就被称为 F-4EJ 型，意思是 F-4E 的日本型号。

为提高该型机的空战能力，日本航空自卫队从 1981 年起对 F-4EJ 进行现代化改进，主要改进项目包括换装 F-16 机使用的 AN/APG-66J 火控雷达、J/AYK-1 中央计算机系统。改进后的 F-4EJ 被称为 F-4EJ 改型，使用寿命由 3000 小时提高至 5000 小时，总体作战能力已接近 F-15J。总共有 90 架被升级为 F-4EJ 改，另有 15 架被改装为 RF-4EJ 侦察机。至 2014 年，在日本空自服役的 F-4EJ 改还有 59 架。

F-4EJ 机头呈锥形，气泡式串列双座座舱，悬臂式下单翼，悬臂全动式整体平尾，美军飞行员曾把这种布局称为"一副垂头丧气的样子"，并把战绩不佳的原因全归结于此。

两台发动机进气道在机身两侧，进气口为矩形，但外缘过渡十分圆滑，进气口靠机身一侧有大型档板前伸，发动机尾喷口位于机翼与平尾之间机身两侧，位置靠下。

动力系统采用的是通用电气公司的 J79-GE-17 发动机，单台加力推力为 8120 千克。机内总载油量为 7022 升，另外可以在机腹挂一个 2270 升的副油箱，两侧机翼也可以各挂一个 1400 升的副油箱。

机身共有 9 个外挂架，固定武器为 1 门 20 毫米六管机炮。

基本技术数据

乘员：2 人

机长：19.2 米

机高：5 米

翼展：11.7 米

机翼面积：49.2 平方米

空重：13757 千克

最大起飞重量：28000 千克

最大速度：2.4 倍音速（12000 米高度）

巡航时速：960 千米

实用升限：18000 米

爬升率：210 米 / 秒

最大航程：2965 千米（带 3 个副油箱）

最大载弹量：6480 千克

作战半径：

    180 千米（远距离拦截，不挂副油箱）

    800 千米（远距离拦截，挂 3 个副油箱）

    460 千米（带最大载弹量）

武备：
1 门 20 毫米六管机（携弹 750 发）
"响尾蛇"或 AAM-3 型红外制导短距空空导弹和"麻雀"或 AAM-4 型中距空空导弹各 4 枚，并可挂载国产 ASM-1 型或 ASM-2 型空对舰导弹，对地攻击时可带 12 枚 500 磅普通炸弹、6 枚 500 磅或 5 枚 750 磅红外图像制导炸弹及 70 毫米或 127 毫米火箭弹等
雷达：AN/APQ-120 火控雷达，搜索距离 56 千米
导航设备：AN/ASN-63 惯性系统、AN/ASN-64A 导航计算机
电子对抗设备：J/APR-2 雷达告警装置

斗机和防空导弹不断增加的基础上，形成了由战斗机、高射炮和防空导弹三结合的防空体系，并建立了半自动防空警戒指挥系统，大大提高了防空体系的作战能力。

到了 1971 年至 1976 年的第四次防卫力量发展计划时期，空自的编制继续扩大，装备也在继续更新。由于在此期间，美国将冲绳归还日本，所以随即日本空自在冲绳组建了西南航空混成团。在装备上，F-4EJ 的装备数量进一步增加，"奈基"防空导弹也从三个群扩充到了五个群，使空自的整体实力进一步提升。

1976 年，发生了"别连科事件"，苏联飞行员别连科驾驶米格 -25 叛逃到了日本。虽然这一事件使西方得以了解苏联最先进的米格 -25 的技术，但是也暴露出日本防空体系上的巨大漏洞。在别连科驾机进入日本领空后，空自立即派出 F-4EJ 前去跟踪监视，但是 F-4EJ 却在渡岛半岛附近跟丢了米格 -25，如果别连科不是叛逃，那么后果真的是不堪设想。在这一事件中，虽然日本空自在应对措施方面存在疏漏，但最主要的还是装备上的不足，F-4EJ 的机载雷达对于下方目标的搜索能力很差，日本防空雷达对于低空目标的探测也是很弱，这才是导致跟丢了目标的关键所在。经过这一事件的刺激，日本决定引进 E-2C "鹰眼"预警机，以加强对低空目标的监控能力，同时也提出要引进更先进的战斗机。这回美国也看到了苏联米格 -25 高速性能的巨大威胁，于 1978 年很干脆地就同意向日本出售 F-15，并提供技术由日本自行生产。要知道当时 F-15 是第三代喷气战斗机，在 80 年代属于最顶尖的先进机型，也

日本决定引进 E-2C，加强对低空目标的监控

别连科事件

米格-25的先进性能暴露了日本防空体系上的重大缺陷

维克多·别连科1947年出生在苏联西伯利亚的一个军人家庭,由于受到家庭环境的影响,他报考了苏军的航空学校。毕业后,进入苏联空军服役,后来担任哈尔斯克航空团的飞行教官。别连科多次申请到格罗莫夫试飞学院当试飞员,都没被批准。于是,他开始酗酒、斗殴、顶撞上司,甚至让领导怀疑他有精神病,但精神鉴定正常,因此便把他调到堪察加半岛的丘夫耶夫卡基地的防空军513团,担任副大队长。别连科感到没有前途,就想到驾机叛逃。为此,他开始研究到日本机场的最近航线,还借助词典写好了英语便条:"请把发生的事通知驻日美军,保护好飞机,不允许任何人接近……"

1976年9月6日12时50分,别连科驾驶米格-25升空,在盘旋一段时间后,改道直飞东南方的日本北海道。途中,别连科将飞行高度从8000米猛降到1000米,以避免被苏联和日本雷达发现。接着,他按动报警开关,发出呼救信号;几秒钟后,他又关掉开关,做出飞机失事的假象。他还关掉了机载雷达和其他电子仪器,使飞机处于无线电静默状态。

30分钟后,别连科进入日本"防空识别圈",日本航空自卫队连续派出两批F-4EJ型"鬼怪"战机前来拦截,但都被甩掉。而这时别连科的油料也快用完了,好在他终于发现了日本函馆民用机场,就在他试图降落时,一架波音727型客机正好起飞。为避免相撞,别连科来了一个急转弯,并以时速360千米冲向跑道。飞机在巨大惯性作用下冲出跑道,在草坪上划出一道深深的沟痕后停在高架电线塔前。飞机停稳后,别连科从驾驶舱爬到机翼上,拔出手枪朝天连开数枪。15分钟后,日本防卫厅官员前来接洽,他们起初还以为别连科是偏离了航向,但别连科斩钉截铁地称自己是有意飞到日本的,并要求日方立即安排他与美国代表见面,寻求政治避难。

事后虽然日本将米格-25归还了苏联,但是美国和日本专家已经将米格彻底分解,仔细研究了其中的技术秘密,所以苏联国土防空军不得不全面更换战机的敌我识别系统,数十名指挥官和负责人被撤职。别连科则得到了美国的一大笔奖金,并在美国一家农场隐姓埋名地生活了下来。

别连科驾驶的米格-25"狐蝠"(Foxbat)战斗机是当时苏联最先进的高空高速截击歼击机,是世界上第一种速度超过三倍音速的战斗机。原型机于1964年首次试飞,1969年开始装备部队。总产量约1200架左右,其中60%是侦察型,30%是截击型,10%是双座教练型。除了在苏联空军服役外,还向利比亚、叙利亚、阿尔及利亚、印度、伊拉克等国出口。该机在设计上强调高空高速性能,曾打破多项飞行速度和飞行高度的世界纪录,可在24000米高度上以2.8倍音速的速度持续飞行,最大飞行速度达到三倍音速,最大升限达到三万米,所以被称为"双三"飞机,是20世纪世界上突破"热障"(2.5倍音速)的两种飞机之一(另一种是美国的SR-71)。

引进了 F-15，使日本从 20 世纪 90 年代起在战斗机方面具备了跨时代的不对称技术优势

才刚刚在美国空军服役四年，就连部署在西欧最前线直接与苏联对峙的美军一线部队都还没全部换装完毕。

1980 年第一批 F-15 交付日本，型号为 F-15J（J 就代表了专供出口日本型），这就使日本拥有了比周边国家整整领先一代技术优势的先进战机。当时苏联空军主力战斗机还是二代机的米格-23，苏联的三代机米格-29 要到 1983 年才刚刚开始装备，而且米格-29 在各方面的性能都还不能和 F-15 相提并论。真正具备和 F-15 一较高下的苏-27 要到 1990 年以后才开始全面装备部队。但很快苏联解体，继承苏联衣钵的俄罗斯在很长一段时间里，都再也难以继续苏联时代的辉煌，连航空大国苏联/俄罗斯尚且如此，其他周边国家就更不在话下了，这就使日本空自从 80 年代起在战机方面具备了超时代的不对称技术优势。

E-2C 预警机

在冷战时期，日本的地理位置可以有效地将远东苏联的海空军封闭在大陆上，但同时由于缺乏必要的战略纵深，日本也极其容易遭到苏军的突然袭击。特别是 1976 年别连科事件，更是暴露出日本在低空雷达探测方面的薄弱环节，因此日本于 1979 年向美国提出了引进空中预警机的要求,从 1982 年到 1984 年,日本先后引进了 13 架 E-2C "鹰眼"预警机,平均采购单价为 86 亿日元(约合 8400 万美元)。这些预警机服役后全部部署在北部的三泽基地,并在国土北、中、西设立了三道空中巡逻区,与地面雷达一起构成了日本的防空预警系统。

E-2C 预警机是美国格鲁曼公司 1968 年研制的,1973 年起陆续在美国海军服役。E-2C 的外形与 E-2A、E-2B 相比,基本相同就是尺寸更大了一些,以便安装更多的电子设备。

E-2C 采用悬臂式梯形上单翼,机翼前缘有充气防冰套,内侧机翼前缘可以打开,以便于进行发动机维护。机翼后缘分三段,外侧为副翼,中间和内侧为襟翼。

机背雷达天线罩为圆形薄饼状,直径 7.3 米,最大厚度 0.79 米,内装雷达天线和敌我识别天线,由马达驱动,每分钟旋转六圈。雷达天线罩还可以通过液压控制升降,最大下降高度可达 0.64 米。雷达天线为"八木"式端射式天线阵,敌我识别天线与之背靠背安装。E-2C 的主要机载电子装置分为雷达、数据处理、数据显示和控制、敌我识别、通信、导航和无源探测七个子系统,通过两台 L-394 计算机组成的中央数据处理系统连接成一个整体。

日本购买的 13 架 E-2C 中第一批 8 架安装的 AN/APS-125 雷达,第二批 5 架则换装了更先进的 AN/APS-138 合成孔径雷达,这款雷达性能相当出色,能够对 1250 万平方千米范围的空中目标进行探测、跟踪和自动处理,对 1000 米高度以下目标的探测距离是 260 千米,对于掠海飞行的超低空目标的探测距离可能达到 185 千米,可以同时跟踪 600 个目标,并引导 40 批飞机进行拦截。

AN/APS-138 雷达需要 15 分钟预热,所以 E-2C 在起飞时就已经开始通电预热。但是由于 AN/APS-138 雷达的功率很强,因此禁止在 1600 米以下高度使用,因为在低空使用可能会引起地面金属物体产生电磁感应,进而产生火花,危及油库等地面设施的安全。

一般情况下,E-2C 机组成员为 5 人,正副驾驶员各 1 人,雷达操作员 1 人,作战情报中心官 1 人,空中控制官 1 人。其中作战情报中心官是整架飞机的最高领导,3 名任务系统人员虽然是各司其职,但也可以相互支援,3 人都可以进行搜索、指挥和引导任务。在执行长时间的巡逻任务时,通常还会多带 1 名任务系统人员,以便可以轮班休息。

基本技术数据(F-2A)

机组乘员:5 人

机长:17.54 米

机高:5.58 米

翼展:24.56 米

机翼面积:65.03 平方米

空重:17210 千克

最大起飞重量:24721 千克

发动机:2 台涡轮螺旋桨发动机,推力 2×5100 轴马力

最大速度:625 千米/小时

巡航速度:500 千米/小时

实用升限:10600 米

爬升率:13 米/秒

最大航程:2700 千米

最大续航时间:12 小时

F-15J 战斗机

20 世纪 70 年代中期，日本决定更新主力战斗机，经过考察研究，最终选中美国的 F-15"鹰"战斗机。

1981 年 3 月，美国向日本交付 2 架 F-15，称为 F-15J。随后美国又向日本提供了 10 架 F-15J 的散件，由日本三菱重工进行组装。再以后以三菱重工为主承包

米格-29 在各方面的性能都不能和 F-15 相提并论

商，联合了川崎重工、住友精密工业、富士重工、日本飞机公司、新明和工业、石川岛播磨重工、三菱电气、日本电气、日立制作所等多家日本著名的军工企业开始授权生产单座型的 F-15J 和双座型的 F-15DJ。

日本最初计划采购 100 架 F-15J/DJ，后来采购数量不断增加，到最后总共是 165 架 F-15J 和 48 架 F-15DJ。最初的单价是 70 亿日元（约合 6835 万美元），到后期增至 102 亿日元（约合 9920 万美元）。

F-15 机翼设计采用切尖三角翼翼形，改善机翼结构、增大机内容积，同时可以使飞机在跨音速区的阻力增加变得更加平缓，改善了跨音速飞行性能。机身为全金属半硬壳式结构，机身由前、中、后三段组成。采用的大型气泡式座舱盖前段包括机头雷达罩、座舱和电子设备舱，主要结构材料为铝合金。中段与机翼相连，部分采用钛合金件承受大载荷，前三个框为铝合金结构，后三个为钛合金结构。后段为钛合金结构发动机舱。锯齿形前缘的平尾为全动式，面积大，可满足高速飞行和机动需要。飞行员座舱为了提供良好的视界，整体式风挡，座椅位置也安排得较高，飞行员几乎 1/3 个身子露在机身外，使得飞行员具有上半球 360 度环视的开阔视野。

F-15 具有相当先进的航电系统，包括抬头显示器、战术导航系统与仪器降落系统、AN/APG-63 型火控雷达、AN/AWG-20 火控系统、AN/ASK-6 导航计算机、CP-1075/AYK 中央数据计算机等。

F-15 战斗机有六个翼下挂点、四个机身外侧挂点、一个机身中线挂点，总外挂可达 7300 千克，能搭载多种空对空武器和对地攻击武器，固定武器为 1 门 20 毫米机炮。

基本技术数据（F-15J）

乘员：1 人

机长：19.44 米

机高：5.63 米

翼展：13.05 米

机翼面积：56.5 平方米

空重：12973 千克

最大起飞重量：30884 千克

最大速度：高空 2.5 倍音速，低空 1.5 倍音速

实用升限：19800 米

爬升率：253 米／秒
最大航程：5745 千米（带 3 个副油箱）
最大载弹量：7300 千克
作战半径：1900 千米（带最大载弹量）
武备：
　　1 门 20 毫米六管机（携弹 640 发）
　　AIM-9 型近距空空格斗导弹、AIM-7 型中距空空导弹、日本国产 90 式近距空空格斗导弹、04 式近距空空格斗导弹、99 式中距空空导弹以及 500 磅普通炸弹
雷达：AN/APG-63 火控雷达
导航设备：N/ASN-109 惯性导航系统，AN/ASK-6 导航计算机

由守转攻的艰难转型

　　尽管日本和平宪法规定了武装力量是"专守防卫"，但是空自从成立之初就一直将"攻势防御"作为具体的作战思想。因为在作战飞机数量上以及性能上的差距，如果还要坚持防守反击战略，那么就等于是自废武功。只有以歼敌于机场跑道上的先发制人，才能最大限度消灭敌方有生力量，实现保障领空安全的战略目的。

　　但是说来容易，做起来可不容易，日本国内的政治环境、工业水平，还有美国的限制，都使日本空自的"攻势防御"思想仅仅只是一句口头上的空话，最多也就只装备了一些被称为是"支援战斗机"的攻击机，才具备了最低层面的对地攻击力。美国对日本空自拥有对地攻击能力也是相当忌惮，所以才会把 F-4 的对地攻击系统设备全部拆除才卖给日本。同时在美国整体战略中，日本也是主要负责防御，进攻是由美国来承担，所以日本空自的基本任务就是能尽可能长时间地顶住苏联的进攻，为美军援兵的到来赢得时间。因此，在整个冷战时期，日本空自的空战能力在亚洲可以算得上是数一数二，但对地攻击却是相当贫乏，是支极为典型的"守强攻弱"的防卫型空中力量。

　　20 世纪 90 年代以后，日本随着经济的发展，腰板子逐渐硬了起来，开始谋求大国地位，那么在空军建设方面就更加希望建立具备强大进攻力的空中力量。转机出现在了 2001 年，由于"九一一"事件美国开始了在全球范围的反恐战争，借着这股春风，日本于 2004 年通过了被称为"有事三法案"的《自卫队法修正案》、《武力攻击事态法案》和《安全保障会议设置法修正案》。根据这三项法案，日本自卫队的作战区域就可以从本土前推到所谓"有事"的周边地区，这就等于是给日本的进攻型武装

力量在法理上开出了准生证,作为远程攻击力量的空自更是彻底可以解开被束缚已久的手脚,只是日本空自却没有真正可以用于远程攻击的力量。

我们都知道,要说起远程攻击力量,自然是非导弹莫属。虽然美国一直在扶植日本重建军备,但却一直没向日本提供巡航导弹这类远程攻击武器,日本几

T-2 教练机是日本自主研发的喷气式飞机

次提出想要引进"战斧"巡航导弹,都被美国拒绝了。既然导弹搞不到,那就只好退而求其次,转而在飞机上打主意了。

其实,对于攻击机,日本空自很早就开始着手了。1955 年才刚刚引进了第一种喷气战斗机 F-86,空自就开始将 3 个 F-86 中队进行改装,以"支援战斗机"的名义作为攻击机来使用。只是 F-86 本来就是作为制空战斗机来使用,用来进行对地攻击,实在是有些勉为其难了,但也可以看出日本空自对于对地攻击的迫切需求。

20 世纪 60 年代中期,日本开始自主研发喷气教练机,并且从一开始就准备在这种飞机的基础上发展对地攻击机。1971 年 7 月,日本自主研制的 T-2 喷气教练机进行了首飞,这是日本航空史上第一次自主研制生产的喷气式超音速飞机,意义当然是极其重大。随后就在 T-2 教练机的基础上开发出了 F-1 战术支援战斗机。F-1 于 1975 年首飞,总共生产了 77 架,这就使日本空自的支援战斗机和截击战斗机一样,进入了超音速时代。但是从超音速飞机的角度来看,F-1 是完全合格的。但是要是从对地攻击的角度来看,那就差强人意了。F-2 虽然有五个外挂点和两个翼尖挂架,可以搭载 2722 千克的外挂载荷,但是在真正执行任务时,最多是带 2 枚反舰导弹和 1 个副油箱,作战半径也只有 550 千米,而要是采取低空接近低空攻击然后再低空脱离的作战模式,那作战半径就急剧减少到 350 千米,这么点航程,对于攻击机来说,显然是不合格的。所以,在日本国内,F-1 被刻薄地称为"不可能完成任务的飞机"。

正是因为 F-1 有这样的先天不足,所以日本空自才会想到引进美国的 F-4E,到底 F-4E 有着"多用途战斗机"的美誉,对地攻击能力相当强。没有想到美国提供的 F-4E 全部拆除了对地攻击系统,这真是当头一桶冷水啊!不过也正是从 F-4E 开始,日本才真正明白所谓靠人不如靠己,开始确立一定要独立发展能够对地攻击的战斗机

F-1 航程太小,所以被称为"不可能完成任务的飞机"

的决心。

1984年12月,日本防卫厅开始研讨F-1的后续机型FS-X,并向三菱重工提出了新机型的研制计划。1988年,FS-X计划正式启动,但是这个计划从一开始就是困难重重,首先美国就不愿意把关键技术转让给日本,直接导致FS-X计划被迫延迟了两年,最后日本方面只得妥协,整个生产由日本和美国共同参与,发动机由美国通用动力公司提供,洛克希德公司负责生产机身后段和右机翼。想想也真是的,一架飞机要分在遥远的太平洋两岸制造,实在是有些令人惊讶。

技术问题解决了,接着就是资金问题了。1987年度批准的研制预算是1650亿日元,到1994年时已经用掉了3270亿日元,超过原预算近一倍,主要原因是由于美国拒绝提供技术,导致整个计划的大改动,但是对美国,日本却是毫无办法,只好打落牙齿和血吞。

1995年10月,FS-X的第一架原型机首飞,总算是在历经磨难之后开花结果。1996年,日本决定FS-X开始批量生产,并正式定型为F-2。

原本空自对F-2可谓是寄予厚望,准备装备130架来全面替代F-1,以达到全面提升空自对地攻击能力的目标。但是随着F-2的陆续服役,空自发现F-2存在严重问题,不得不于2004年被迫终止了F-2的后续生产。到2007年,总共有94架F-2服役,平均单价高达119亿日元(约合1.16亿美元),如此之高的价格却没有换来预期中的高性能，确实让日本空自颇为郁闷。而日本国内更是有人将 F-2 计划极其尖刻地称为"美国强暴日本的私生子"。F-2 计划的失败不仅让日本付出了巨大的经济代价，而且也使空自再一次提高远程攻击能力的努力化为泡影。

吞下 F-2 计划失败的苦果后，日本空自只好再转回头打起了老旧的 F-4EJ 的主意，好在为了延长 F-4EJ 的服役时间，日本

F-2 的天价却依然没有能够换回期望中的高性能

空自已经从 1987 年起对 F-4EJ 开始进行现代化改装，除了替换先进的火控系统和雷达之外，还使 F-4EJ 能够加装日本国产的 ASM-1 反舰导弹，这样一来确实使 F-4EJ 的对地对舰攻击力大为提高，空自也就顺水推舟宣布改装后的 F-4EJ 不再担任制空和截击任务，专门负责近距对地攻击。兜了这么大一圈，总算才有了真正的攻击机。如今，空自的对地攻击就主要由 100 多架 F-4EJ 和 60 多架 F-2 来承担，虽然飞机的装备水平还不能令人满意，但至少已经有了初步的对地攻击力量，也算是聊以自慰吧。今后一段时期里，空自的对地攻击任务还是主要由这两种机型来承担，直到新的对地攻击机服役。

F-2 战斗机

20 世纪 80 年代中后期，日本决定发展一种新型的对地对海攻击机来取代性能已经落后的 F-1 战斗机。

1984 年 12 月防卫厅开始探讨 F-1 后继机，新型机计划被命名为 FS-X 计划。关于新机的研制方向，在日本国内主要有三种意见：一是完全自主研制，二是直接引进，三是在现有机型上进行改进。就在日本国内还是争执不下之时，美国提出希望和日本进行联合研制，最后日本同意与美国合作在 F-16 的基础上进行改进提高，研制新一代机型。

1988 年研制计划正式启动，但由于美国在技术转让方面与日本产生分歧，导致计划刚一开始就停滞了近两年时间，直到 1990 年 11 月双方才最终达成了协议。

1991 年，FS-X 方案完成细节设计，1992 年 4 月通过审查，同年 5 月完成试验模型。第一架原型机于 1994 年初开始组装，1995 年 1 月出厂，同年 10 月进行了首飞。1996 年 3 月，日本政府决定：FS-X 正式投入批量生产，飞机编号为 F-2，单座型为 F-2A，双座型为 F-2B。从 1996 年到

2007年，总共生产了62架F-2A和32架F-2B，平均单价高达119亿日元（约合1.16亿美元）。

进入21世纪后，鉴于周边国家现代化飞机的不断服役，日本决定对F-2进行全面升级，主要是改进火控系统和加装前视红外吊舱，以增强对空和对地作战能力。

F-2是在F-16C单座战斗机的基础上进行设计的，与F-16相比主要的改动包括：加长了机身，重新设计了雷达罩，集成了先进的电子设备（包括主动相控阵雷达、任务计算机、INS以及集成电子武器系统等），加长了座舱，增加了机翼面积并采用了单块复合材料结构，机翼前缘采用了雷达吸波材料，在机身和尾部应用了先进的复合材料和先进的结构技术，加装了阻力伞。动力装置为通用电气公司的F110-GE-129发动机。F-2的机身截面基本与F-16相同，但为了增加内部容量，增加了机身中段长度。

F-2的机翼进行了重新设计，机翼面积比F-16增加了25%，翼展也由F-16的9.45米增加到11.13米。每个机翼下有6个硬挂点，同时在翼尖安装了空空导弹发射架。为了补偿由于机身加长和机翼面积增大而增加的力矩，水平尾翼面积由F-16的5.92平方米增加到7.05平方米。

F-2的航电系统的核心采用了J/APG-1主动相控阵雷达，这是日本制造的第一种主动相控阵雷达，它的天线由800多个高功率发射/接收模块组成，可以在很短的时间间隔内快速运转和变换，避免了天线的机械扫描。每个模块的发射方向由计算机进行控制，增加了其扫描速度和范围，改善了对快速移动目标的探测能力。该雷达具有边扫描边跟踪（TWS）、多目标制导和攻击、下视/下射功能，其探测能力视目标的情况而定，大目标如舰艇，可以达到185千米，小的空中目标，比如非隐身飞机，约65千米。

F-2共有十一个外挂点，可搭载的武器系统包括AIM-7F/M中距空空导弹、AIM-9L和AAM-3近距空空格斗导弹，GCS-1制导炸弹，普通炸弹，多管火箭弹，ASM-1和ASM-2反舰导弹。典型的武器配备为：在执行对地对海攻击任务时，携带4枚反舰导弹，6枚225千克精确制导武器，或12枚225千克炸弹以及2枚自卫的近距空空导弹；执行空战任务时，携带4枚中距空空导弹和4枚近距空空导弹。此外，F-2内置1门20毫米机炮。

  基本技术数据（F-2A）

  乘员：1人

  机长：15.52米

  机高：4.96米

  翼展：10.8米

  机翼面积：34.84平方米

  空重：8570千克

  最大起飞重量：22100千克

  最大速度：高空2倍音速

  实用升限：18000米

  爬升率：290米/秒

  最大航程：4000千米（带副油箱）

  最大载弹量：8000千克

  作战半径：834公里（反舰作战，带2枚反舰导弹、2枚近距空空格斗导弹、2个副油箱）

  武备：

    1门20毫米六管机（携弹512发）

    AIM-9L型近距空空格斗导弹、AIM-7F/M型中距空空导弹、日本国产90式近距空空格斗导弹、04式近距空空格斗导弹、99式中距空空导弹、ASM-1空舰导弹、ASM-2空舰导弹、CBU-87集束炸弹、70毫米或127毫米火箭弹、联合直接攻击弹药和普通炸弹等

  雷达：J/APG-1主动相控阵雷达

  导航设备：激光导航系统

打造亚洲最强空军

  尽管在远程攻击力的发展上遭遇了一系列的挫折，但是日本在发展空中力量方面还是不遗余力的。

  第一个针对空自目前装备的战机普遍航程不大的缺陷，日本防卫厅在2000年提出了引进空中加油机的计划。虽说空中加油机本身并不具备什么战斗力，但是通过空中加油却可以使其他的战机战斗力倍增。想当年，日本在引进F-4EJ时，顾虑到国内外的激烈反应，还刻意将F-4EJ上的加油装置拆除，以表示"避免给其他国家造成威胁的误解"。时过境迁，现在不但给F-15J装上加油装置，还专门要引进空中加油机，可见空自和整个日本防卫厅的野心。

  2008年到2009年，4架KC-767空中加油机陆续到位，这种加油机是在波音767的基础上改进而成，机翼油箱载油72.94吨，机身附近油箱载油18.615吨，可以满足

15架F-15J的空中加油需要。而空自的KC-767空中加油机服役后,对于整个空自的作战能力是一个极大的提高。举例来说,钓鱼岛距离日本本土1000千米,如果没有空中加油机,F-15J就算飞到钓鱼岛,也只能停留很短时间。即使从距离400千米的冲绳起飞,往返也需要一小时。但是在KC-767的支援下,F-15J从冲绳起飞的话,只需要一次空中加油,就可以在钓鱼岛上空停留两小时。在理论上说,4架KC-767就可以保证在钓鱼岛上空二十四小时不间断地有F-15J巡逻待命,使得空自对于这一地区的控制能力有了极大的提高。如果空自的C-130运输机得到空中加油,就可以实现洲际飞行,可以将日本自卫队的人员和装备送到世界上任何一个地方。同时,空自也正在给F-2安装加油装置,可以有效地解决F-2航程过短的缺陷。另外,日本在未来几年中还计划引进16架空中加油机,这样一来就可以使日本空自的F-15J、F-2在经过空中加油之后,作战半径覆盖整个朝鲜半岛,甚至包括大半个亚太地区,这样可以毫不夸张地说,中国的东北、东南部沿海地区都将在日本空自的作战半径之内。

2005年前后,韩国、新加坡陆续引进了F-15,近年来俄罗斯也随着经济的复苏,其远东空军的实力也在不断提升。越南和马来西亚也分别引进了苏-30和米格-29,在这样的情况下,原来日本空自凭借F-15J"代差"级的技术优势独霸亚洲天空的时代已经一去不复返了。

针对空自正在逐渐失去对周边国家空中优势的现实情况,一贯强调"质量建军"的空自,为了确保在亚洲太地区的空中优势,又立即开始了新一代战斗机的发展计划。而在今后二十年里,正是世界各国空军的主力战机由第三代向第四代过渡的时期。日

KC-767空中加油机可以大大提高日本航空自卫队作战飞机的作战效能

通过空中加油可以有效增加 F-2 的作战航程

本的航空工业虽然还比较先进，但是真正在先进战机的研制这一块，却还是相对薄弱的。就拿日本自行研制的两种飞机来说，F-1 实际上是英法合作的"美洲虎"教练攻击机的升级改造版，F-2 则是在美国 F-16 的基础上改进而来。说到底，日本目前还不具备独立研制新型战机的能力，更不要说是研制第四代战机了。对此日本也是心知肚明，所以对于新一代战机的发展计划，日本打算是分两步走：第一步是改进现有装备，稳步提高空自的战斗力，并一直维持到新一代战机服役；第二步以引进和合作研制相结合，实现新一代战机的更新升级。

在第一步对现有装备的改装上，主要是对 F-15J 和 F-2 的改装。其中 F-15J 机体比较大，改装空间也比较充裕，改装主要是升级火控雷达、加装红外探测装置、加装战术数据交换系统、全面改进电子战系统、搭载日本自行研制的 AAM-4 空对空导弹等。经过这些改装之后，使日本空自的 F-15J 基本达到了美军现役 F-15 后期型号的技术水准，可以有效应对周边国家的 F-15 和苏 -27、苏 -30 等战机，并且全面优于 F-16、F-18 和米格 -29 战机，扭转近年来空自在制空能力上的下降态势，重新恢复对周边国家的优势。

而对于 F-2 的改装则是着重于提高对地攻击能力，特别是针对 F-2 原来可携带武器系统单一的缺陷，使之能够在原来普通炸弹和反舰导弹基础上，增加激光制导炸弹、联合防区外武器、风偏修正弹药以及反辐射导弹等精确制导武器。在这些武器系统的升级中，具备携带反辐射导弹是重中之重。因为在当今战争中，面对敌方的严密防空体系，单靠电子干扰是很难突破的，而反辐射导弹则具备了直接打击防空体系核心——雷达的能力，不仅可以为后续的攻击机群打开道路，更是会给敌方的防空体系

147

F-2 的改装着重于提高对地攻击能力

带来巨大压力,大大降低敌方防空体系的效率。F-2 改装的另外一个重点就是加装保形油箱,两个机背保形油箱的载油量达到 3400 千克,比原来的载油量提高了 70%,使得 F-2 的作战半径大大提高,如果再得到空中加油机的支援,那么作战范围还将进一步扩大,这一改装一旦完成,无疑将使日本空自的对地攻击能力有了质的飞跃。但是应该看到,F-2 的改装尤其是武器系统的改装,显然都是要严重依赖美国的技术支持,如果美国不提供这些精确制导武器的相关技术,F-2 的改装也就是水中月镜中花了。

至于第二步的引进与研制,日本第一个考虑的就是美国的 F-22 "猛禽"战斗机。F-22 也确实牛,采用了整体隐形设计、推力矢量发动机等一大批最先进的技术,是世界上第一种真正达到 4S——也就是超机动性(Super-agility)、超视距攻击(Superior-sensor)、超音速巡航(Supersonic)和隐身性(Stealth)这四大特点的第四代战机。但是 F-22 价格太高,美军自己的单机采购价格都要接近 2 亿美元,要是日本购买的话,肯定是只多不少,就是要价 4 亿美元也不是不可能。所以,日本也只能忍痛割爱了。第二个考虑的是 F-35 "闪电"战斗机,F-35 同样也是第四代战机。空战能力也是相当强悍,据说能够以一敌六,1 架 F-35 完全可以对付 6 架苏 -27。价格比 F-22 要低廉许多,美军自己的采购价格单机大约是 5000 万美元,就算卖给日本价格翻一倍,也就是 1 亿美元,和日本现在战机来比,日本自行生产的 F-15J 单价 1.1 亿美元,F-2 单价 9000 万美元,也还是在同一水平线上,应该是可以承受的。而且日本也已经开始参与了 F-35 的研制,并且在最近建成服役的"出云"号直升机驱逐舰上也为将来搭载 F-35 留下了足够的伏笔,所以引进 F-35 可以说是早在日本的计划之中了。

但是日本显然不会满足于简单的引进,最希望的是和美国联合研制新一代战机,这样就能从中获得先进技术和研制经验,使自己的航空工业和世界先进水准保持在同一水准,为将来真正能够自主研发战机储备技术和人才,为此即便是采购数量不多,而导致各种成本居高不下,也都在所不惜。为此,日本于 2006 年提出了自主研发新一代战机——代号"心神"的计划。

日本防卫省对"心神"战机的技术要求是应具备"3I"特性,即"信息化"(Informed)、"智能化"(Intelligent)、"快速反应"(Instantaneous)能力,从而在未来的空战中实现施"3F"的打击能力,即"首先发现"(First Look)、"首先攻击"(First Shoot)和"首先摧毁"(First Kill)。这些要求可不低啊,要实现这些要求,"心神"战斗机至少要突破三大关键技术。首先是"云射击",它类似于"云计算",也就是利用先进数据链系统,为己方战机形成"云",通过共享信息等方式,实施"空中狼群攻击",即当己方战斗机编队迎敌时,只要有一架飞机发现目标,就可将目标信息迅速传递给所有友机,地面雷达和海上军舰也可将数据汇入这一体系。这可以使战斗机的攻击范围产生"飞跃性的扩大"。

其次是超越对手的隐身性能。通常情况下,战机的隐形性和机动性往往不可兼得,因为这两项性能对于飞机外形的要求截然相反——隐形性要求飞机外形棱角分明,以便将雷达回波尽可能集中在有限的方向,而高机动性则要求飞机外形更趋于圆滑,从而尽量避免空气从机身表面分离。"心神"战斗机在研制过程中的一大课题,就是为了解决这一矛盾。为此,防卫省研究本部从2000年开始,就对战斗机的隐身性和机动性进行整合研究,为"心神"设计出造型独特的模型,并于2005年将模型送往法国进行专门的雷达反射特性实验,效果是相当的好。在机动性方面,"心神"战斗机的起飞重量约为8吨,采用了新型材质的智能蒙皮之后,重量还将进一步降低。

F-22是美国最先进的第四代战机,但是价格太高,只能让日本忍痛割爱

最后是光传操纵系统。它把现役第三代和第四代战斗机上常见的电传操纵系统变成光传操纵系统。这意味着,飞行员将飞行操纵指令转化为电信号的途径,从容易受到电磁干扰的电

"心神"战斗机想象图

正在生产车间里的"心神"战斗机

缆变成不容易受干扰的光纤,大大降低了技术风险,还能避免脉冲炸弹的电磁攻击。

但是日本的飞机研发能力和航空工业不足以支撑这样的先进战机研制,所以不得不求助美国,大量借鉴了美国的F-22战斗机的技术,以至于"心神"战机和F-22极为相似,因此也就被人戏称为"倭猛禽"。

看上去相当不错,但是在实际上,日本战斗机的研发实力并不强,特别是在第三代战斗机研制方面,日本还是处在"婴儿"状态,要想在这样基础薄弱的情况下研制第四代战斗机,客观来说是属于不切实际的"大冒进",从中也反映出日本面对周边国家的空军进步,是有些着急上火了,急于想重新夺回"亚洲最强"的桂冠,但是今时不比往日,日本空自的这一想法,在现实中还是不容乐观的。

在导弹阴云下的国土防空

虽然日本重整军备,强调"专守防卫",但是却没有像有些国家那样建立和陆海空军一样独立的防空军,这并不是说日本不重视防空,其实日本对国土防空的重视丝毫不逊色于强调"以地制空"的苏联,日本的陆海空三大自卫队都能参与到国土防空作战。不过三大军种都参加到国土防空中,各行其事肯定不行,必须要有个核心,组成一个完整的系统。这个重任自然就非空自莫属了。

于是日本就将国土防空作战的指挥权交给了空自,空自的航空总队就成为了日本国土防空作战的最高指挥机构,在航空总队的作战指挥中心,下设航空作战管制所就是具体负责指挥国土防空作战的单位。

在具体的防空作战指挥上,日本采取的是"分片包干"原则。将整个日本本土分为北部、中部、西部和西南四大防空区,每个防空区的最高指挥机构是航空方面队作战指挥所,指挥所下设的防空指令所就是具体负责防空作战指挥,负责统一指挥本防空区内的雷达站、航空团(也就是战斗机部队)、高射炮和防空导弹。

日本的国土防空系统主要由两大部分组成:

第一个部分是预警与指挥系统,是由各种地面雷达、空中预警机和高速计算机组成。在国土防空中,预警和指挥系统是当之无愧的大脑,其系统的先进程度直接决定了防空作战的成败。在20世纪70年代以前,日本的预警与指挥系统主要来自于美国的援助,要么是直接从美国引进,要么是引进美国技术和美国进行合作生产。但在70年代以后,日本就开始采取了引进与合作研制相结合的思路,逐步摆脱对美国的依赖或者说是美国的控制,开始逐步加强自主研发。经过战后几十年的努力,借助于相当发达的电子工业,日本已经形成了雄厚的技术和工业力量,目前日本所有的地面雷达都已经实现了国产化,指挥控制体系也已经相当完善。

现在日本地面雷达共有四十多部,沿着日本海岸呈环形部署,对20000米高空目标最大探测距离为650千米,对10000米高空目标最大探测距离为460千米,对1000米以下的低空目标最大探测距离为120千米,可以为防空作战提供7—10分钟的预警时间,这个预警时间在现今世界各国的防空体系中也都可以算得上比较领先的了。

2008年后,日本借口朝鲜弹道导弹的威胁,开始部署陆基J/FPS-5大型相控阵雷达,至2012年已经在鹿儿岛县下甑岛、新潟县佐渡、青森县大凑和冲绳与座岳各部署了1座J/FPS-5大型相控阵雷达,形成了对弹道导弹的预警雷达网。

日本空自的作战指挥控制系统也是日本自行研制的,代号是"巴其"系统,能够自动处理预警系统所获得的情报,从发现目标到发出指令,整个过程只需要短短的10秒钟!技术水平也是相当先进的。这一系统是日本从1968年到1978年整整历时十年才研发成功的,通过甚高频、特高频通信线路将全国28个雷达站、航空总队的作战指挥中心的航空作战管制所、各航空方面队的防空指令所连成一个整体。此外,还配备机载数据传输系统,可以进行地空联络通信。到20世纪80年代后期,"巴其"系统又进行了升级,可以连接40个雷达站、13架E-2C预警机以及指挥中心、战斗机部队、防空导弹部队,实现了情报、控制、通信的全自动实时处理。90年代,再不断对"巴其"系统进行更新,进一步将最新的雷达站和E-767预警机,都纳入了整个指挥体系。

地面雷达是构成防空预警指挥系统的重要组成部分

空中预警机是日本防空作战的制胜法宝

"巴其"系统之所以能有如此之高的水准,离不开空自在防空作战中的另一个制胜法宝——空中预警机。从1976年别连科事件之后,针对暴露出低空探测能力不足的缺陷,日本立即向美国提出了引进预警机的要求,并于1982年起陆续引进了E-2C和E-767两种预警机共17架。这两种预警机是整个防空预警与指挥系统中的重要组成部分,除了可以探测并识别进入防空区的飞机,还能引导战斗机进行拦截。17架预警机组成的预警机部队从理论上说,可以实现二十四小时不间断的空中巡逻,担负警戒巡逻任务。如果说现在日本空自实力是亚洲最强,不过是日本的自吹自擂,但是在预警机方面,这个亚洲最强却是名至实归。

第二个部分是防空武器拦截系统,主要是由战斗机、中程防空导弹、近程防空导弹和高射炮组成。现在日本空自已经以战斗机、中程防空导弹、近程防空导弹和高射炮形成了全方位、多层次、大纵深的防空拦截系统,具体分为三道拦截防线:

第一道拦截防线由F-15J、F-4EJ战斗机组成,在距离海岸100至600千米的远海,实施拦截。主力是200架F-15J和100架F-4EJ,仅就战斗机的防空实力来看,日本空自位列在美国、俄罗斯和中国之后,居世界第四。日本空自航空兵部队的警戒等级分为六等,平时在日本沿岸2000千米纵向范围内,有7个机场,每个机场每天都保持4架飞机处在战斗值班状态,在这4架飞机中2架是二级戒备状态(也就是可以在5分钟内起飞),另外2架是六级戒备(也就是可以在3小时内起飞)。战时,空自的战斗出动就大大提高,可以在15分钟里起飞100架,根据作战需要方向机动展开。而根据日本空自近年来的演习情况,可以在一昼夜间连续抗击敌方五个波次总计高达500架次以上的入侵,而且拦截成功率都达到85%以上。

第二道拦截防线由美国"爱国者"防空导弹以及海自"金刚"级驱逐舰的"标准-III"防空导弹组成,在距离海岸100千米的近海,实施拦截。日本空自是从1989年到1996年引进"爱国者-2"防空导弹的,总共装备6个防空导弹群,24个导弹队(每个导弹队就是一个标准的"爱国者"防空导弹单元,包括1部相控阵雷达、1个指挥与控制站、1辆天线车、1辆电源车和5部四联装导弹发射架)。2004年日本借口受到朝鲜弹道导弹威胁,开始引进更先进的"爱国者-3"防空导弹,从 2007 年到 2014 年,总共引进 18 个火力单元,90 部四联装导弹发射架。2013 年,日本防卫省又决定引进更先进的"爱国者-3MSE"防空导弹和美国 THAAD 战区反导系统。这个"爱国者"导弹的数量在当今世界上是仅次于美国的第二位。"爱国者"防空导弹由于在海湾战争中的表现而名声大噪,但是我们应该知道,海湾战争中"爱国者"导弹对抗的是苏联的"飞毛腿"导弹,而"飞毛腿"导弹是苏联在第二次世界大战结束后研制的第一种短程战术弹道导弹,最大飞行速度只有 1500 米/秒,在当今的弹道导弹中是比较低的,而且没有弹头分离技术,没有任何针对防空导弹的反制措施,可

"爱国者"防空导弹是第二道拦截防线的核心

"爱国者"防空导弹对付高速多弹头具有针对导弹的反制措施的先进导弹,就显得有些困难了

以说完全是一种已经相当落伍的导弹,"爱国者"导弹对付这样落后的导弹,自然是绰绰有余。但是如果面对的高速、多弹头、具有针对防空导弹的反制措施的先进导弹,还能如此游刃有余吗?

第三道拦截防线是由美国的"毒刺"单兵肩射防空导弹、日本国产的 81 式近程防空导弹、91 式单兵肩射防空导弹,以及日本从瑞士引进技术生产的 L90 式 35 毫米双管高射炮、海自驱逐舰上的"密集阵"近防武器系统组成,这是在保卫目标最后的外围空域实施拦截。其中 81 式防空导弹是日本防卫厅技术研究本部和东芝公司联合研制的,1981 年定型,故此命名为 81 式,1983 年开始部署。1999 年又对 81 式进行了改进,改进型于 2011 年完成定型,命名为 11 式近程防空导弹,空自在 2011 财年和 2012 财年分别采购了 1 套和 4 套。81 式是继美国的"爱国者"和俄罗斯的 C-300

81式防空导弹虽然只是近程防空导弹,却也配备了相控阵雷达

防空导弹之后第三种采用相控阵雷达制导的防空导弹,与后两者都是中远程防空导弹不同,81式却是近程防空导弹,用相控阵雷达探测距离足足是近程防空导弹几倍的雷达来做制导雷达,所以就有人用变态来形容。但其实这是日本刻意为之,是有深远用心的,因为这套相控阵雷达除了可以给81式防空导弹进行制导外,也还可以给其他防空武器来进行制导,甚至还可以利用其装载在机动车上的机动优势,充当"救火队"的角色,来紧急填补低空预警雷达出现空白的地区,这才是日本发展这款相控阵雷达的真正用意。

日本防空导弹的警戒等级分为三级,一级戒备状态要求能在15分钟里完成导弹发射,二级戒备状态要求能在1小时里发射,三级戒备状态则是能在3小时里发射。目前,日本空自每天保持有1个导弹队(也就是1个火力单元5部四联装导弹发射架)处在一级戒备状态,1个导弹队处在二级戒备状态,其余则都是三级戒备状态。

单兵肩射防空导弹和高射炮主要部署在机场、雷达站等重要目标周围,提供最后的防空掩护。

"爱国者"防空导弹

日本是从 1989 年开始引进"爱国者-2"防空导弹,到 1996 年总共引进了 24 个单元。

2007 年开始又引进了"爱国者-3"防空导弹,到 2014 年总共引进了 18 个单元。

MIM-104"爱国者"(Patriot)防空导弹是美国雷神公司研制的中远程地对空导弹系统。"爱国者-2"使用导弹跟踪与指挥导引作为中途导引方式,末端则是半主动雷达导引。"爱国者-3"则是以中途惯性导引加上末端主动雷达导引。

海湾战争后,"爱国者"防空导弹名声大噪,销售也极为火爆,目前已有以色列、德国、荷兰、比利时、日本、中国台湾、波兰、土耳其等国家或地区装备。

基本技术数据

	爱国者-2	爱国者-3
弹长:	5.8 米	4.8 米
弹径:	410 毫米	250 毫米
翼展:	0.84 米	0.51 米
弹重:	900 千克	320 千克
作战高度:	24000 米	15000 米
射程(对飞机):	120 千米	120 千米
(对导弹):	20 千米	30 千米
最大飞行速度:	5 马赫	6 马赫

81式防空导弹

20世纪60年代,日本决定研制一种射程在7-12千米、最佳杀伤区在4000米上下的近程防空导弹来填补防空火力上的空白。1960年,日本防卫厅以"机动式近程防空导弹"(ML-SAM)系统的名义开始了初期研制工作。

考虑到东芝公司当时在电子工业领域展现出很强的实力,所以日本防卫厅便将ML-SAM项目交给了东芝公司。1967年,东芝公司最终确定系统的设计框架,决定以相控阵雷达作为搜索火控雷达,导弹采用红外制导,并完成了基本样机。1971年8月该项目正式改名为近程萨姆(Tan SAM)系统。随后,东芝公司拿到了一笔相当于以往近10年内先期研发费用3倍的资金,大大加快了研制进度。1977年开始全系统技术试验。

日本防卫厅于1980年3月确定将近程萨姆系统列为发展对象,至此,近程萨姆才真正进入快速发展时期。1982年,近程萨姆完成最后定型,被命名为81式近程防空导弹。1983年起开始大批量生产,第一批81式按照惯例首先装备日本陆上自卫队重点方向的师团,即驻北海道第7师团。1984年起,81式防空导弹开始陆续装备本州的陆上自卫队师团的一级单位和航空自卫队的各基部防空部队。

81式系统组成为导弹、发射车和火控车,以排为火力单元,每个导弹排装备两辆导弹发射车和一辆火控车,总人数为15人。作战时,发射车通常配置在离火控车周围300米半径范围内,火控车用100米长的电话线与发射架相连,互相传递信息和通话联络。

81式防空导弹采用正常式气动布局,动力为一台单级固体火箭发动机,最大推力为8400千克。战斗部装填烈性炸药9.7千克,最初杀伤方式为连续杆式,后来改为破片杀伤式。出于保险考虑,战斗部在使用近炸引信的同时,还有备份的触发引信,有效杀伤半径为5-15米。虽然日本一直声称81式导弹是自行研制的,但从弹体结构上看,明显模仿英国的"轻剑"防空导弹,只是将头锥改为圆形而已。整个弹体为细长的圆柱体,气动布局采用无前翼常规式,在弹体中后部装有4个后掠角很大的弹翼,控制翼在导弹尾部。弹翼均按十字形配置,并处在同一平面上。导弹平时放在充氮气的包装箱内密闭保存,只有装填导弹时才打开。按照设计指标,导弹应该在10年内不必开箱检查。但日本为了保险,也为了提高训练强度,一般在导弹保存期限达到6年都打掉了。

81式导弹的导引头为被动红外导引头,工作在4.1微米波长上,由于设计时美国"红眼睛"超近程导弹已经问世,"响尾蛇"导弹也正在进行"提高灵敏度改造"计划,因此东芝公司对这些型号多有借鉴。其导引头与美国"毒刺"导弹相似,采用了宽视场探测器和旋转调制盘,旋转频率为1-3KHZ。另外还装有噪声抑制器,以便消除探测器接收的噪声、调制盘自身产生的噪声和背景噪声对红外导引头的影响。导弹发射前,红外导引头扫描宽度由地面火控计算机进行程序控制,将扫描带宽缩得很窄,这样可以避免阳光干扰,81式导弹受阳光干扰的平均死角约为1.5度,这比美国的AIM-9K响尾蛇以前的型号都要高。

81式的雷达-导弹控制回路采用了瞄准线指令制导体制,这种制导体制很适于近程低空防空导弹,其优点是制导系统构成简单,便于实现多传感器复合制导。当81式导弹发射后由弹上自动驾驶仪按预定飞行程序控制先爬升飞行,同时相控阵雷达也为导弹提供目标信息,当导弹具备一定高度速度后,红外导引头启动,开始捕捉目标,当跟踪上目标后,由导引头提供信息,另外相控阵雷达的信息也输入到自动驾驶仪中进行数据融合，最后得出目标的真实方位。

81式的发射装置采用四联装发射架。发射装置由两个可同轴俯仰的矩形架组成，每个矩形架的上、下各有一条导轨，每条导轨上装一枚待发弹。矩形架的前端各有两个红外导引头护罩。发射架装在可旋转360度的平台上，位于导弹发射车的车体后部。发射架借助车体两侧的液压装弹机进行装弹，先由人工把导弹放在装弹机上，然后起动液压装弹机将导弹装填到位，总装弹时间共约3分钟。作战时，发射架与跟踪雷达同步。在采用光学瞄准具跟踪目标时，发射架与主瞄准具随动。

81式的火控、制导系统的核心是装备相控阵雷达的火控雷达车，它能同时跟踪和处理6批目标，并将所产生的各种数据通过两对野战电话线以数字形式传送给导弹发射车。这一切在今天看来平白无奇，但倒退回去30年在研制时可绝对是世界一流水平。相控阵雷达阵面不大，因此没有采用美国"爱国者"、苏联的C-300上的空间馈电方式，而沿用了以往的辐射器馈电方式，也就是说，日本人实际上是将以往雷达的抛物面或卡塞格隆天线换成了铁氧体移相器阵面，这样实现相控阵技术难度不大、研制进度快，而且由于天线阵面小，波长选取在5厘米波段，铁氧体的数目也不多，这又降低了制造和调试难度，也减少了成本，提高了经济性。就是这样的精打细算，日本才能够成为第三个将相控阵雷达技术投入实际防空导弹型号的国家。

81式有全自动和半自动两种工作状态，不过由于日本工业自动化水平处于世界领先地位，因此一般都在全自动状态下进行战斗，由此甚至导致部分操作官兵不熟悉半自动状态下的操作。

81式导弹系统从1966年到1978年的全部研制经费为3500万美元，1982年的单枚导弹售价为22万美元，一套发射火力单元（包括两辆发射车和一辆火控车）总共价格为760万美元。1994年，每枚导弹单价上升到28.9万美元。截至1993年共生产2332枚。日本自卫队先后总共采购80套81式导弹火力单元。

基本技术数据

弹长：2.7米

弹径：160毫米

翼展：0.6米

弹重：100千克

作战高度：3000米

最大射程：7000米

最大飞行速度：2.4马赫

今日空自

日本航空自卫队指挥机关是航空幕僚监部,下辖航空总队、航空支援集团、航空教育集团、航空开发实验集团、航空自卫队补给本部和其他直属部队等单位,现有兵员约5万人。装备各种飞机750余架,其中F-4EJ战斗机87架、RF-4EJ战斗侦察机27架、F-2战斗机80架、F-15J战斗机158架、F-15DJ(双座型)战斗机45架、E-2C预警机13架、E-767预警机4架、C-12运输机5架、C-130H运输机16架、T-3教练机50架、T-4教练机212架、UH-60J直升机31架、CH-47直升机15架。其规模并不是很大,但是质量相当高,是亚洲地区综合实力最强的空中力量。

日本航空自卫队的最高指挥机关是航空幕僚监部,位于东京都新宿区市古本村町5番。最高长官是航空幕僚长,相当于西方国家的空军参谋长,是空自的最高指挥官,直接领导航空幕僚监部,并负责空自的全部日常事务。航空幕僚长的军衔是空将,但和其他空将三颗樱花星的军衔标记不同,是四颗樱花星,这就相当于美国空军的四星上将了,而且全空自也就航空幕僚长一人是四颗樱花星,以彰显与其他空将的不同。

航空幕僚监部作为空自的统帅机关,下设总务部、防卫部、指挥通信情报部、人事教育部、装备部、技术部、监察官、首席法务官、首席会计监查官、首席卫生官等

日本航空自卫队规模虽然不大,但是质量相当高

航空幕僚长肩章　　　　　　　　　　　　航空幕僚长旗

历任航空幕僚长

1　上村健太郎　1954 年 7 月 – 1956 年 7 月
2　佐薙毅　　　1956 年 7 月 – 1959 年 7 月
3　源田实　　　1959 年 7 月 – 1962 年 4 月
4　松田武　　　1962 年 4 月 – 1964 年 4 月
5　浦茂　　　　1964 年 4 月 – 1966 年 4 月
6　牟田弘国　　1966 年 4 月 – 1967 年 11 月
7　大室孟　　　1967 年 11 月 – 1969 年 4 月
8　绪形景俊　　1969 年 4 月 – 1971 年 7 月
9　上田泰弘　　1971 年 7 月 – 1971 年 8 月
10　石川贵之　　1971 年 8 月 – 1973 年 7 月
11　白川元春　　1973 年 7 月 – 1974 年 7 月
12　角田义隆　　1974 年 7 月 – 1976 年 10 月
13　平野晃　　　1976 年 10 月 – 1978 年 3 月
14　竹田五郎　　1978 年 3 月 – 1979 年 8 月
15　山田良市　　1979 年 8 月 – 1981 年 2 月
16　生田目修　　1981 年 2 月 – 1983 年 4 月
17　森繁弘　　　1983 年 4 月 – 1986 年 2 月
18　大村平　　　1986 年 2 月 – 1987 年 12 月
19　米川忠吉　　1987 年 12 月 – 1990 年 7 月
20　铃木昭雄　　1990 年 7 月 – 1992 年 6 月
21　石冢勋　　　1992 年 6 月 – 1994 年 7 月
22　杉山蕃　　　1994 年 7 月 – 1996 年 3 月
23　村木鸿二　　1996 年 3 月 – 1997 年 12 月
24　平冈裕治　　1997 年 12 月 – 1999 年 7 月
25　竹河内捷次　1999 年 7 月 – 2001 年 3 月
26　远竹郁夫　　2001 年 3 月 – 2003 年 3 月

27	津曲义光	2003年3月 – 2005年1月
28	吉田正	2005年1月 – 2007年3月
29	田母神俊雄	2007年3月 – 2008年10月
30	外薗健一朗	2008年11月 – 2010年12月
31	岩﨑茂	2010年12月 – 2012年1月
32	片冈晴彦	2012年1月 – 2013年8月
33	齐藤治和	2013年8月

机构，负责分别协助航空幕僚长管理空自的日常运作、作战、装备采购、后勤保障、训练、情报搜集、组织人事、法务、医务等方面工作。

航空总队是空自担负防空作战的一线作战部队，航空总队司令部设在东京都的横田基地，航空总队司令官为空将军衔（相当于中将），下辖北部方面航空队、中部方面航空队、西部方面航空队、西南航空混成团和直属部队。

北部方面航空队司令部设在青森县的三泽基地，负责北海道地区的防空任务，下辖第2航空团、第3航空团、北部航空警戒管制团、第3高射群、第6高射群等部队。

中部航空方面队司令部设在埼玉县的入间基地，负责本州大部和四国的部分地区防空任务，下辖第6航空团、第7航空团、中部航空警戒管制团、第1高射群、第4高射群等部队。

西部航空方面队司令部设在福冈县的春日基地，负责本州西部、四国大部和九州全部地区的防空任务，下辖第5航空团、第8航空团、西部航空警戒管制团、第2高射群等部队。

西南航空混合团司令部设在冲绳县的那霸基地，负责冲绳及其周围岛屿的防空任务，下辖第83航空队、西南航空警戒管制队、第5高射群等部队。

航空总队的直属部队包括航空救难团、警戒航空队、侦察航空队、航空总队司令部飞行队、作战情报队、作战系统运用队、飞行教导队、高射炮教导队、基地警备教导队等。

航空支援集团是负责对航空总队进行后勤支援的部队，航空支援集团司令部设在东京都府中市，司令官为空将军衔，下辖第1输送航空队、第2输送航空队、第3输送航空队、特别航空输送队、航空保安管制群、航空气象群、飞行点检队、航空机动卫生队等部队。

航空教育集团是负责对空自队员进行基础教育和培训，使其能够掌握相关技术和技能的单位，司令部设在静冈县的滨松基地，司令官为空将军衔，下辖第1航空团、第 4 航空团、第 11 飞行教育团、第 12 飞行教育团、第 13 飞行教育团、航空教育队、飞行教育航空队、教材整备队、航空自卫队干部候补生学校、航空自卫队第 1 术科学校、航空自卫队第 2 术科学校、航空自卫队第 3 术科学校、航空自卫队第 4 术科学校、航空自卫队第 5 术科学校等单位。

航空开发实验集团主要负责新型飞机和航空武器装备的研制，司令部设在埼玉县入间基地，司令官为空将军衔，下辖飞行开发实验团、电子开发实验群和航空医学实验队等单位。

航空自卫队补给本部主要负责对空自的燃料、弹药、飞机零部件的调配、保管、补给、整备等工作，司令部设在东京都北区十条基地，司令官为空将军衔，下辖总务部、计划部、第 1 部（负责需品、车辆、化学器材、设施器材及卫生资材等）、第 2 部（负责航空机、飞机引擎及飞机支援器材等）、第 3 部（负责通信电子器材、气象器材及拍摄器材等）、第 4 部（负责火器、弹药、标的及航器材等）、第 2 补给处、第 3 补给处、第 4 补给处等单位。

航空自卫队的直属部队包括航空系统通讯队、航空安全管理队、航空警务队、航空中央业务队、航空机动卫生队、航空中央音乐队、航空自卫队干部学校等单位，这些直属部队名义上是由空自管理，但实际上是由防卫省直接管理。

目前日本空自装备的战斗机主要是 56 架 F-4EJ 改战斗机、165 架单座 F-15J 战斗机、46 架双座 F-15DJ 战斗机、61 架单座 F-2A 战斗机和 32 架双座 F-2B 战斗机，总共是 360 架战斗机。

航空自卫队航空总队作战序列

航空总队
（一）直属部队
  1. 司令部飞行队（横田基地）
    （1）侦察航空队（百里基地）
    （2）第 501 飞行队（目前唯一配备战术侦察机的飞行队）RF-4E 侦察机 9 架，RF-4EJ 侦察机 5 架
  2. 警戒航空队（滨松基地）
    （1）飞行警戒监视群
      (1)第 601 飞行队（三泽基地）E-2C 预警机 9 架
      (2)第 603 飞行队（那霸基地）E-2C 预警机 4 架

（2）飞行警戒管制队

　　⑴第 602 飞行队（滨松基地）E-767 预警机 4 架

（二）北部航空方面队

　　司令部：三泽基地

　　1. 第 2 航空团（千岁基地）

　　　　（1）第 201 飞行队　F-15J/DJ 战斗机 24 架

　　　　（2）第 203 飞行队　F-15J/DJ 战斗机 24 架

　　2. 第 3 航空团（三泽基地）

　　　　（1）第 3 飞行队　F-2A/B 战斗机 20 架

　　　　（2）第 8 飞行队　F-2A/B 战斗机 20 架

　　3. 北部航空警戒管制团（三泽基地）

　　4. 第 3 高射群（千岁基地）

　　　　（1）第 9 高射队（千岁基地）

　　　　（2）第 10 高射队（千岁基地）

　　　　（3）第 11 高射队（长沼分屯基地）

　　　　（4）第 24 高射队（长沼分屯基地）

　　5. 第 6 高射群（三泽基地）

　　　　（1）第 20 高射队（八云分屯基地）

　　　　（2）第 23 高射队（八云分屯基地）

　　　　（3）第 21 高射队（车力分屯基地）

　　　　（4）第 22 高射队（车力分屯基地）

（三）中部航空方面队

　　司令部：入间基地

　　1. 第 6 航空团（小松基地）

　　　　（1）第 303 飞行队 F-15J/DJ 战斗机 21 架

　　　　（2）第 306 飞行队 F-15J/DJ 战斗机 18 架

　　2. 第 7 航空团（百里基地）

　　　　（1）第 302 飞行队 F-4EJ 战斗机 27 架

　　　　（2）第 305 飞行队 F-15J/DJ 战斗机 21 架

　　3. 中部航空警戒管制团（入间基地）

　　4. 第 1 高射群（狭山基地）

　　　　（1）第 1 高射队（习志野分屯基地）

　　　　（2）第 2 高射队（武山分屯基地）

　　　　（3）第 3 高射队（霞浦分屯基地）

　　　　（4）第 4 高射队（入间基地）

5. 第 4 高射群（岐阜基地）
   （1）第 12 高射队（饷庭野分屯基地）
   （2）第 13 高射队（岐阜基地）
   （3）第 15 高射队（岐阜基地）
   （4）第 14 高射队（白山分屯基地）

（四）西部航空方面队

司令部：春日基地
1. 第 5 航空团（新田原基地）
   （1）第 301 飞行队 F-4EJ 战斗机 32 架
2. 第 8 航空团（筑城基地）
   （1）第 6 飞行队 F-2A/B 战斗机 20 架
   （2）第 304 飞行队 F-15J/DJ 战斗机 14 架
3. 西部航空警戒管制团（春日基地）
4. 第 2 高射群（春日基地）
   （1）第 5 高射队（芦屋基地）
   （2）第 6 高射队（芦屋基地）
   （3）第 7 高射队（筑城基地）
   （4）第 8 高射队（高良台分屯基地）

（五）西南航空混合团

司令部：那霸基地
1. 第 83 航空队（那霸基地）
   （1）第 204 飞行队 F-15J/DJ 战斗机 23 架
2. 西南航空警戒管制队（那霸基地）
3. 第 5 高射群（那霸基地）
   （1）第 16 高射队（知念分屯基地）
   （2）第 18 高射队（知念分屯基地）
   （3）第 17 高射队（那霸基地）
   （4）第 19 高射队（恩纳分屯基地）

航空自卫队航空支援集团作战序列

航空支援集团
（一）第 1 输送队
　　司令部：小牧基地
　　1. 飞行群
　　　　（1）第 401 飞行队 C-130H 运输机 15 架，KC-130H 加油机 1 架
　　　　（2）第 404 飞行队 KC-767J 加油机 4 架
　　2. 整备补给群
　　3. 基地业务群

（二）第 2 输送队
　　司令部：入间基地
　　1. 飞行群
　　　　（1）第 402 飞行队 C-1 运输机 15 架，U-4 多用途飞机 5 架
　　2. 整备补给群
　　3. 基地业务群

（三）第 3 输送队
　　司令部：美保基地
　　1. 飞行群
　　　　（1）第 403 飞行队 C-1 运输机 11 架
　　　　（2）第 41 教育飞行队 T-400 教练机 13 架
　　2. 整备补给群
　　3. 基地业务群

（四）特别输送队
　　司令部：千岁基地
　　1. 飞行群
　　　　（1）第 701 飞行队 波音 747 客机 2 架
　　　　（2）第 41 教育飞行队 T-400 教练机 13 架
　　2. 整备队

航空自卫队航空教育集团作战序列

航空教育集团
（一）第 1 航空团
　　　司令部：滨松基地
　　　1. 飞行群
　　　　　（1）第 31 教育飞行队 T-4 教练机 12 架
　　　　　（2）第 32 教育飞行队 T-4 教练机 12 架
　　　2. 整备补给群
　　　3. 基地业务群
（二）第 4 航空团
　　　司令部：松岛基地
　　　1. 飞行群
　　　　　（1）第 21 飞行队 F-2B 教练机 8 架，T-4 教练机 4 架
　　　　　（2）第 11 飞行队 T-4 教练机 12 架
　　　2. 整备补给群
　　　3. 基地业务群
（三）第 11 飞行教育团
　　　司令部：静滨基地
　　　1. 飞行教育群
　　　　　（1）第 1 飞行教育队 T-4 教练机 12 架
　　　　　（2）第 2 飞行教育队 T-4 教练机 12 架
　　　2. 整备补给群
　　　3. 基地业务群
（四）第 12 飞行教育团
　　　司令部：防府北基地
　　　1. 飞行教育群
　　　　　（1）第 1 飞行教育队 T-4 教练机 12 架
　　　　　（2）第 2 飞行教育队 T-4 教练机 12 架
　　　2. 整备补给群
　　　3. 基地业务群
（五）第 13 飞行教育团
　　　司令部：芦屋基地
　　　1. 飞行教育群
　　　　　（1）第 1 飞行教育队 T-4 教练机 12 架
　　　　　（2）第 2 飞行教育队 T-4 教练机 12 架
　　　2. 整备补给群
　　　3. 基地业务群

空中预警机是航空自卫队的重要装备

侦察机是 9 架 RF-4E 和 5 架 RF-4EJ，总共 14 架，全部属于驻百里基地的第 501 飞行队。其中 RF-4EJ 是 RF-4E 的升级版，侦察设备全部采用外挂吊舱，所以很好从外形上来辨认，同时为了提高侦察机在执行危险的侦察任务时的生存能力，还加装了红外探测装置和电子干扰装置。

预警机是 13 架 E-2C 和 4 架 E-767，分别属于驻三泽基地的第 601 飞行队（E-2C 预警机 9 架）、驻那霸基地的第 603 飞行队（E-2C 预警机 4 架）和驻滨松基地的第 602 飞行队（E-767 预警机 4 架）。其中 E-767 是作为 E-2C 的升级版，起初日本是计划引进美国的 E-3A，但是 E-3A 的飞机平台波音 -707 已经停产，如果就是为了满足日本的需要而重开生产线的话，那么 E-3A 的单机价格就会达到 7 亿美元之高，这是日本无法承受的。正好波音公司在 90 年代初推出了以波音 -767 飞机为平台的预警机 E-767，于是日本就改为引进 E-767 了。

电子战机也是现代空军的重要组成部分。日本的电子战机都是自己研制生产的，现役共有 2 架 YS-11EA 电子战训练机、4 架 YS-11EB 电子战机（负责电子情报搜集）、1 架

日本航空自卫队标志

EC-1电子战机（训练用）。YS-11系列飞机是在日本国产Y-11运输机基础上研制的，EC-1则是在日本国产C-1运输机基础上研制的。

空中加油机是日本空自20世纪90年代以后提出的需求，有效增强了现有作战飞机的战斗力。目前有4架从美国引进的KC-767J空中加油机和1架日本自行从KC-130H改装的KC-130H加油机，其中4架KC-767J加油机是属于驻小牧基地的第404飞行队，而那架KC-130H加油机则是隶属于同样也在小牧基地的第401飞行队。

日本空自目前的运输机包括26架日本国产的C-1运输机、15架从美国引进的C-130H运输

YS-11EB是日本国产的日本战机

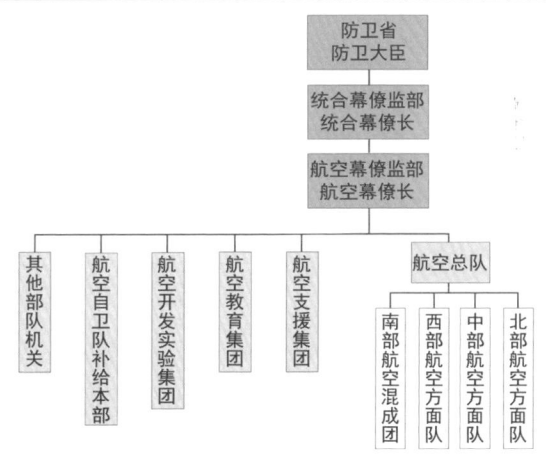

航空自卫队机构图

机和2架从美国引进的波音-747，其中2架波音-747虽然属于空自，但实际上作为日本政府的政要专机。另外，为了替换已经老旧的C-130H运输机，空自也已经开始了后续运输机的研制，首架国产的新一代运输机C-2原型机已经在2010年进行了第一次试飞。根据日本空自的整备计划，未来第一批将要采购10架，将在2015年后陆续服役。

教练机是培训飞行员的基本装备。日本空自现役的教练机数量还不少，包括49架T-7螺旋桨教练机、204架T-4中级教练机、13架T-400多用途教练机和1架由YS-11C运输机改装的YS-11NT导航教练机。

除了上述这些飞机外，空自还有3架U-125导航设备检测机、23架U-125A搜救飞机和5架U-4多用途支援飞机。在直升机方面，空自装备了36架UH-60J搜救直升机和15架CH-47J运输直升机，这两款直升机都是相当有名的机型，UH-60J就是"黑鹰"直升机，在10吨级的通用直升机中是性能最出色的。而CH-47J就是著名的

"支努干"重型直升机,可以运载55名全副武装的士兵或者24副担架,日本还对其进行了改装,提高了后机轮的姿态和液压控制的能力,以更便于执行搜救任务。

基地与部署

空自基地分布在北海道、东北部、关东、中部、关西、中四国、九州、冲绳等地区,其中最主要的基地有三泽、千岁、入间、百里、小松、筑城、新田原、那霸等八个,被称为空自的八大基地。

三泽基地位于本州岛北端的青森县三泽市,距离东京东北644千米,占地面积14.1平方千米。基地跑道为东西走向,长3050米,宽45米,为沥青混凝土道面。跑道南侧是指挥和放置装备的地方,这里有电子装置、通信装置的修理厂和零件仓库等。西面,在可控湿度的仓库中保管着P-3C反潜侦察机用的高精密的声纳装置。南面是兵营,可同时供624名士兵居住。跑道北面则是武器弹药库。通信所建在机场跑道东侧延长线上,是指挥飞机起降的通信设施,利用普通无线信标和军事空中导航系统工作。

现在三泽基地是驻日美军和日本航空自卫队共同使用。美军在三泽基地有3600名现役人员,主要是美空军第35战斗机联队、第6920电子保安团、海军海上巡逻机中队、通信保安团、海军陆战队的支援团E连和陆军第500军事谍报团。美军在这里

三泽基地的电子监听设备(图中白色栅栏状物体)是美国全球谍报网不可缺少的重要组成部分

千岁基地是北海道地区最重要的航空基地

主要部署的是 F-16 战斗机、P-3C 反潜巡逻机,其中 F-16 战斗机部队是以"打击对方防空体系"为主要任务的部队,而 P-3C 反潜巡逻机则是美国海军在西北太平洋区域反潜作战的重要组成部分。另外,第 6920 电子保安团是负责管理和保卫设在基地内的电子监听设备,是美国全球谍报网不可或缺的重要组成部分。

日本空自驻扎在三泽基地的是北部航空方面队司令部以及所辖的第 3 航空团,装备 F-2 战斗机 40 架和 T-4 联络机 2 架,主要是负责本州岛北部和北海道地区的防空,属于一线部队,可以在接到命令后 5 分钟内紧急起飞,所以在空自内部被称为"5 分钟待命"。除了战斗机部队外,三泽基地还部署有 E-2C 预警机和"爱国者"防空导弹。

千岁基地位于北海道千岁市平和无番地,占地面积 10 平方千米。基地主跑道长 3000 米,宽 60 米,混凝土道面;副跑道长 2700 米,宽 45 米,沥青混凝土道面。驻扎在千岁基地是北部航空方面队的第 2 航空团,装备 F-15J 战斗机 48 架和 T-4 联络机 2 架,主要是负责日本北部北海道地区的防空。

入间基地位于埼玉县的狭山市和入间市交界,距离东京西北约 40 千米,占地面积约 3 平方千米,基地跑道长 2000 米,宽 45 米,沥青混凝土道面。驻扎在入间基地的是空自中部航空方面队司令部、中部航空警戒管制团司令部等多个部队指挥机构,虽然没有战斗机部队,却掌管着空自范围最大的防空空域,包含了本州中部各县及中国、四国两地的东部县份,其中的大城市不仅有关东地区,还有名古屋周边的中京都城市圈和京阪神城市圈,是日本全国的政治、经济枢纽地区所在。基地内部署有"爱

入间基地上停放的飞机

百里基地列队等待检阅的空自队员

国者"防空导弹,以及用于强化空防的自动警戒管制系统,防御范围可以涵盖整个首都圈,是保卫东京天空的重要力量。

除了防空以外,入间基地也是重要的军事空运和补给基地,驻扎在入间基地的军用飞机都是运输机和直升机,总数多达50余架。基地每年空运人数在85000人次以上,物资空运量则达到每年2500吨,是整个航空自卫队之首。此外,空自部署在日本各地的空中救援部队也都是以入间基地作为司令部,同时也是出动执行救灾和援助任务时的重要支援基地。

入间基地曾经多次进行过部队派遣任务,包括1985年日航空难、1995年阪神大地震、2004年新潟县地震、2007年新潟县地震和2011年东日本大地震。派遣国外行动则有2004年的自卫队出兵伊拉克以及2005年的自卫队派赴印尼救灾。

百里基地位于茨城县小美玉市百里町,占地面积4.25平方千米。基地跑道长2700米,宽45米,混凝土道面。驻扎在百里基地的是中部航空方面队的第7航空团,装备F-4EJ战斗机27架、F-15J战斗机21架和T-4联络机2架,除了战斗机外,也部署有"爱国者"防空导弹,主要是负责日本首都东京及其周围城市圈的防空。

在空自的八大基地中,那霸基地不能不说。那霸基地位于冲绳县那霸市字镜水,占地面积2.12平方千米。基地跑道长3000米,宽45米,沥青道面。驻扎在那霸基地的是空自西南混成团司令部以及下辖的第83航空队、西南航空警戒管制队、第5高射群、西南航空设施队等。这是距离钓鱼岛最近的空自航空基地,自2010年以来,日本空自正不断加强那霸基地的空中力量,已经将原来的F-4EJ全部换成了更先进的F-15J,目前装备F-15J战斗机24架和T-4联络机1架。原来驻三泽的603飞行队4架

那霸基地是距离钓鱼岛最近的空自基地

E-2C 预警机也已经于 2013 年调到了那霸,这样在那霸基地的空中力量对于西南海域上空的控制力无疑是大大增强了。而且还有消息称,日本空自正计划将西南混成团的航空兵力从一个航空队扩充为两个航空队。此外,防卫省还计划将九州和冲绳的机动式雷达部队部署到与那国岛和鹿儿岛县的奄美大岛,进一步强化对中国的监视。

第六章

敬陪末座的陆上自卫队

  由于日本是个岛国,所以历来就重视海军,再加上第二次世界大战中陆军所主导的军部又犯下了累累罪行,所以战后重建的自卫队,在经费有限的情况下,自然是首先考虑海自和空自,陆自的境遇长期以来就是永远的"小三",尽管陆自的兵员规模是最大的,但依然无法摆脱被忽视被冷落的处境。

从警察预备队开始

成立于1884年的旧日本帝国陆军,被认为是挑起太平洋战争的罪魁祸首,战后被清算判处死刑的甲级战犯里就有好几个陆军的将领,海军倒是一个没有。所以在战后很长一段时间里,陆军就似乎是一个被极度罪恶化的标签,即便是在美国允许日本重建军备之后,新组建的陆军部队都要极力割裂与旧日本陆军的种种联系,甚至当时有些做法已经到了非常极端的地步。比如在最初的警察预备队时期,就曾明确规定在旧陆军中军衔在少佐以上的一律不要,当时警察预备队主要的干部都是来自原来警察系统或是内务省的官员。不过军队到底也还是需要专业知识的,靠这些警察干部显然是远远不行的,最后也只好放宽了尺度,逐步解除旧军人进入警察预备队的限制。

1950年6月,朝鲜战争爆发,大批驻日美军随即开赴朝鲜。为了填补大量美军撤离后的治安和防务上的空缺,美国同意日本重建军备。当时起的名字也是不伦不类,叫作"警察预备队",主要就是考虑要和以前的旧日本陆军彻底划清界限。

名字叫警察预备队,似乎仅仅是类似于武装警察那样的治安部队,但实际上这支警察部队的编制,却是军味十足,完全是正规军队的样子。最初下设4个管区队,每个管区队下辖3个步兵联队(相当于步兵团)和1个炮兵联队(相当于炮兵团)。

每个步兵联队下辖3个步兵大队(相当于步兵营)、1个炮兵中队(相当于炮兵连)、1个坦克中队(相当于坦克连)。每个步兵大队下辖4个步兵中队(相当于步兵连)。这样整个步兵联队就有12个步兵中队,全联队的步兵中队番号就不分大队,从1到12统一排序,第13中队则是联队重迫击炮中队(相当于重迫击炮连),第14中队就是联队坦克中队,共有坦克20辆。

每个炮兵联队下辖3个炮兵大队(相当于炮兵营)、1个高炮大队(相当于高炮营)、1个支援大队(相当于支援营)和1个后勤大队(相当于后勤营)。整个炮兵联队共装备48门105毫米榴弹炮和18门155毫米榴弹炮。

但是由于受到日本不能组

朝鲜战争爆发,大批驻日美军开赴朝鲜,使日本出现巨大的防务空虚

建军队的限制，日本人只好玩了个文字游戏，将步兵称为"普通科"，炮兵称为"特科"，高射炮称为"高射特科"，坦克则叫"特车"，工兵更为奇特叫"施设"。于是，步兵中队、步兵大队、步兵联队就相应改叫普通科中队、普通科大队和普通科联队，炮兵中队、炮兵大队、炮兵联队就叫特科中队、特科大队和特科联队，而坦克中队自然也就是特车中队了。这些个名字真是叫人一团雾水。

警察预备队，名义上是警察，实际上却军味十足

1952年10月，警察预备队改称保安队，人数也增加到了11万，可以说初具规模。同时组建了专门负责北方防御，也就是针对苏联可能进攻的北部方面队，下辖由第2管区队和新组建的第1炮兵旅团和第1工兵大队。

警察预备队正在训练时的情景

身居末位的尴尬

1954年7月，防卫厅正式成立，三大自卫队也同时成立。保安队自然也就改称陆上自卫队（简称陆自，下同）。陆自成立后，立即开始了一系列的大动作，先是将各管区队里原来步兵联队所属的特车中队（也就是坦克连）全部集中起来，组成特车大队（也就是坦克营），由管区队直接指挥。这样的动作等于是将原来分散的坦克部队集中起来，形成一定规模的装甲突击力量。

接着就是新组建了第5、6管区队，同时又成立了第7、8混成旅团，所谓混成旅团就是由步兵联队、炮兵联队和工兵大队等混合编组的部队，负责地区的警备任务，相当于管区队的职能，就是规模稍微小了一点。

日本陆上自卫队的阅兵式

　　1956年12月和1958年6月，又先后成立了第9、10混成旅团。这样就形成了6个管区队和4个混成旅团总共10个战略性大单位。

　　从1955年到1960年，又陆续成立了西部、东北、东部和中部四个方面队，形成了延续至今的五大方面队体制。

　　1962年，陆自又对第1至第6管区队、第7至第10混成旅团进行了整编，改编为10个师团。然后，又新组建了第11、12、13师团，形成了13师团的体制，这个体制也一直延续到20世纪90年代，成为陆自最基本的建制架构。至此，陆自的基本结构总算是稳定了下来。

　　从三大自卫队成立开始，陆自的兵员数量就是三大自卫队中最多的，但是光是人多没有用，日本作为一个岛国，自然是对海上力量和空中力量格外重视，从一开始，日本自卫队的建设原则就是海自和空自优先，这样一来陆自便很自然地成为千年老三，最明显的就是在经费方面，陆自永远都是排在最后，只能可怜巴巴地拿到被海自和空自瓜分之后的"残羹剩饭"。

　　经费不足的问题给陆自带来了很大的困扰，另一方面武器装备的采购价格奇高，更是加剧了经费不足的困难。由于日本陆自规模并不大，武器对外出口又有诸多限制，所以武器采购数量始终形不成规模，这就势必导致采购价格居高不下，例如陆自目前的主力坦克90式的单价达到800万美元，几乎是美国最先进的M-1A2SEP主战坦克的两倍，而数量更少的87式自行高炮和99式自行榴弹炮的价格甚至比90式坦克还要高。所以囊中羞涩的陆自居然连步兵师团的机动车辆都无法实现全面装甲化，这和经济大国的地位实在不相称,也令陆自万分无奈。

在战略运用方面,陆自也是敬陪末座的角色。因为在日本整体的防卫战略中,首先就是海自和空自对来犯之敌进行拦截和反击,如果真是到了陆自上场的时候,毫无疑问,海自已经损失殆尽,空自也是折损过半元气大伤,陆自就等于要在基本没有海空支援的情况下,进行最后的抵抗,所以陆自的角色就是守门员,负责最后防线的守卫了。这种守门员角色的战略定位,也在某种程度上注定了陆自的老三地位。

除了经费、战略上的限制,陆自还要受到日本特有的地理条件和民风习俗的约束。先来看下日本的地理情况,在总面积约 377880 平方千米的陆地国土中,山地面积就达到了 28700 平方千米,几乎占到了全部面积的 76%。平原地区就只剩下可怜的 24%,而且还是大多分布在河流的下流和沿海地区,最大的平原

陆上自卫队各主要单位部署图

87 式自行高炮

就是东京附近的关东平原,面积约 15770 平方千米,仅占全国总面积的 4%。还有就是名古屋附近的浓尾平原和大阪、京都附近的畿内平原。但是就在这么几块狭小的平原上,却集中了全日本绝大部分的人口、工业和经济。简单总结日本的地理情况就是山多地少人多物薄,从军事角度来看,这样的地理情况首先就是没有战略纵深,其次就是大部队难以展开,特别是在现代化战争中能够发挥巨大作用的大规模装甲部队更

99 式自行榴弹炮

是难以展开。不过再仔细分析，虽然日本是个多山地的国家，但其政治经济的核心地区却全部集中在几块狭小的平原上，对手可以完全置那些山地于不顾，而集中兵力甚至是集中装甲部队进攻这几块平原，加上战后日本大力兴建公路铁路，全国的交通情况非常发达，这也给入侵之敌在登陆之后的兵力调动提供了便捷的条件。所以从地理上来看，日本在防御态势方面还是相当不利的。

另外一个极具日本特色的民风习俗就是"地域性"，正是因为日本陆地国土是被大片的山地分割成几块互不相连的平原，所以导致日本的地域特点非常明显，每个地区的民风习俗都截然不同，而每个地区内部的凝聚力又是非常的强，各个地区之间隔阂很严重甚至到了相互敌视的程度。所以旧日本陆军就采取了按地域征兵和组建部队的方法，陆自也沿用了这一方法。这种特定的地域性，可以说是在每个国家都会存在，但日本这种地域性的严重程度是全世界当之无愧的第一。

对手可是苏联陆军

美国之所以会改变原先限制日本重新武装的政策，主要也是因为在朝鲜战争爆发后，希望日本能够担负起自己的国土安全，减轻美国在远东的压力和负担。朝鲜战争结束后，美国认为这样模式很不错，于是继续支持日本发展军备，也可以为美国分担一些。

毋庸置疑，日本自卫队从建立之时起，最大的假想敌就是苏联，陆自的对手自然也就是苏联陆军在远东地区的部队了。和海自空自不同，面对苏联陆军，陆自几乎可以说是毫无优势可言。至少海自面对的苏联红海军在远东的舰队，当年除了那艘"明斯克"号航母外，总体实力并不太强，海自还能勉强应付。空自就更不用说了，F-15的性能是大大领先于苏联远东空军所装备的主力机型。所以，陆自所要面队的局面远比海自和空自要严峻。

苏联陆军的铁甲洪流一直让日本提心吊胆

陆自队员在进行冬季作战训练

对于传统的陆军大国苏联来说，陆军自然是其武装部队中的核心力量，在苏联时代最顶峰的时期，其陆军总兵力达到了180万，装备有5.3万辆主战坦克、6万辆装甲运兵车（步兵战车）、4.8万门火炮，1600个战术导弹发射装置、4500架直升机，实力绝对令人震撼。当然，这么大的力量不可能全部压在日本方向，毕竟苏联的主要战略方向是在欧洲，在亚洲的远东地区，苏联在20世纪60年代一直保持了60个师的规模，约80万兵力。即便是这60个师，也主要是用来对付中国，真正用在日本方向也就是15个师左右。而且当时苏联陆军各师的战备情况分为三等：第一等是人员装备都是100%足额的战备师；第二等是人员75%装备足额的预备师；第三等是人员25%装备只有50%的后备师。而在针对日本的15个师中，战备师的数量并不多，主要还是预备师和后备师，不过到了战时，这些预备师后备师就很可能会迅速升级为齐装满员的战备师，再加上远东舰队的海军陆战队，地面作战的总兵力估计可以达到40万。

而同一时期的日本陆自也就13个师团，总兵力不过20万人，兵力对比几乎是在2∶1的绝对劣势。在装备方面差距可能更大，苏联陆军就是以装甲洪流而闻名于世，就是在西欧的北约军队，也对苏联军队的强大装甲集群头痛不已，一再设想各种阻滞

冷战时期的日本陆上自卫队完全是炮灰的角色

苏联装甲部队的方法,甚至出现使用战术核武器的计划,北约军队尚且如此,更别说只有1个装甲师团的日本陆自了。所以,陆自的任务也就只能是尽可能阻击苏联军队,为美军增援赶来赢得时间,说到底也就是个炮灰的角色,估计很难看到最后胜利的曙光。

冷战时期的精兵政策

虽然要面对的是强大的对手,虽然很难能够坚持到最后的胜利,但是陆自还是要尽到自己的责任和义务。

由于受到经费的限制,日本陆自的兵员总数从来也没有超过20万,要凭借这区区20万去抗击强大的苏军,质量取胜就成了陆自唯一的选择。而且在旧日本陆军时代,也一直有着精兵政策的传统。讲究兵员数量,重视骨干的培养,自然而然成为了陆自的建军思路。因此在陆自中,士官的比例相当高,这些士官都是经验丰富的老兵骨干,甚至不少都已经接受过下级军官的培训,在战时扩军时只要补充新兵,就可以很快扩充部队,而且保证新扩充起来的部队依然还能保持比较高的战斗力,这也是陆自的一大特点。在平时,陆自各部队里的编制人数基本上都是不满员的,普遍都是只有80%左右,有的甚至更是只有50%,以至于在陆自还有着"团七连五"的说法,也就是团级单位满员率在70%,连级单位满员率更低,只有50%。造成这一情况的原因,经费不足固然是原因之一,还有就是战后日本青年普遍对军队都比较反感,很少有愿意参军的,这也是陆自人员始终不满的原因之一。

日本陆自的演习场景

另外，陆自也强调因地制宜，根据日本地形复杂的特点，结合各地区截然不同的地形环境，采取不同的编制，由此也形成了一套复杂但又不失精巧的编制体系。

最初陆自的编制是管区队和混成旅团，后来统一整编为13个师团，这样师团也就成了陆自的基本作战单位。在陆自的师团中，分为步兵师团、机械化师团

陆自非常强调精兵政策

和装甲师团三类，师团下辖作战联队，如步兵联队、炮兵联队，每个师团所属的作战联队数量也各不相同，从两个到四个都有，主要还是根据所在地区的情况来决定。陆自除了师团的编制外，还有旅团、群等编制，而且这一类比师团规模低一级单位，种类就更加繁多，包括了炮兵、防空兵、空降兵等多个兵种。

先来介绍13个师团，其中只有唯一的一个装甲师团——第7师团，这也是目前陆自唯一的一个机动师团。下辖3个特车联队（坦克团）、1个普通科联队（步兵团）、1个特科联队（炮兵团）、1个高射特科联队（高射炮团）、1个侦察队、1个飞行队、1个后方支援联队、1个通信大队、1个设施大队和1个化学防护队。其中的普通科联队也是陆自目前唯一的一个全部装备履带装甲车辆的普通科联队。

12个步兵师团分为甲类师团、乙类师团，而其中甲类师团又分为A、B、C三种类型，乙类师团又分为D、E两种类型，区区12个师团实际上就有五种类型，实在是够复杂的。

A类师团，共2个：第2、11师团，每个师团下辖3个普通科联队、1个特车联队（或1个机械化步兵联队）、1个特科联队、1个高射特科大队等部队，属于陆自中加强配置的师团。

B类师团，共5个：第1、3、4、6、8师团，每个师团下辖4个普通科联队、1个特科联队、1个高射特科大队、1个反坦克队等部队，属于陆自中最常规的主力师团，在各自的方面队都被作为主力来使用。

C类师团，只有第5师团，下辖3个普通科联队、1个特科联队、1个高射特科大队、1个反坦克队等部队，属于陆自中简略版的主力师团。

D 类师团，只有第 9 师团，下辖 3 个普通科联队、1 个特科联队、1 个高射特科大队、1 个反坦克队等部队，表面上看和 C 类师团一样，实际上 C 类师团的 3 个普通科联队也就是 3 个步兵团中，有 1 个是机械化步兵团，而 D 类师团的 3 个普通科联队都是摩托化步兵团，所以装备的装甲车辆要比 C 类师团少得多。

E 类师团，共 3 个：第 10、12、13 师团，下辖 3 个普通科联队、1 个特科联队、1 个高射特科大队、1 个反坦克队等部队，和 D 类师团基本一样，不同就在普通科联队所属的特车大队（也就是坦克营）的坦克装备数比 D 类师团少，只有 30 辆。

到了 21 世纪，鉴于苏联解体、冷战结束，陆自也重新调整编制，13 个师团改为 9 个师团和 6 个旅团，其中 4 个师团缩编为旅团，还有 2 个则是从混成旅团扩编为旅团。

除了师团外，陆自还有混成旅团、空降团、防空群、工兵旅团、直升机旅团等各种不同编制，这些独立单位有的是独立兵种，有的是支援、辅助类部队，有的则是地方守备部队。

新世纪的华丽转型

20 世纪 90 年代，随着苏联解体和冷战结束，日本陆自长期以来时刻提心吊胆的对手猛然消失，自然可以长出了一口气，压在心头的大石头也落了地。但是日本自卫队的任务也随之发生了变化，和海自空自一样，陆自也开始从专守防卫向机动作战转变，从原来只管自己国土安全的防御型开始向出境作战的干涉型武装力量转变。这既是综合国力日渐下滑的美国对日本的要求，更是一心希望恢复正常国家的日本自己的愿望。

最起初的海外出兵都还是需要穿件联合国维持和平行动的外衣，1992 年 6 月日本国会通过了《国际维和活动合作法》为自卫队的海外出兵清除了法律障碍，放开手脚的自卫队就在当年 7 月派出了先遣队前往柬埔寨，9 月 600 名陆自队员就前往柬埔寨执行维和行动。以这次海外维和行动为契机，日本自卫队在 90 年代开始频频向海外派兵，非常积极地参与联合国的维

最初陆自海外出兵都要打着联合国维和行动的旗号

和行动,例如 1993 年莫桑比克、1994 年卢旺达、1996 年戈兰高地。

2001 年"九一一"事件之后,借着美国全球反恐的东风,日本也更加积极地追随美国介入海外出兵。

2003 年,伊拉克萨达姆政权倒台后,日本国会通过了旨在援助伊拉克重建的《伊拉克复兴支援特别措施法》。如此一来,日本自卫队就可以开始向"周边"地区以外派遣部队的先例。

2004 年,日本陆上自卫队首批 600 名官兵进入伊拉克。这是第二次世界大战后日本陆自首次进入海外一个战斗尚在继续的国家,表明自卫队已经完全摈弃了"自卫"的性质。但这样一

陆自海外出兵的情况越来越多

陆自队员抵达科威特,随后将进入伊拉克,这是第二次世界大战后日本陆自首次进入海外一个战斗尚在继续的国家

来就和日本和平宪法第九条"不承认交战权"发生了抵触,也就是说自卫队进入仍在进行战争的地区,却不能参加战斗,这该如何是好?于是,绞尽脑汁的日本政府终于想出了一个名词"非战斗区域",也就是说尽管战争还在继续,但是自卫队可以进入战场上的"非战斗区域",这就可以回避了交战权的问题。但这再怎么说都是自欺欺人的说法,难道在战场上还会存在什么"非战斗区域"的安全地区吗?不管怎么样,日本毕竟是给自己找好了借口,以后就可以堂而皇之地出兵海外,有没有联合国的维和幌子都已经不重要了。

2010 年 7 月,日本自卫队首个海外正式活动据点在东非吉布提设立,这个活动据点配有司令部办公楼、宿舍及巡逻机机库等设施,开设目的是为了在索马里海域开展打击海盗活动,日本自卫队租用了吉布提国际机场以北约 12 公顷的土地建造了该据点。

作为日本武装力量大规模转型的重要组成部分,陆自的转变要比海自和空自都要

更困难，因为陆自长期以来都是作为最后防线的守卫者，现在要随着整个国策的转变，从以前单纯的"守土防卫"向更加复杂和困难的"主动防御"转变，这个转变的尺度无疑是最明显的。为此，陆自也从近年开始，以提高快速反应和战略机动力为核心，对编制、武器装备、兵力部署等各方面都开始进行一系列的大动作大改革，以使陆自能够真正担负起干涉周边事务和海外行动的"尖刀"重任。

今日陆自

日本陆上自卫队指挥机关是陆上幕僚监部，下辖北部方面队、东北方面队、东部方面队、中部方面队、西部方面队、中央即应集团和其他直属部队等单位，现有编制员额179430人，实际兵员约15万人，装备各型坦克约1000辆，装甲车约1000辆，大口径火炮约770门，各型飞机约460架。陆自战略思想以击退小规模进攻为主，如果面对大规模进攻，就退守要点直到美国或盟国部队到达，因此相对来说对于进攻性战斗力的需求并不是很高，所以在整个日本防卫中的地位比海自和空自都要低。战术上主要偏重低空防御、反坦克、反登陆、反空降以及岸际防卫。

日本陆上幕僚监部，位于东京都新宿区市古本村町5番。最高长官是陆上幕僚长，相当于西方国家的陆军参谋长，是陆自的最高指挥官，直接领导陆上幕僚监部，并负责陆自的全部日常事务。陆上幕僚长的军衔是陆将，但和其他陆将三颗樱花星的军衔标记不同，是四颗樱花星，这就相当于美国陆军的四星上将了，而且全陆自也就陆上幕僚长一人是四颗樱花星，以彰显与其他陆将的不同。

陆上幕僚监部作为陆自的统帅机关，下设监理部、人事部、教育训练部、防卫部、装备部、运用支援和情报部、卫生部、监察官、法务官、警务管理官、开发官等机构，负责分别协助陆上幕僚长管理陆自的日常运作、作战、装备采购、后勤保障、训练、情报搜集、组织人事、法务、医务等方面工作。

在陆自中，方面队是负责某个战略方向防御任务的战略单位，相当于中国的军区。陆自总共有五大方面队，方面队的指挥机关是方面队总监部，相当于是方面队的司令部。

陆上幕僚长旗

陆上幕僚长军衔肩章

第六章 敬陪末座的陆上自卫队

历任陆上幕僚长

1　林敬三　　　　1952 年 8 月 1 日 － 1954 年 6 月 30 日
2　筒井竹雄　　　1954 年 7 月 1 日 － 1957 年 8 月 2 日
3　杉山茂　　　　1957 年 8 月 2 日 － 1960 年 3 月 11 日
4　杉田一次　　　1960 年 3 月 11 日 － 1962 年 3 月 12 日
5　大森宽　　　　1962 年 3 月 12 日 － 1965 年 1 月 15 日
6　天野良英　　　1965 年 1 月 16 日 － 1966 年 4 月 29 日
7　吉江诚一　　　1966 年 4 月 30 日 － 1968 年 3 月 14 日
8　山田正雄　　　1968 年 3 月 14 日 － 1970 年 7 月 1 日
9　衣笠骏雄　　　1970 年 7 月 1 日 － 1971 年 6 月 30 日
10　中村龙平　　　1971 年 7 月 1 日 － 1973 年 1 月 31 日
11　曲寿郎　　　　1973 年 2 月 1 日 － 1974 年 7 月 1 日
12　三好秀男　　　1974 年 7 月 1 日 － 1976 年 10 月 15 日
13　栗栖弘臣　　　1976 年 10 月 15 日 － 1977 年 10 月 19 日
14　高品武彦　　　1977 年 10 月 20 日 － 1978 年 7 月 27 日
15　永野茂门　　　1978 年 7 月 28 日 － 1980 年 2 月 12 日
16　铃木敏通　　　1980 年 2 月 12 日 － 1981 年 6 月 1 日
17　村井澄夫　　　1981 年 6 月 1 日 － 1983 年 3 月 15 日
18　渡部敬太郎　　1983 年 3 月 16 日 － 1984 年 6 月 30 日
19　中村守雄　　　1984 年 7 月 1 日 － 1986 年 3 月 17 日
20　石井政雄　　　1983 年 3 月 17 日 － 1987 年 12 月 10 日
21　寺岛泰三　　　1987 年 12 月 11 日 － 1990 年 3 月 15 日
22　志摩笃　　　　1990 年 3 月 16 日 － 1992 年 3 月 16 日
23　西元彻也　　　1992 年 3 月 16 日 － 1993 年 6 月 30 日
24　富泽晖　　　　1993 年 7 月 1 日 － 1995 年 6 月 30 日
25　渡边信利　　　1995 年 6 月 30 日 － 1997 年 7 月 1 日
26　藤绳祐尔　　　1997 年 7 月 1 日 － 1999 年 3 月 30 日
27　矶岛恒夫　　　1999 年 3 月 31 日 － 2001 年 1 月 11 日
28　中谷正宽　　　2001 年 1 月 11 日 － 2002 年 12 月 2 日
29　先崎一　　　　2002 年 12 月 2 日 － 2004 年 8 月 29 日
30　森勉　　　　　2004 年 8 月 30 日 － 2007 年 3 月 28 日
31　折木良一　　　2007 年 3 月 28 日 － 2009 年 3 月 23 日
32　火箱芳文　　　2009 年 3 月 24 日 － 2011 年 8 月 5 日
33　君冢荣治　　　2011 年 8 月 5 日 － 2013 年 8 月 26 日
34　岩田清文　　　2013 年 8 月 27 日 －

陆上自卫队组织机构图

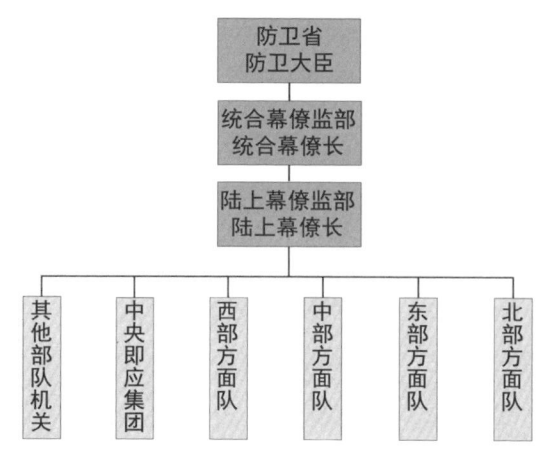

第7师团是日本陆自唯一的装甲师团

北部方面队负责日本北部整个北海道地区的防御，总监部设在北海道札幌市札幌驻屯地（陆自将基地都叫驻屯地）。在冷战时期，北部方面队是直接面向苏联的最前线，所以历来是陆自的发展重点，所属部队也是最多的，达到4个师团，共约5万人。在装备方面也总是优先配发最新型装备。冷战结束以后，这一威胁大大降低，所辖部队大幅减少，包括2个师团、2个旅团、1个混成旅团、1个航空队、1个特科团、1个高射特科团、1个通信群、1个后方支援队、1个施设队、1个情报队、1个补给处等部队，总兵力约3万人，装备坦克约300辆，火炮200门（辆）。

北部方面队主要作战部队有：

第7师团，成立于1962年，是以驻扎在北海道的第7混成旅团为基础扩建而成，成立之初的主要装备是190辆装甲车和60辆坦克，只能勉强算得上机械化师团，但后来却发展成陆自的"杀手锏"，绰号"虎子部队"，成为陆自唯一的装甲师团和机动打击师团，绝对是陆自的头号主力，编制兵员7100人，师团部设在千岁市东千岁驻屯地。下辖第71特车联队、第72特车联队、第73特车联队、第11普通科联队、第7特科联队、第7高射特科联队、第7后方支援联队、第7侦察队、第7飞行队、第7施设大队、第7通信大队、第7化学防护队等部队，其中3个战车联队和1个普通科联队是核心作战力量。每个特车联队下辖5个特车中队，装备坦克72辆，基本都是90式主战坦克；普通科联队下辖6个普通科中队，其中3个中队装备89式步兵战车，另外3个中队装备73式装甲车，但也正在逐步换装89式。总共装备装甲车辆108辆，而且全部都是履带式。第 7 特科联队装备的是 40 辆最先进的 99 式 155 毫米自行榴弹炮。第 7 高射特科团下辖 4 个高射特科中队和 2 个防空导弹中队，装备 32 辆 87 式自行高炮和 81 式近程防空导弹。第 7 飞行队装备 UH-60 通用直升机、OH-6 观察直升机共计 15 架。全师团装备坦克约 290 辆，装备车 300 余辆，155 毫米自行榴弹炮 40 辆，35 毫米自行高炮 32 辆，直升机 15 架。

陆自旭日旗，与当年旧日本陆军的旭日旗有所不同

第 2 师团，成立于 1962 年，是在第 2 管区队的基础上扩编而成，外号"北镇"师团，目前是陆自除了第 7 师团外唯一编制有特车联队的师团，属于加强配置的甲类 A 型师团，负责北海道海岸防御，编制兵员 8100 人，师团部位于旭川市旭川驻屯地。下辖第 3 普通科联队、第 25 普通科联队、第 26 普通科联队、第 2 特车联队、第 2 特科联队、第 2 高射特科大队、第 2 后方支援联队、第 2 侦察队、第 2 飞行队、第 2 施设大队、第 2 通信大队、第 2 化学防护队、第 2 反舟艇/反战车中队等单位。普通科联队主要装备 96 式轮式装甲车和高机动车，第 2 特车联队的 5 个特车中队中除了 1 个中队装备最先进的 10 式主战坦克外，其他中队都是 74 式和 90 式坦克混合装备。第 2 特科联队的 5 个特科大队中 2 个大队装备 99 式 155 毫米自行榴弹炮，3 个大队装备 75 式 155 毫米自行榴弹炮，特别需要指出的是第 4 大队是教导大队，负责为北部方面队训练炮手。第 2 高射特科大队的 3 个中队中，1 个中队装备 87 式 35 毫米自行高炮，1 个中队装备 81 式近程防空导弹，1 个中队装备 93 式近程防空导弹。

第 5 旅团，成立于 2004 年，是由原来的第 5 师团缩编而来，属于沿岸配备旅团，负责北海道东部海岸防御，编制兵员 3600 人，旅团部位于带广市带广驻屯地。下辖第 4 普通科联队、第 6 普通科联队、第 27 普通科联队、第 5 特车大队、第 5 特科队、第 5 高射特科中队、第 5 后方支援队、第 5 侦察队、第 5 飞行队、第 5 施设队、第 5 通信队、第 5 化学防护队等单位。普通科联队主要装备 96 式轮式装甲车和高机动车，第 5 特车大队装备 90 式坦克，第 5 特科队装备 75 式 155 毫米自行榴弹炮。

第 11 旅团，成立于 2007 年，是由原来的第 11 师团缩编而来，属于沿岸配备旅

陆自阅兵式上的坦克编队

团，负责北海道南部海岸防御，编制兵员3600人，旅团部位于北海道札幌市真驹内驻屯地。下辖第10普通科联队、第18普通科联队、第28普通科联队、第11特车大队、第11特科队、第11高射特科中队、第11后方支援队、第11侦察队、第11飞行队、第11特殊武器防护队、第11施设队、第11通信中队等单位。普通科联队主要装备96式轮式装甲车和高机动车，第11特车大队装备90式坦克，第11特科队装备99式155毫米自行榴弹炮。

北部方面混成旅团，成立于2011年，是北部方面队的基本教育部队，旅团部位于千岁市东千岁驻屯地，下辖第52普通科联队、第1陆曹教育队、第120教育大队、冬季教育战技队。除了作为北部方面队的教育部队外，还是北部方面队的一支即应（也就是快速反应）预备役部队，一旦有突发情况，就可以立即征召预备役人员，支援北部方面队的其他部队。

北部方面航空队，是北部方面队的航空部队，队部位于札幌市丘珠驻屯地，下辖第1反坦克直升机队、北部方面直升机队、北部方面管制气象队、北部方面航空野外整备队和直属中队，主要装备AH-1S武装直升机、UH-60通用直升机、OH-6D侦察直升机、OH-1侦察直升机和LR-2联络机。

第1特科团，团部位于千岁市北千岁驻屯地，下辖第1特科群、第4特科群、第1岸舰导弹联队、第2岸舰导弹联队、第3岸舰导弹联队、第301观测中队和直属中队，其中第1特科群下辖4个特科大队，2个大队装备203毫米自行榴弹炮、2个大队装备M270火箭炮，第4特科群下辖3个特科大队，2个大队装备203毫米自行榴弹炮，1个大队装备M270火箭炮，3个岸舰导弹联队都是下辖4个中队，全部都是装备88式岸舰导弹。

第1高射特科团，团部位于千岁市东千岁驻屯地，下辖第1高射特科群、第4高射特科群、第101无人侦察机队和直属中队，是优先换装03式中程防空导弹的部队。

北部方面通信群，负责保障北部方面队内部以及与陆上幕僚监部和其他方面队的通信联络，群司令部位于札幌市札幌驻屯地，下辖第101系统通信大队、第101指挥所通信大队、第101中枢交换通信队和直属中队。

北部方面后方支援队，负责北部方面队直辖部队的后勤保障，队部位于惠庭市岛松驻屯地，下辖第101全般支援大队、第102全般支援大队、第103全般支援大队、第101特科直接支援大队、第101高射特科支援大队、第101施设直接支援大队、第101通信直接支援大队、第301反舟艇/反坦克直接支援大队、第305普通科直接支援中队、北部方面运输队。

北部方面施设队，负责北部方面队的工程作业，队部位于惠庭市南惠庭驻屯地，下辖第12施设群、第13施设队、第335施设中队、第336施设中队、第337施设中队、第342施设中队、第312施设器材中队、第105施设器材中队、第301坑道中队、第302水际障碍中队、第303自卸车辆中队。

东北方面队，负责日本东北地区的防御，总监部设在宫城县仙台市仙台驻屯地。所辖部队包括2个师团、1个混成旅团、1个航空队、1个特科队、1个高射特科群、1个通信群、1个后方支援队、1个施设团、1个指挥所训练支援队、1个情报处理队、1个补给处等部队，总兵力约2万人。

东北方面队主要作战部队有：

第6师团，成立于1962年，是以第6管区队为基础扩建而成，属于以轮式车辆为主要装备的轻型机械化师团，也是陆自的即应部队（也就是快速反应）部队，负责东北地区宫城、山形和福岛三县的守备防御。编制兵员7000人，师团部设在山形县东根市神町驻屯地，下辖第20普通科联队、第22普通科联队、第44普通科联队、第6特车大队、第6特科联队、第6高射特科大队、第6后方支援联队、第6侦察队、第6飞行队、第6通信大队、第6施设大队、第6特殊武器防护队等单位。普通科联队主要装备轻型装甲车和高机动车，第6特车大队装备74式主战坦克，第6特科联队装备FH-70型155毫米牵引榴弹炮，第6高射特科大队装备81式和93式近程防空导弹。

第9师团，成立于1962年，是由原来的第9旅团扩编而来，和第6师团一样，属于以轮式车辆为主要装备的轻型机械化师团，也是陆自的即应部队，负责东北地区青森、岩手和秋田三县的守备防御。编制兵员7000人，师团部设在青森县青森市青森驻屯地，下辖第5普通科联队、第21普通科联队、第39普通科联队、第9特车大队、第9特科联队、第9高射特科大队、第9后方支援联队、第9侦察队、第9飞行队、第9通信大队、第9施设大队、第9特殊武器防护队等单位。普通科联队主要装备轻型装甲车和高机动车，第9特车大队装备74式主战坦克，第9特科联队装备FH-70型155毫米牵引榴弹炮，第9高射特科大队装备81式和93式近程防空导弹。

东北方面混成旅团，成立于2006年，是东北方面队的基本教育部队，旅团部位于宫城县仙台市仙台驻屯地，下辖第38普通科联队、第2陆曹教育队、第119教育大队。除了作为东北方面队的教育部队外，还是东北方面队的一支即应预备役部队，一旦有突发情况，就可以立即征召预备役人员，支援东北方面队的其他部队。

东北方面航空队，是东北方面队的航空部队，队部位于仙台市霞目驻屯地，下辖第2反坦克直升机队、东北方面直升机队、东北方面管制气象队、东北方面航空野外整备队和直属中队，主要装备AH-1S武装直升机、UH-60通用直升机、OH-6D侦察直升机、OH-1侦察直升机。

东北方面特科队，队部位于宫城县仙台市仙台驻屯地，下辖第130特科大队、第4岸舰导弹联队、第304观测中队和直属中队，其中第130特科大队装备M270火箭炮，第4岸舰导弹联队装备88式岸舰导弹。

第5高射特科群，群司令部位于青森县八户市八户驻屯地，下辖第319高射特科中队、第320高射特科中队、第321高射特科中队、第322高射特科中队、第305高射搬送通信中队、第303无线电遥控靶机中队和直属中队。

东北方面通信群，负责保障东北方面队内部以及与陆上幕僚监部和其他方面队的通信联络，群司令部位于宫城县仙台市仙台驻屯地，下辖第103系统通信大队、第102指挥所通信大队、第301中枢交换通信队和直属中队。

东北方面后方支援队，负责东北方面队直辖部队的后勤保障，队部位于宫城县仙台市仙台驻屯地，下辖第108全般支援大队、第102特科直接支援大队、第303高射特科支援大队、第105施设直接支援大队、第303通信直接支援大队、第301普通科直接支援中队、东北方面运输队。

第2施设团，负责东北方面队的工程作业，团部位于宫城县柴田郡船冈驻屯地，下辖第10施设群、第11施设群、第104施设器材中队、第312自卸车辆中队。

东部方面队，负责日本关东地区、申信越地区和静冈地区的防御，总监部设在东京都练马区朝霞驻屯地。所辖部队包括1个师团、1个旅团、1个混成旅团、1个航空队、1个高射特科群、1个通信群、1个后方支援队、1个施设团、1个指挥所训练支援队、1个情报处理队、1个补给处等部队，总兵力约1万人。

东部方面队主要作战部队有：

第1师团，成立于1962年，是以第1管区队为基础扩建而成，属于以轮式车辆为主要装备的轻型机械化师团，负责日本首都圈（东京都、神奈川县、琦玉县、静冈县、山梨县、千叶县和茨城县）的守备防御。编制兵员6100人，师团部设在东京都练马区练马驻屯地，下辖第 1 普通科联队、第 32 普通科联队、第 34 普通科联队、第 1 特车大队、第 1 特科队、第 1 高射特科大队、第 1 后方支援联队、第 1 侦察队、第 1 飞行队、第 1 施设大队、第 1 通信大队、第 1 特殊武器防护队等单位。普通科联队主要装备轻型装甲车和高机动车，第 1 特车大队装备 74 式和 10 式主战坦克，第 1 特科队装备 FH-70 型 155 毫米牵引榴弹炮，第 1 高射特科大队装备 81 式和 93 式近程防空导弹。

第 12 旅团，是由原来的第 12 师团缩编而来，属于陆自的即应机动化旅团，也是陆自唯一的空中机动旅团，负责群马、栃木、新潟、长野四县的守备防御。编制兵员 4000 人，旅团部设在群马县榛东村相马原驻屯地，下辖第 2 普通科联队、第 13 普通科联队、第 30 普通科联队、第 12 特科队、第 12 高射特科中队、第 12 后方支援队、第 12 侦察队、第 12 直升机队、第 12 对特车中队（也就是反坦克连）、第 12 通信中队、第 12 施设队、第 12 化学防护队等单位。普通科联队主要装备 4 轮吉普车、4 轮卡车和 8 轮卡车，第 12 特科队装备 FH-70 型 155 毫米牵引榴弹炮，第 12 高射特科大队装备 81 式和 93 式近程防空导弹，第 12 直升机队装备 UH-60J 中型直升机、CH-47J 重型直升机共 34 架。

东部方面混成旅团，成立于 2011 年，是东部方面队的基本教育部队，旅团部位于神奈川县横须贺市武山驻屯地，下辖第 31 普通科联队、第 3 陆曹教育队、第 117 教育大队、第 1 机甲教育队（也就是装甲教育队）、女性自卫队教育队。除了作为东部方面队的教育部队外，还是东部方面队的一支即应预备役部队，一旦有突发情况，就可以立即征召预备役人员，支援东部方面队的其他部队。

东部方面航空队，是东部方面队的航空部队，队部位于东京都立川市立川驻屯地，下辖第 4 反坦克直升机队、东部方面直升机队、东部方面管制气象队、东部方面航空野外整备队和直属中队，主要装备 AH-1S 武装直升机、UH-1 通用直升机、OH-6D 侦察直升机、OH-1 侦察直升机。

第 2 高射特科群，群司令部位于千叶县松户市松户驻屯地，下辖第 334 高射特科中队、第 335 高射特科中队、第 336 高射特科中队、第 337 高射特科中队、第 302 高射搬送通信中队和直属中队。

东部方面通信群，负责保障东部方面队内部以及与陆上幕僚监部和其他方面队的通信联络，群司令部位于东京都练马区朝霞驻屯地，下辖第 105 系统通信大队、第 106 指挥所通信大队、第 304 中枢交换通信队和直属中队。

东部方面后方支援队，负责东部方面队直辖部队的后勤保障，队部位于东京都练马区朝霞驻屯地，下辖第101全般支援大队、第104全般支援大队、第105全般支援大队、第301高射特科支援大队、第102施设直接支援大队、第301通信直接支援大队、第302普通科直接支援中队、第303普通科直接支援中队、东部方面运输队。

第1施设团，负责东部方面队的工程作业，团部位于茨城县古河市古河驻屯地，下辖第4施设群、第5施设群、第101施设器材中队、第301自卸车辆中队、第306施设队、第307施设队。

中部方面队，负责日本东海、北陆、近畿、中四国地区总共2府19县的防御，其守备范围几乎占日本国土总面积的30%，是五大方面队中守备范围最大的，总监部设在兵库县伊丹市伊丹驻屯地。所辖部队包括2个师团、2个旅团、1个混成旅团、1个航空队、1个高射特科群、1个通信群、1个后方支援队、1个施设团、1个指挥所训练支援队、1个情报处理队、1个补给处等部队，总兵力约3万人。

中部方面队主要作战部队有：

第3师团，成立于1962年，是以第3管区队为基础扩建而成，属于以轮式车辆为主要装备的轻型机械化师团，负责京都府、大阪府、滋贺县、兵库县、和歌山县和奈良县的守备防御。编制兵员7000人，师团部设在兵库县伊丹市千僧驻屯地，下辖第7普通科联队、第36普通科联队、第37普通科联队、第3特车大队、第3特科队、第3高射特科大队、第3后方支援联队、第3侦察队、第3飞行队、第3施设大队、第3通信大队、第3特殊武器防护队等单位。普通科联队主要装备轻型装甲车和高机动车，第3特车大队装备74式主战坦克，第3特科队装备FH-70型155毫米牵引榴弹炮，第3高射特科大队装备93式近程防空导弹。

第10师团，是由原来的第10混成旅团扩编而来，2014年改编为即应师团（也就是快速反应师团），负责爱知、岐阜、三重、福井、石川和富山六县的守备防御。编制兵员7000人，师团部设在爱知县名古屋市守山驻屯地，下辖第14普通科联队、第33普通科联队、第35普通科联队、第10特车大队、第10特科联队、第10高射特科大队、第10后方支援队、第12侦察队、第10飞行队、第10通信大队、第10施设队、第10特殊武器防护队等单位。普通科联队主要装备轻型装甲车和高机动车，第10特车大队装备74式主战坦克，第10特科联队装备FH-70型155毫米牵引榴弹炮，第10高射特科大队装备93式近程防空导弹。

第13旅团，1999年由原来的第13师团缩编而来，2008年改编为即应旅团，负责山口、广岛、冈山、岛根和鸟取五县的守备防御。编制兵员3700人，旅团部设在广岛县安芸郡海田市驻屯地，下辖第8普通科联队、第17普通科联队、第46普通科联队、第 13 特车大队、第 13 特科队、第 13 高射特科中队、第 13 后方支援队、第 13 侦察队、第 13 飞行队、第 13 通信中队、第 13 施设队、第 13 化学防护队等单位。普通科联队主要装备轻型装甲车和高机动车,第 13 特车大队装备 74 式主战坦克,第 13 特科队装备 75 式 155 毫米自行榴弹炮,第 13 高射特科大队装备 93 式近程防空导弹。

第 14 旅团,2006 年由原来的第 2 混成旅改编而来,也属于即应部队,负责四国地区德岛、香川、爱媛、高知四县的守备防御。编制兵员 2800 人,旅团部设在香川县善通寺市善通寺驻屯地,下辖第 15 普通科联队、第 50 普通科联队、第 14 特车大队、第 14 特科队、第 14 高射特科中队、第 14 后方支援队、第 14 侦察队、第 14 飞行队、第 14 通信中队、第 14 施设队、第 14 化学防护队等单位。普通科联队主要装备轻型装甲车和高机动车,第 14 特车大队装备 74 式主战坦克,第 14 特科队装备 FH-70 型 155 毫米牵引榴弹炮,第 14 高射特科大队装备 93 式近程防空导弹。

中部方面混成旅团,成立于 2008 年,是中部方面队的基本教育部队,旅团部位于滋贺县大津市大津驻屯地,下辖第 47 普通科联队、第 49 普通科联队、第 4 陆曹教育队、第 109 教育大队、第 110 教育大队。除了作为中部方面队的教育部队外,还是中部方面队的一支即应预备役部队,一旦有突发情况,就可以立即征召预备役人员,支援中部方面队的其他部队。

中部方面航空队,是中部方面队的航空部队,队部位于大阪府八尾市八尾驻屯地,下辖第 5 反坦克直升机队、中部方面直升机队、中部方面管制气象队、中部方面航空野外整备队和直属中队,主要装备 AH-1S 武装直升机、UH-60 通用直升机、OH-6D 侦察直升机、OH-1 侦察直升机和 LR-2 联络机。

第 8 高射特科群,群司令部位于兵库县小野市青野原驻屯地,下辖第 338 高射特科中队、第 339 高射特科中队、第 340 高射特科中队、第 308 高射搬送通信中队和直属中队。

中部方面通信群,负责保障中部方面队内部以及与陆上幕僚监部和其他方面队的通信联络,群司令部位于兵库县伊丹市伊丹驻屯地,下辖第 104 系统通信大队、第 104 指挥所通信大队、第 303 中枢交换通信队和直属中队。

中部方面后方支援队,负责中部方面队直辖部队的后勤保障,队部位于京都府京都市桂驻屯地,下辖第 107 全般支援大队、第 303 高射特科支援大队、第 104 施设直接支援大队、第 303 通信直接支援大队、第 306 普通科直接支援中队、第 307 普通科直接支援中队、中部方面运输队。

第 4 施设团,负责中部方面队的工程作业,团部位于宇治市大久保驻屯地,下辖第 6 施设群、第 7 施设群、第 102 施设器材中队、第 307 自卸车辆中队、第 304 施设队、第 305 施设队。

西部方面队，负责九州、冲绳地区的防御，总监部设在熊本县熊本市健军驻屯地。所辖部队包括 2 个师团、1 个旅团、1 个混成旅团、1 个航空队、1 个特科队、1 个高射特科团、1 个普通科联队、1 个反舟艇/反坦克队、1 个通信群、1 个后方支援队、1 个施设团、1 个指挥所训练支援队、1 个情报处理队、1 个补给处等部队，总兵力约 2 万人。

西部方面队主要作战部队有：

第 4 师团，成立于 1962 年，是以第 4 管区队为基础扩建而成，属于以轮式车辆为主要装备的轻型机械化师团，也是陆自的即应师团，负责九州北部大分县、福冈县、佐贺县和长崎四县的守备防御，是陆自主要应对朝鲜半岛的部队，编制兵员 7500 人，师团部设在福冈县春日市福冈驻屯地，下辖第 16 普通科联队、第 40 普通科联队、第 41 普通科联队、对马警备队、第 4 特车大队、第 4 特科联队、第 4 高射特科大队、第 4 后方支援联队、第 4 侦察队、第 4 飞行队、第 4 施设大队、第 4 通信大队、第 4 特殊武器防护队等单位。普通科联队和对马警备队主要装备轻型装甲车和高机动车，第 4 特车大队装备 74 式主战坦克，第 4 特科队装备 FH-70 型 155 毫米牵引榴弹炮，第 4 高射特科大队装备 81 式和 93 式近程防空导弹。

第 8 师团，成立于 1962 年，是以第 8 混成旅团扩编而成，属于以轮式车辆为主要装备的轻型机械化师团，也是陆自各师团中编制规模最大的师团，负责九州南部熊本县、宫崎县和鹿儿岛三县的守备防御。由于第 8 师团主要负责西南方向的防御，所以近年来重视程度逐年增长。编制兵员 9000 人，师团部设在熊本县熊本市北熊本驻屯地，下辖第 12 普通科联队、第 24 普通科联队、第 42 普通科联队、第 43 普通科联队、第 8 特车大队、第 8 特科队、第 8 高射特科大队、第 8 后方支援联队、第 8 侦察队、第 8 飞行队、第 8 施设大队、第 8 通信大队、第 8 化学防护队等单位。普通科联队主要装备轻型装甲车和高机动车，第 8 特车大队装备 74 式主战坦克，第 8 特科队装备 FH-70 型 155 毫米牵引榴弹炮，第 8 高射特科大队装备 93 式近程防空导弹。

第 15 旅团，2010 年由在冲绳的第 1 混成旅改编而来，属于陆自的离岛型旅团，负责冲绳地区的守备防御。编制兵员 2100 人，旅团部设在冲绳县那霸驻屯地，下辖第 51 普通科联队、第 15 高射特科联队、第 15 后方支援队、第 15 侦察队、第 15 直升机队、第 15 通信中队、第 15 施设队、第 101 不发弹（也就是哑弹）处理队等单位。普通科联队主要装备轻型装甲车和高机动车，第 15 高射特科联队装备 03 式中程防空导弹。

西部方面普通科联队，成立于 2002 年，是西部方面队直属的普通科部队，一个联队能够直属于方面队，可见其在方面队中的重要地位，编制兵员 660 人，联队部在长崎县佐世保市相浦驻屯地，主要担负山地战和两栖战任务，装备 AAV7A1 两栖装甲车，显然很明确地说明这个联队是在向两栖部队方向转变。

西部方面混成旅团，成立于 2013 年，是西部方面队的基本教育部队，旅团部位于长崎县佐世保市相浦驻屯地，下辖第 19 普通科联队、第 5 陆曹教育队、第 113 教育大队、第 116 教育大队。除了作为西部方面队的教育部队外，还是西部方面队的一支即应预备役部队，一旦有突发情况，就可以立即征召预备役人员，支援西部方面队的其他部队。

第 2 高射特科团，团部位于福冈县饭冢市饭冢驻屯地，下辖第 3 高射特科群、第 7 高射特科群、第 304 无线电诱导机队和直属中队。是优先换装 03 式中程防空导弹的部队。

西部方面航空队，是西部方面队的航空部队，队部位于熊本县上益城郡高游原驻屯地，下辖第 3 反坦克直升机队、中部方面直升机队、中部方面管制气象队、中部方面航空野外整备队和直属中队，主要装备 AH-1S 武装直升机、AH-64J 武装直升机、UH-60 通用直升机、OH-6D 侦察直升机、OH-1 侦察直升机和 LR-2 联络机。

西部方面特科队，队部位于大分县田布市汤布院驻屯地，下辖第 112 特科大队、第 132 特科大队、第 5 岸舰导弹联队、第 303 观测中队和直属中队，其中第 112、132 特科大队装备 M270 火箭炮，第 5 岸舰导弹联队装备 88 式岸舰导弹。

西部方面通信群，负责保障西部方面队内部以及与陆上幕僚监部和其他方面队的通信联络，群司令部位于熊本县熊本市健军驻屯地，下辖第 102 系统通信大队、第 103 指挥所通信大队、第 302 中枢交换通信队和直属中队。

西部方面后方支援队，负责西部方面队直辖部队的后勤保障，队部位于京都府京都市桂驻屯地，下辖第 106 全般支援大队、第 101 特科直接支援队、第 102

机降训练已经是陆自常规的训练科目

第1空挺团是日本陆自目前唯一的空降部队

高射特科支援大队、第103施设直接支援大队、第301通信直接支援大队、第304普通科直接支援中队、第302反舟艇/反坦克直接支援中队、第104不发弹处理队、西部方面运输队。

第5施设团，负责西部方面队的工程作业，团部位于福冈县小郡市小郡驻屯地，下辖第2施设群、第9施设群、第103施设器材中队、第305自卸车辆中队、第303水际障碍队。

中央即应集团，成立于2007年，编制上属于陆自，但实际上却是由防卫大臣直接指挥的机动部队，编制兵员4500人，司令部设在神奈川县相模原市座间驻屯地，下辖第1空挺团（也就是空降团）、第1直升机团、中央即应联队、特殊作战群、中央特殊武器防护队、对特殊武器卫生队、国际活动教育队。

中央即应集团的主要作战部队有：

第1空挺团，成立于1958年，是陆自目前唯一的空降部队，被誉为陆自中最精锐的部队，编制兵员1900人，团部位于千叶县船桥市习志野驻屯地，下辖第1普通科大队、第2普通科大队、第3普通科大队、空挺特科大队、空挺后方支援队、通信中队、施设中队、空挺教育队。普通科大队主要装备轻型装甲车、高机动车、4轮吉普车、4轮卡车和8轮卡车，空挺特科大队主要装备MO-120-RT-61型120毫米迫击炮。

第1直升机团，成立于2008年，是中央即应集团的陆航部队，编制兵员900人，团部位于千叶县木更津市木更津驻屯地，下辖第1运输直升机群、特别运输直升机队、联络侦察飞行队、第1直升机野外整备队，主要装备CH-47J重型直升机、UH-60J通用直升机、OH-6D侦察直升机、EC-225LP要人运送直升机和LR-2联络机。

特殊作战群，成立于2008年，是陆自的第一支特种部队，也是承担反恐作战任务的部队，可以直接受防卫大臣调遣，编制兵员300人，群司令部位于千叶县船桥市习志野驻屯地，下辖第1中队、第2中队、第3中队、特殊作战教育和直属中队，主要装备为轻型装甲车和轻武器。

中央特殊武器防护队，成立于2008年，是陆自的核生化防护部队，编制兵员155

人，队部位于埼玉县埼玉市大宫区大宫驻屯地，下辖第 102 特殊武器防护队、第 103 特殊武器防护队。

对特殊武器卫生队，成立于 2008 年，主要是负责救治受到核生化攻击的伤员，编制兵员 70 人，队部位于东京都练马区朝霞驻屯地，下辖第 101 对特殊武器治疗队、第 102 对特殊武器治疗队。

国际活动教育队，成立于 2008 年，主要负责对陆自海外维和任务的部队进行教育、训练和研究，编制兵员 80 人，队部位于静冈县御殿场市驹门驻屯地。

其他直属部队虽然名义是归陆自指挥，但实际上是由防卫大臣直接指挥，包括：

通信团（新宿区市谷驻屯地）

中央情报队（新宿区市谷驻屯地）

陆上自卫队警务队（新宿区市谷驻屯地）

中央会计队（新宿区市谷驻屯地）

中央输送业务队（横滨市横滨驻屯地）

中央业务支援队（新宿区市谷驻屯地）

中央管制气象队（新宿区市谷驻屯地）

会计监查队（新宿区市谷驻屯地）

中央音乐队（练马区朝霞驻屯地）

陆自的培训学校包括：

陆上自卫队干部学校（目黑区目黑驻屯地）

陆上自卫队干部候补生学校（久留米市前川原驻屯地）

陆上自卫队富士学校（骏东郡小山町富士驻屯地）

陆上自卫队高射学校（千叶市若叶区下志津驻屯地）

陆上自卫队航空学校（伊势市明野驻屯地）

霞浦学校（土浦市霞浦驻屯地）

宇都宫校（宇都宫市北宇都宫驻屯地）

陆上自卫队施设学校（茨城县那珂市胜田驻屯地）

陆上自卫队通信学校（横须贺市久里浜驻屯地）

陆上自卫队武器学校（稻敷郡阿见町土浦驻屯地）

陆上自卫队需品学校（松户市松户驻屯地）

陆上自卫队输送学校（练马区朝霞驻屯地）

陆上自卫队小平学校（小平市小平驻屯地）

陆上自卫队卫生学校（世田谷区三宿驻屯地）
陆上自卫队化学学校（埼玉市北区大宫驻屯地）
陆上自卫队少年工科学校（横须贺市武山驻屯地）
陆上自卫队研究本部（练马区朝霞驻屯地）
陆上自卫队补给统制本部（东京都北区十条驻屯地）

坦克和装甲车辆

战后，日本先后开发了四代坦克。第一代61式坦克是在1955年开始设计研制，主要借鉴了美国的M47和M48坦克的设计思想，1962年开始装备部队，到1975年总共生产了560辆，主要就是为了对抗苏联的T-54坦克，所以主要技术指标都是紧盯着T-54，总体性能也确实可以和T-54一较高下，目前已经全部退役。

陆自现役的主战坦克目前主要是74式、90式和10式三种型号，其中74式是第二代，1964年开始研制，1974年定型，1975年开始装备，到1990年停产，总共生产了870辆。74式坦克除了火炮和所配用的脱壳穿甲弹是日本按照许可证授权生产外，其他部件全部都是日本自行研制生产。74式的特点是强调火力和机动化，对于防护性则是受到法国思想的影响，认为现代反坦克弹药的威力越来越大，光靠坦克自身的装甲来硬扛并不是明智之举，所以主要把提高防护的重点放在了不被击中，所以比较注重机动性和外形的低矮，以减小被击中的概率。注重火力则是日本自卫队深知自己部队规模小，一旦要面对苏军入侵，必然是以寡敌众，所以必须以火力制胜，这样一来，就使得74式坦克反倒与苏联坦克有着异曲同工的现象。

日本陆自的坦克编队

90式是日本研制的第三代国产坦克，从1979年开始研制，1990年定型，1991年起装备部队。90式的性能非常优秀，在90年代的国际主战坦克评比中，基本上总是在前三之列。不过由于90式研制的时候还是冷战时期，而开始服役的时候，冷战却又结束了，所以国际形势发生了重大转变，这样一来，90式就有些显得不合时宜的味道了，所以最后只生产了341辆就全面停产了。

但是陆自现役的主力坦克74式坦克的性能显然已经落后了，所以陆自于2001年开始研制74式的后继型号，这就是第四代主战坦克的10式，2010年定型，2011年开始服役。由于日本自卫队近年来一直在削减整个坦克和装甲车辆的数量，所以10式的采购数量始终都停留在每年10辆左右，自然价格也就居高不下，成为当今世界上最昂贵的坦克。10式还是延续了日本国产坦克在外形上一贯的紧凑低矮的特点，同时借助日本发达的电子工业技术，其火控系统是世界比较先进的，反应迅速，命中率高，同时信息化程度也很高，完全可以满足未来信息化作战的需要。

在装甲车方面，日本自卫队向来比较重视，而且在发展过程中都是单车研制，也就是根据不同需求研制单独的车型，而不是在一种装甲车的基础上进行改装形成车族，这种在研制和生产上都明显带有土豪色彩的做法，也只有日本才有。

在最重要的装甲人员输送车方面，日本先后研制了73式装甲车和89式步兵战车。73式主要是为了和74式主战坦克配合作战而研发的，到1988年总共生产了338辆，但目前大部分已经退役，只有少量还在服役。

74式坦克

90式主战坦克

10式主战坦克

20世纪80年代日本自卫队开始研制73式的后继型号，1989年定型，1990年开始服役。不过89式步兵战车遇到了和90式主战坦克同样的问题，问世之后就遇到了

90 式坦克

1977 年日本防卫厅开始 74 式坦克后继型号的概念论证，1979 年开始具体的研制工作，研制计划代号 STC，这是"日本第三代国产坦克样车"的英文缩写，后来改称 TK-X，也就是试验性的 X 型坦克。在整个坦克研制中，日本制钢所负责火炮研制，三菱重工负责车体、炮塔和发动机的研制。原计划 1988 年定型，但最后直到 1990 年才完成定型工作，所以称为 90 式。1991 年，90 式开始正式服役。至 2009 年总共生产 341 辆，初期单价高达 11 亿日元（约合 1000 万美元），后来造价逐渐下降最后一批的单价是 8 亿日元（约合 780 万美元）。90 式坦克主要装备第 7 师团以及一些教学单位，如陆自武器学校、富士教导团坦克教导队和东部方面队混成旅团第 1 装甲教导队。

90 式在研制时充分借鉴了当时国际上比较先进的坦克设计思想，在外形上就同时具备了苏联坦克布置紧凑、重量较低和德国"豹-2"坦克重视火力和机动的特点，成为融合了东西方特色的先进坦克，在机动性、防护和火力三个主要性能上都比较出色，综合性能处于世界顶尖水准，在 20 世纪 90 年代后期世界坦克排行榜上，一直都在前三之列。

90 式的动力系统是发动机和传动装置一体化的动力包，发动机是三菱重工自主研制的水冷涡轮增压发动机，这款发动机不仅动力强劲，最大输出功率达到 1500 马力，而且加速性相当出色，2-200 米加速只需要 20 秒，相比之下"豹-2"为 23.5 秒，M1A1 要 29 秒，都不如 90 式。而且带潜水装置，可以使 90 式具备涉渡 2 米水深的能力。传动装置也是三菱重工研制的带闭锁离合器的变矩式行星齿轮自动变速器，通过电液控制来实现灵活的变速。行走装置则是基本延续了 74 式，悬挂装置也是沿用了 74 式的液气悬挂系统，不过只能调节前后高度。

90 式主炮是德国莱茵金属公司授权日本制钢所生产的 44 倍口径 120 毫米滑膛炮，身管外装有防热护套，配备排烟器。可以使用 JM33 钨合金尾翼稳定脱壳穿甲弹和 JM12A1 空心装药破甲弹，使用 JM33 穿甲弹时可以在 2000 米距离击穿 460 毫米均质装甲。采用自动装弹，所以 90 式车组成员只有 3 人，没有装弹手。90 式的自动装弹机采用比较少见的带式供弹方式，弹舱设置在炮塔尾部，这样补充炮弹比较方便，安全性也更好。携带炮弹 40 发，其中 18 发在自动装弹机上，4 发在炮塔里，18 发在车体里。如果在自动装弹机里的 18 发炮弹打完后，不到车外把炮弹装入自动装弹机，就只能使用车体内的炮弹，那么就等于是人工装弹了。

辅助武器是 1 挺 12.7 毫米高射机枪和 1 挺 7.62 毫米并列机枪，另外车组成员还配有 89 式折叠枪托的 5.56 毫米突击步枪。

火控系统是由双向稳定装置、激光测距仪、火控计算机、带热成像仪的车长独立观瞄镜和炮长独立观瞄镜组成，具备自动跟踪、行进间稳定射击的能力。当炮长或车长捕捉到目标，也就是目标图像进入到瞄准镜，只要按下跟踪开关，火炮就能自动跟踪然后开火。在目前国际上的现役坦克中，只有 90 式具有自动跟踪能力，据说可以达到在 3000 米距离首发命中一个汽油桶大小的目标，被称为是世界上一流的火控系统。

90式车体和炮塔都采用双层冷轧含钛高强度钢中间是蜂窝状陶瓷装甲的复合装甲，其他部位大都采用间隙装甲。炮塔正面是垂直面，主要是考虑到减小炮塔宽度比倾斜面正面防护性更好，而且倾斜面覆盖装甲的面积会更大，从而增加车重。而90式几乎对减小车重到了苛求的地步，凡是会增加车重的措施都不会采用。

基本技术数据

车全长：9.755米

车体长：7.5米

车宽：3.4米

车高：2.335米

战斗全重：50.2吨

最大公路时速：70千米

最大公路行程：350千米

乘员：3人

主要武器：1门120毫米滑膛炮，备弹40发

辅助武器：1挺7.62毫米并列机枪

　　　　　1挺12.7毫米高射机枪

10式坦克

到20世纪90年代，74式已经明显落后，但是后续的90式不但价格昂贵，而且其设计理念还是冷战时期的老思想，并不是太适合新的形势。于是，2001年日本防卫厅决定开始研制新一代的TK-X，主承包商是三菱重工。2002年，完成第一辆样车。2010年定型，并正式命名为10式。2010年10月，刚刚定型的10式参加了在琦玉县朝霞基地举行的阅兵式。2012年，10式正式开始陆自服役。

根据2011年的《中期防卫力量整备计划》，从2011年到2015年计划采购68辆，并且通过了预算。但是2014年的《中期防卫整备计划》又削减了坦克和装甲车辆的数量，所以10式的采购数量下调到了44辆。2010年10式的采购单价为8.5亿日元（约合928万美元），不过随着采购数量的减少，单价还会提高，继续延续90式坦克世界最贵主战坦克的称号。

10式坦克还是继续90式坦克布置紧凑的特点，而且尺寸和重量都比90式还要小。这样就更便于进行战略机动，符合日本自卫队越来越多海外部署的要求。车体采用楔形结构，上部倾角更小。炮塔位于车体中部，正面是全新设计的模块化楔形装甲。和90式一样也是三人车组，车长位于炮塔内部右侧，炮长在炮塔内部左侧，炮塔两侧各有一个舱门供人员进出。驾驶员则在车体前部中央，从车体顶装甲上的舱口进出，出入时需要把炮塔转到一定角度。由于车体前部是阶梯状的，驾驶舱低于战斗舱，所以驾驶员在进出时不需要调高火炮高度。

动力系统采用四冲程可变喷嘴柴油机，最大输出功率1200马力，没有90式大，不过因为10式的尺寸和重量都比90式小，所以机动性不会比90式差，特别是在转弯和复杂地形的机动能力还将超过90式。

主炮是日本国产的44倍口径120毫米滑膛炮,这是在德国120毫米滑膛炮的基础上改进而来,膛压更大,所以可以发射增强型装药和强化型弹芯的新型弹药。火炮采用电渣重熔,身管自紧,内膛镀铬等先进技术。炮管有较厚的防热隔层,身管后部有同心抽气装置。由于膛压更大,所以穿甲能力比90式更强,使用JM33钨合金尾翼稳定脱壳穿甲弹时可以在2000米距离击穿548毫米均质装甲。

10式也是自动装弹,使用的自动装弹机是在90式的基础上改进而成,可靠性有所提高,但是自动装弹机内的炮弹只有14发,比90式要少4发。总共携弹量是36发,其余在炮长座椅后面2发,车体内部6发,车体后部弹舱14发。

辅助武器是1挺12.7毫米高射机枪和1挺7.62毫米并列机枪,不过12.7毫米高射机枪没有采用眼下流行的遥控方式,加上安装位置较高,射击时需要车长探出身体,安全性不是很高。

到目前为止,日本仍未公布10式火控系统的详细信息,但是从90式火控系统的先进程度,可以想象经过20年之后,10式的火控系统必然会更进一步。根据未经证实的消息,10式的火控系统是以数字化弹道计算机为核心,结合车长带热成像全向瞄准仪、炮长瞄准仪、横风传感器、车速耳轴传感器和弹药温度传感器,性能非常先进,可以将车速、目标距离、风速等数据显示在车长和炮长的彩色液晶大屏幕显示器上,射击诸元都是由弹道计算机自动计算,大大缩短了反应时间,提高了首发命中率。

10式坦克最大的特点就是信息化程度高,根据日本媒体披露的10式坦克内部照片可以看到,车长和炮长都有彩色液晶大屏幕显示器和按键式操作面板,能够通过信息网络获得战场情报,实现坦克与坦克,坦克与上级单位的信息共享。

10式炮塔正面和侧面都安装有可拆卸的模块化装甲,装甲之间没有注入任何材料,属于间隔装甲。主装甲采用高强度钢和陶瓷的复合装甲,其中的陶瓷装甲还采用了纳米技术,重量更轻但防护性更强。不过10式的防护缺陷在悬挂系统,由于采用油液和氮气缓冲振动,一旦中弹很容易损坏,而且还容易起火,成为10式坦克的"阿喀琉斯之踵"。

基本技术数据

车全长:9.42米

车体长:7米

车宽:3.24米

车高:2.3米

战斗全重:44吨

最大公路时速:70千米

最大公路行程:440千米

乘员:3人

主要武器:1门120毫米滑膛炮,备弹36发

辅助武器:1挺7.62毫米并列机枪

　　　　　1挺12.7毫米高射机枪

冷战结束的大变革,日本对装甲车辆的需求自然也就急剧下降,直接导致了 89 式的采购数量大幅减少,总共才 68 辆,这使 89 式的采购价格非常之高,甚至都超过了美国的 M1A2 主战坦克。

为了应对新形势下的需要,将装甲车从履带式转向轮式。根据这一大形势,除了日本随后开发的就是 96 式 8X8 轮式装甲车,用来替换履带式的 73 式,1992 年开始研制,1996 年定型,1997 年开始服役,目前已生产 365 辆。除了 96 式外,日本还开发了更加轻巧的 4X4 轻型装甲车,虽然 2000 年就已经定型,但却一直没有给予正式的型号名称,所以只能称之为轻型装甲车,目前这款装甲车采购数量已经达到了 1800 辆以上,成为日本自卫队装备数量最多的装甲车。

此外,为了提高反恐作战和两栖作战的新需要,日本还在 2013 年以后相继引进了"大毒蛇"防护机动车和 AAV7A1 两栖装甲车。

在战斗辅助车辆方面,日本研制的各种辅助类的装甲车可谓名目繁多,11 式装甲抢修车、99 式弹药补给车、94 式水际布雷车、92 式装甲扫雷车、91 式装甲架桥车、90 式装甲抢修车、87 式弹药补给车、87 式侦察警戒车、82 式指挥通信车、78 式装甲抢修车、75 式装甲工程车等,足以让人眼花缭乱。

89 式步兵战车

96 装甲车

轻型装甲车

AV7A1 两栖装甲车

89 式履带式步兵战车

1980 年，日本防卫厅委托三菱重工开始研制步兵战车，这也是战后日本研制的第一种步兵战车，以取代老旧的 60 式和 73 式装甲车。当时防卫厅提出的要求是具备强大的火力、良好的机动性和防护力，能够伴随 90 式主战坦克行动，为主战坦克清除反坦克火力，打击敌方的装甲车辆，为己方步兵提供火力支援。

三菱重工 1984 年完成研制工作，1986 年开始样车试验，1989 年完成定型，因此被命名为 89 式步兵战车。不过日本自卫队的采购数量很少，总共才 68 辆。这主要因为当时冷战已经结束，日本对装甲车辆的需求大大降低了。但这样一来也就使 89 式步兵战车的价格非常昂贵，单价超过了 6 亿日元（约合 586 万美元）。89 式步兵战车主要装备第 7 师团第 11 普通科联队、富士教导团普通科教导联队第 1 中队，还有少量装备了陆自的教学单位。

89 式采用传统的动力前置布局，车体前部左侧为动力舱，右侧为驾驶舱，炮塔位于车体中部，载员舱在车体后部。车体、炮塔都是焊接而成，车体前部和炮塔采用间隔装甲。车体倾斜式外形以便获取更好的防弹效果。

由于要求能够伴随 90 式主战坦克行动，所以对动力系统要求很高，一台带有涡轮增压的柴油发动机，最大输出功率 600 马力。行动装置每侧 6 个负重轮，扭杆式独立悬挂装置。

车体中部是双人炮塔，炮塔形状复杂，内部右侧是车长左侧是炮长，为方便人员进出，左右侧各有 1 扇舱门。车长有 6 具潜望镜，炮长有 2 具潜望镜，另外在炮塔上还有可以探测导弹来袭的激光报警装置，只要探测到有导弹来袭就可提醒车长立即进行规避。这一装置在日本装甲车辆上广泛采用。炮塔前部是 1 门瑞士厄利孔公司授权日本生产的 90 倍口径 35 毫米机关炮，该炮可发射榴弹、高爆燃烧弹、曳光弹和脱壳穿甲弹，备弹 34 发。在炮塔两侧各有 1 具日本国产的 79 式反舟艇反坦克导弹，这种导弹有效射程 4000 米，采用有线半自动指令制导。辅助武器是 1 挺 7.62 毫米并列机枪。

车体后部的载员舱可以容纳 6 名士兵，而且配备 6 具潜望镜以供搭载的士兵使用。载员舱上有舱盖，必要时士兵可以从舱盖探出身子向外射击。载员舱两侧各有 3 个射击孔，搭载士兵也可以通过射击孔向外射击。载员舱尾部有两扇大门，可以使士兵比较方便地上下车。

89 式的整体防护水平比较低，采用钢制防弹钢板，之所以没有采用当时世界上比较流行的铝合金钢板，是考虑到铝合金熔点低，担心在中弹后引起火灾。所以这样一来，车体重量就比采用铝合金有所增加，为此还牺牲了水上机动性。

1991 年海湾战争之后，各国都对自己的步兵战车加强了装甲防护，比如美国的"布莱德利"步兵战车采用了重型装甲，英国的"武士"步兵战车采用了乔巴姆装甲，法国 AMX-10P 步兵战车采用了附加装甲。德国的"黄鼠狼"步兵战车甚至在增强了装甲后，重量从 28.2 吨增加到了 33.5 吨，足足增加了 5 吨。但是 89 式却丝毫没有这方面的改进，日本陆自之所以没有增强装甲的原因，最主要的就是考虑到 89 式步兵战车数量太少，如果再专门定制附加装甲，费用一定很高，由于资金所限所以只好放弃。

基本技术数据

车全长：6.8 米

车宽：3.2 米

车高：2.5 米
战斗全重：26.5 吨
最大公路时速：70 千米
最大公路行程：400 千米
乘员：3 人
载员：7 人
主要武器：1 门 35 毫米机关炮，备弹 34 发
辅助武器：2 具 79 式反舟艇反坦克导弹
　　　　　1 挺 7.62 毫米并列机枪

96 式轮式装甲车

1992 年，日本防卫厅委托小松制作所研制新型轮式装甲车。经过四年的研制和试验，于 1996 年定型，所以命名为 96 式轮式装甲人员输送车。这款装甲车日本自卫队总共采购了 365 辆，算是采购数量比较多的装备。

96 式轮式装甲车车体为全焊接单层钢制装甲结构，而不是比较常见的复合装甲。车轮为 8X8，全部为驱动轮。车体前部左侧为动力舱，右侧为驾驶舱。动力舱里安装了一台水冷式四冲程柴油发动机，驾驶舱有一扇向后开的舱盖，舱门上有 3 具潜望镜，供车长使用。驾驶舱后面是车长使用的指挥塔，指挥塔有一扇向后开的舱盖，舱盖旁有 6 具潜望镜。指挥塔可以根据安装 1 挺 12.7 毫米机枪或是 1 具日本国产的 40 毫米榴弹发射器，机枪和榴弹发射器都可以在必要时拆卸下来作为载员的携行重装备使用。

车体后部为载员舱，可以容纳 8 名士兵，4 人一排，面对面而坐，每两个位子为一组，舱内空间比较大，所以显得很是宽敞，在必要时可以挤下 10 名士兵。载员舱最前面的位子就在动力舱的左后方，面向前面，是载员中的步兵班班长专门位子，还专门设有一个安装防弹玻璃的小窗以供班长观察。载员舱两侧总共有 5 个固定式的观察窗，也都装有防弹玻璃，可以让载员很方便地观察车外情况。在载员舱的上面有 4 个向外打开的舱盖，可以让载员打开舱盖探出身子向外射击，并且在舱盖处设有机枪或无后坐力炮的支架，可以让载员在舱盖上架起机枪或无后坐力炮射击。载员舱后部是一扇能够放倒到地上的大门，放到地下后可以作为步兵上下车的踏板。

动力系统是一台水冷四冲程柴油发动机，最大输出功率 300 马力。这款三菱重工研制的发动机最大的特点是废气经过处理后再排放到车外，可以有效减弱废气的红外热特征和噪音。传动装置采用 H 型，分成两路分配给各个车轮。这种传动装置的优点就是两侧的传动轴都在乘员的座椅下面，大大降低了车高，同时可以增加内部空间。但是缺点是车体底部横截面呈现 V 字形结构，一旦触雷，无法有效减弱地雷爆炸的冲击波，防雷性能比较差。

轮胎采用径向钢丝子午线防弹轮胎，是在轮胎内侧嵌入金属硬芯，即便轮胎中弹漏气，金属硬芯也能够支撑车辆重量，虽然硬芯无法进行高速行驶，但是至少还可以行驶，不至于陷于无法动弹的被动地步。轮胎还有中央调压系统，可以根据路面情况调节轮胎压力，所以越野能力很强，并不比履带式车辆差多少。同时抗损性能也不错，一个轮胎损坏是根本不影响正常行驶的，两个

轮胎损坏也能保证一定的行驶能力，足够维持到撤出危险地区。

96式轮式装甲车的操作非常简便，几乎和普通民用车辆一样，是采用方向盘来操纵的。驾驶员左侧是连接自动变速箱的变速杆，右侧是轮胎中央压力调节系统开关和在一个车轮打滑空转时防止其他车轮失去动力的差速锁。

96式的装甲防护也是比较薄弱的，正面装甲12毫米，侧面更薄只有8毫米，只能防御7.62毫米机枪子弹和炮弹破片，不要说是反坦克导弹或火箭筒，就是普通的炮弹直接命中都可以造成严重损坏。另外，车体前方有探测导弹来袭的激光报警装置，车尾两侧各有一组4具烟雾弹发射器。

基本技术数据
车全长：6.84米
车宽：2.48米
车高：1.85米
战斗全重：14.5吨
最大公路时速：100千米
最大公路行程：500千米
乘员：2人
载员：8人
主要武器：可根据需要安装1挺12.7毫米机枪或是1具日本国产的40毫米榴弹发射器

轮式机动战斗车

2007年日本防卫省技术研究本部陆上装备研究所根据自卫队的要求开始研制，2013年研制出第一辆样车，2015年定型，按照日本自卫队的惯例将会被命名为15式轮式机动战斗车，但直到现在还未正式命名。目前初步确定自卫队将采购99辆，从2016年起进入部队正式服役。

这款车辆在设计时就大量借鉴了10式主战坦克的技术，这样既缩短了研制的时间，也可以大大节约研制经费，而且先进性也得到了保证。

机动战斗车外形极为简练，车身低矮，既可以减少被发现的概率，也能够有效降低重心，从而提高射击时的稳定性。总体结构还是采用传统的动力前置布局，车头采用的是现在比较流行的楔形设计，面积较大，但倾斜角很小。动力舱在前部左侧，驾驶舱在前部右侧，由具备隔热、隔音、减振功能的隔板分开。车体两侧是垂直面设计，防护性能要比倾斜面逊色，但是却能扩大车体内部空间。在车体两侧除了第一个、第二个车轮之间有装甲防护外，其他各轮之间都没有装甲防护，这就导致悬挂装置几乎全部暴露在外，毫无防护可言。

动力系统是一台水冷四冲程涡轮增压发动机，最大输出功率570马力，这在轮式战斗车中也是非常高的了，所以该车的机动性相当好。在战略机动方面，由于车身紧凑低矮，重量又轻，所以能够很轻松地通过运输机进行空运。

车体中部上方是一座结构紧凑的楔形炮塔，这是在10式坦克的炮塔基础上改进而来的。炮塔有3名乘员，分别是车长、炮长和装填手，其中车长在炮塔左侧，炮长在右侧前部，装填手在右侧后部。炮塔中安装 1 门 52 倍口径的 105 毫米线膛炮，这是在 74 式主战坦克上的英国 L7A1 线膛炮基础上改进而来的日本国产火炮，主要是降低了后坐力，炮管外有金属防热护套，炮管后方有抽烟装置。根据日本方面的报道，该车的炮弹是可以和 74 式主战坦克的线膛炮通用的，这也就是说是属于高膛压炮，尽管 105 毫米炮和现在比较主流的 125 毫米或 120 毫米炮相提并论，但是借助现在弹药领域的先进技术，威力也同样不可小觑。而且考虑到机动战斗车主要是对付敌方的步兵战车、两栖战车和轻型坦克，而不是主战坦克，所以这门主炮的威力也是能够满足需要了。辅助武器则是 1 挺 7.62 毫米并列机枪和 1 挺 12.7 毫米高射机枪。观瞄系统和火控系统都是采用 10 式主战坦克的，所以也具备了相当先进的水平，同时也能和 10 式主战坦克进行很好的协同。

机动战斗车的防护性能平平，全焊接装甲车体和附加装甲只能在正面抵御 20 毫米机关炮的直接射击，而两侧车体的防护更弱，只能抵御 12.7 毫米机枪子弹。如果要加强防护力，势必增强装甲，那就会增加车重，从而影响到空运。

基本技术数据

车全长：8.45 米

车宽：2.98 米

车高：2.87 米

战斗全重：26 吨

最大公路时速：100 千米

最大公路行程：500 千米

乘员：4 人

主要武器：1 门 105 毫米线膛炮

辅助武器：1 挺 7.62 毫米并列机枪

　　　　　1 挺 12.7 毫米高射机枪

轻型装甲车

从 1996 年开始，日本自卫队对装备的装甲车辆逐渐由履带式转向轮式，主要是为了便于进行空运，这也从一个侧面反映出日本已经不仅仅局限于本土防卫，而是有了向海外投送兵力的野心。在轮式装甲车方面，除了 8X8 的重型装甲车外，还开始研制 4X4 的轻型装甲车。1998 年日本防卫厅技术研究本部和小松制作所联合开始研制，2000 年就完成研制并定型，但却一直没有得到正式命名，在防卫省的各种文件中都还是把这种装甲车称为轻型装甲车。

日本陆上自卫队从 2001 年起开始采购，到 2014 年总采购数已经达到 1703 辆，再加上航空自卫队从 2003 年开始也采购了该车，到 2014 年总共采购 119 辆，这样整个自卫队的采购数量达到了 1822 辆，而且后续还会采购。这样的采购数量在日本自卫队中是非常大的，所以单价也不断下降，从 2001 年的 3500 万日元（约合 34 万美元）一直降到 2014 年的 3000 万日元（约合 29 万美元）。

轻型装甲车基本是仿照法国 VBL4X4 装甲车，全车共有 5 个车门（左右各 2 个，后面 1 个），这样就能使载员很方便地上下车。车体顶部有一个大型的圆形舱门，两扇舱盖分别向两边打开，舱门前部有防护板，载员可以探出身来观察或射击，这时两扇打开的舱盖还可以当作防盾提供防护。

动力系统是一台水冷涡轮增压柴油发动机，最大输出功率为160马力，自动变速箱有4个前进档和1个倒档，所以该车的机动性非常好。4轮全驱动，双V字框架结构，车底距地面比较高，所以通行性很好。不过和母版法国VBL4X4装甲车不同，没有水面浮渡能力。

轻型装甲车搭载能力最多只有4人，这和现在国际上一般将整个步兵班安排在一辆中型装甲车的思路不同，日本自卫队认为还不如将一个步兵班分散在几辆轻型装甲车上，这样更加灵活和敏捷，在反游击作战和反恐作战时更为合适。在具体作战中，主要是两种方式，一种是可以在车上通过车顶和舱口发挥武器火力，另一种是在主战坦克掩护下，搭载的步兵下车作战。所以，轻型装甲车没有固定的车载武器，主要是依靠搭载的步兵携带的武器。全车采用焊接装甲结构，防护能力很弱，只能抵御步枪子弹和炮弹破片。

基本技术数据

车全长：4.4米

车宽：2.04米

车高：1.85米

战斗全重：5.5吨

最大公路时速：100千米

最大公路行程：500千米

乘员：1人

载员：4人

支援火炮

日本自卫队的支援火炮在身管炮方面目前主要现役的是：203毫米自行榴弹炮、75式155毫米自行榴弹炮、99式155毫米自行榴弹炮和FH-70式155毫米牵引榴弹炮。

其中203毫米是口径最大的，这款自行榴弹炮其实就是从美国引进的M110A2型，炮身也还是由美国的FMC公司生产，只有炮架和底盘是由日本生产。M110A2型是1978年2月设计定型，1980年开始装备美国陆军。A1型主要的改进是采用了新型弹药，使发射榴弹时的最大射程增加到22.9千米，发射火箭增程弹时的最大射程达到29.1千米。同时在火炮身管上加装了双气室炮口制退器，这一点成为识别A2型和A1型最显著的外部特征。不过由于A2型的战斗全重增大到28.35吨，但动力装置未作改动，所以导致最大速度略有下降，为55千米/小时。应该说这款大口径自行榴弹炮的总体性能相当不错，在当今世界也都可以算是一流水平的，美军主要是用作军师级单位的直属炮兵装备，20世纪90年代开始陆续出口其他国家，现在世界上还有巴林、希腊、伊朗、意大利、日本、约旦、摩洛哥、巴基斯坦、西班牙、中国台湾、土耳其等国家和地区装备。日本总共采购了91辆，现在也都在服役。

75式155毫米自行榴弹炮是日本从20世纪70年代初开始研制，1975年定型，但直到1978年才开始装备部队。到1985年总共生产了201辆，主要装备北部方面队各师团的特科联队（也就是炮兵团）。原计划到2012年全部退役，但由于替代的99式155毫米自行榴弹炮的采购数量一直跟不上，所以75式还将继续服役到2016年才能全部退役。

99式155毫米自行榴弹炮日本从1985年开始研制，整个研制过程一波三折，所以直到1999年才定型，但是由于研制周期长，投入经费巨大，所以平摊到采购价格上，再加上采购数量不多，造成了价格非常之高，达到了9.6亿日元（约合938万美元），甚至都超过了日本最贵的90式主战坦克。目前总共采购数量为111辆，但因为日本自卫队一再缩编自行火炮的编制数量，即使75式全部退役的话，未来都不可能有99式的大量装备，估计也就在120辆左右。

FH-70式155毫米牵引榴弹炮是英国、联邦德国和意大利从1968年开始联合研制的，1975年定型，1978年开始装备部队。在当时来说，这款火炮的性能相当先进，所以被日本选中来取代已经老旧的M1型155毫米榴弹炮和M2A1型105毫米榴弹炮，从1983年起日本开始引进许可证授权生产，总共生产了492门，到2014年还有370门在服役。经过了40年，当时再先进的火炮都显然已经落伍了，所以日本自卫队已经开始研制新星155毫米牵引榴弹炮来替换，但是新的火炮截止到目前，还没有研制出

75式155毫米自行榴弹炮

FH-70式牵引榴弹炮

来，所以已经相当老迈的 FH-70 式还得继续留在陆自发挥余热。

日本自卫队对于火箭炮这种威力巨大的面积压制火炮，却一直没有什么兴趣，所以在战后长时间里都没有装备。直到 1991 年海湾战争中，美军 M270 型火箭炮的出色表现，才让日本自卫队开始意识到火箭炮在战场上的重要作用，所以这才从 1992 年到 2004 年通过引进许可证授权生产的方式，总共采购了 99 辆 M270 型火箭炮。

相对于火箭炮来，日本自卫队对于迫击炮则是比较重视的，早在第二次世界大战期间旧日本陆军就曾大量装备过简化版的迫击炮——掷弹筒，并且在实战运用中有过非常出色的表现。不过战后重整军备之后的日本自卫队却没有自己研制任何

日本陆上自卫队装备的 M270 火箭炮

型号的迫击炮，现在服役的迫击炮全部都是直接从国外进口或是取得许可证授权生产的。

日本自卫队的迫击炮口径非常简单，就是 60 毫米、81 毫米和 120 毫米，其中 60 毫米迫击炮是奥地利的 M6C-210 型，可以单兵携行，很轻松地背在背上，非常轻便，很有以前日军掷弹筒的风格。这款迫击炮特别之处就在于不是采用最常见的迫击击发而是压发击发方式，射击时装弹瞄准之后，只需要按下击发手柄上的按纽就可以发射。日本自卫队装备的 81 毫米迫击炮是引进英国的 L-16 许可证授权生产，这是一款在世界上被广泛采用的迫击炮，总共有超过 30 个国家装备，性能也是比较出色的，是西方国家陆军的主流迫击炮。

120 毫米迫击炮重量较大，所以日本自卫队采用的是牵引和自行方式，120 毫米

牵引迫击炮是引进法国的 MO-120-RT-61 型，总共采购了 340 门，是陆自普通科联队所属的重迫击炮中队的主力装备。120 毫米自行迫击炮则是将 MO-120-RT-61 型装在装甲车底盘上，这款自行迫击炮在火力、机动和防护三者之间取得了很好的平衡，但是唯一的缺点就是由于迫击炮炮身太长，不仅在发射时要打开后门，就连正常行驶时都会有一段炮身露在车外，这就使其防护力出现了巨大的漏洞。

120 毫米迫击炮

在高射炮方面，日本自卫队现役的就只有 87 式双联 35 毫米自行高射炮，这是日本在 80 年代开始研制，1987 年定型，总共才装备了 52 辆，所以采购单价相当高，达到了 16 亿日元（约合 1563 万美元）。其实很简单，

87 式双联 35 毫米自行高射炮

就是把瑞士厄利孔高射炮装到改装后的 74 式坦克底盘上，不过日本在火控系统方面确实下点本钱，还是有一定的先进水平。但是高射炮数量如此之少，而且以后也没再继续研制或引进后续高射炮，说明日本自卫队在防空领域正逐步实现导弹化，高射炮将逐步完全退出。

另外，日本自卫队还装备了大量的无后坐力炮，其实就是火箭筒。这是由于日本自卫队曾经长期面对苏联的巨大威胁，所以非常注重反坦克能力，那么反坦克导弹和火箭筒自然就受到了相当的重视，特别是日本的地形无法投入大规模的坦克部队，要想对抗苏联的坦克洪流，就只能依靠步兵反坦克力量了，因此目前日本自卫队装备的火箭筒就达到了 3000 多具，远远超过了火炮的装备数量。其中瑞典卡尔·古斯塔夫 M2 型和 M3 型 84 毫米火箭筒就有 2700 具，这款火箭筒虽然没有苏联的 RPG 火箭筒那么有名，但是性能也确实不俗。

日本陆自装备的火箭筒有3000多具远远超过了火炮的装备数量

数量众多的导弹武器

日本自卫队的导弹数量是相当之多的,陆自主要的导弹有三大类:岸舰导弹、防空导弹和反坦克导弹,这也从一个侧面充分说理了陆自的作战重点,即海岸防御、防空和反坦克。

日本是个岛国,所以自然就有着漫长的海岸线,单靠海自和

203毫米自行榴弹炮

这是日本自卫队从20世纪80年代开始从美国引进的M110A2型203毫米自行榴弹炮,炮身由美国FMS公司生产,炮架由日本制钢所生产,底盘由小松制作所生产,陆自总共采购了91辆,主要装备北部方面队的第1特科团和第4特科群、西部方面队西部方面特科队第112特科大队、陆自武器学校和富士教导团特科教导队第4中队。

这款203毫米自行榴弹炮没有炮塔,就是只有火炮和底盘两大部分组成,所以也被人戏称为"M110型203毫米自行炮架"。这样的结构,优点是结构简单,车身较轻,便于机动,但缺点是没有装甲防护,防护力太弱了。整个炮班编制13人,其中只有5人是在自行榴弹炮上,另外8人则要坐在87式弹药补给车上。

车体为铝合金装甲全焊接结构,驾驶室位于车体前部左侧,驾驶员配有3具潜望镜。车体后部为火炮,后部左侧为装弹机,后部下方有大型驻锄,在射击时放下,以吸收射击时的后坐力。

动力系统为一台水冷涡轮增压柴油发动机,最大输出功率为405马力。传动装置是液压机械式双流传动变速箱,有4个前进档和2个倒档。扭杆式悬挂装置,车体两侧各有5个橡胶双轮缘负重轮,主动轮在前,第五个负重轮兼做诱导轮,每个负重轮都有液压减震器,目的是在射击时保证稳定性。履带则是单销式销耳挂胶履带。

火炮是1门M2A2式25倍口径203毫米榴弹炮,采用断隔螺式炮闩,连击式击发机,可变液压气动式驻退机和气压式平衡机。炮管前端有双气室炮口制退器。火炮方向射界为±30度,高低射界为-2-+65度。火炮方向机为齿弧式,高低转轮转1周,火炮的俯仰角便改变5毫弧度;方向轮转1周,火炮的方位就改变5毫弧度。火炮的操纵靠液压动力,紧急时也可手动操纵。身管寿命为7500发,比起坦克炮来提高了10倍。这是由于坦克炮的强化程度较高,身管在射击时烧蚀会更加严重所致。

火炮的装填机由输弹机和装填机组成,液压动力操纵。输弹机有两个输弹臂,可以将放在车辆左侧或后方地面上的炮弹垂直吊起,送到装填滑轨上,然后炮弹沿滑轨滑至炮尾装填位置,装

填机上的推弹杆再将炮弹推入炮膛，发射装药则由人工装填。最大射速为 1.5 发／分，持续发射速度为 0.5 发／分。

火控装置包括 1 具 M115 型间接瞄准具（放大倍率 4×，视场为 10 度）和 1 具 M116C 型直接瞄准镜（放大倍率 3×，视场为 13 度）。此外，还有高低瞄准象限仪和炮手象限仪。

弹药基数为 72 发高爆榴弹，但装在车上的只有 2 发，其余的 70 发都装在弹药补给车上。炮弹重量约 100 千克，最大射程为 16.8 千米。

203 毫米自行榴弹炮没有炮塔，自然也没有三防能力，也没有两栖作战能力。

基本技术数据

车长：10.732 米

车宽：3.15 米

车高：3.145 米

战斗全重：28.35 吨

最大公路时速：55 千米

最大公路行程：500 千米

99 式 155 毫米自行榴弹炮

这款自行火炮是由三菱重工和日本制钢所联合研制，其中三菱重工负责底盘，日本制钢所负责火炮和炮塔。从 1985 年开始研制，本来计划在 75 式 155 毫米自行榴弹炮基础上进行改进，但是由于当时国际形势以及自行火炮的技术都有了很大变化，所以设计方案进行了几次大修改，这就导致了整个研制过程拖延日久，而且到 1992 年时计划拨付的 50 亿日元研究经费几乎已经全部用完，只好追加经费。到 1994 年才刚刚制造出样车，1998 年完成各项试验，1999 年定型，所以命名为 99 式自行榴弹炮。由于研制经费金额较大要平摊在采购价格中，所以造成单价相当昂贵，达到 9.6 亿日元（约合 938 万美元），甚至都超过了 90 式主战坦克的价格。导致价格如此之高的原因，还因为采购数量一降再降。这是由于日本陆自的自行火炮数量近年来都在持续削减，从 2004 年的 700 辆到 2011 年的 400 辆，再到 2014 年的 300 辆，目前 99 式的采购数量约为 110 辆，如果今后几年中 75 式不是大量退役的话，那么 99 式基本上就不会再采购了。

99 式自动榴弹炮车体前部左侧是动力舱，右侧是驾驶舱，驾驶舱上部有一扇水平开启的舱门，旁边有 3 具潜望镜。动力舱上部则是散热器的百叶窗。车体中后部是战斗室。整个车体结构和日本的 89 式步兵战车非常相像，不过日本方面始终表示 99 式是全新设计的，只不过有些零部件可以和 89 式步兵战车通用而已。车体和炮塔都是焊接结构，在舱门和一些盖板则采用了螺接结构。

车体前部中间是炮管行军固定器，因为采用遥控自动方式，所以结构相当复杂，不过好处就是炮管的固定和解脱以及固定器的竖起和放倒都可以在车内遥控进行。更有特色的是在长距离行军时，为了防止炮管过长而妨碍行驶，还可以通过专门开关将炮管缩短。不过在炮管缩短的情况下，炮管行军固定器就不能使用自动控制，而必须手动操纵。

动力装置为一台直列 6 缸水冷柴油机，最大输出功率 600 马力，和 89 式步兵战车一样。不过，89 式步兵战车的战斗全重只有 26 吨，要比 99 式自行榴弹炮轻多了，所以 99 式自行榴弹炮的单位功率很低，最大时速只有 49.6 千米，机动性比较差。行走系统每侧有 7 个负重轮、3 个托带轮，主动轮在前，诱导轮在后，第一、二、六、七负重轮装有液压减震器。悬挂装置为扭杆式，履带板为双销式，可加装橡胶垫块。

炮塔为全焊接结构，左前方为车长，在他后面是装填手，右前方是炮长。炮塔后部是自动装填机，所以使炮塔内部比较狭窄，但是炮塔内的电子装置布置却是井井有条。尽管有自动装填机，但还是在炮组编制中安排了装填手，以便在自动装填机故障时改由装填手人工进行，不至于出现因为自动装填机故障而无法正常作战。炮塔顶部有 2 个舱门，在两侧各有 1 个舱门，车尾有一扇可以左右开启的大门。另外，在炮塔后部的右侧有个对接站，可以与弹药补给车对接，进行炮弹的自动补给。

火炮是 1 门 52 倍口径 155 毫米榴弹炮，多孔式炮口制退器。火炮俯仰、炮塔旋转和炮弹的装填都是液压操纵，当然必要时也可以人工操纵。自动装弹机要比 75 式更先进，从炮弹到发射装药全部可以自动装填，而且可以在任何射角下装填。

火控系统已经实现高度自动化，具有自动诊断和复原功能。尽管炮车上未装 GPS 系统，但车上装有惯性导航装置（INS），可以自动标定自身位置，并且可以和新型野战指挥系统（FADAC）共享信息。99 式自行榴弹炮从进入阵地到发射第一发弹，只需要一分钟，非常适合采取"打了就跑"的战术，转移阵地的速度相当迅速。

99 式自行榴弹炮配用的弹药尚未公布，但可以肯定的是，除了可以发射日本国产弹药外，也可以发射北约制式的 155 毫米弹药。发射装药是新研制的 99 式发射药。根据不同的射程要求，可以发射 1-6 个发射药包。这种全新的发射装药的最大特点是降低了火药燃气对炮管内膛的烧蚀，消焰性也很好，从而可以大大提高炮管的寿命。

发射普通榴弹的最大射程为 30 千米，发射底部增程排气弹的最大射程可以达到 40 千米。最大射速为每分钟 6 发，其弹药基数尚未公布。

辅助武器为 1 挺 12.7 毫米机枪，布置在炮塔顶部右侧的车长舱口前。

99 式配有专门的 99 式弹药补给车，战斗全重 33 吨，乘员 2 人，车全长 6.7 米，全宽 3.2 米，全高 3.1 米。由于车体比 99 式自行榴弹炮短，每侧只有 6 个负重轮。动力装置为二冲程水冷增压柴油机，最大时速为 40 千米。车体前部为驾驶室，后面是动力舱，中后部为弹药舱。弹药舱的后部右侧装 99 式发射药，后部左侧是供弹机构。炮弹引信要在补充弹药前装定完毕。弹药补给车可装载 155 毫米炮弹 90 发。估计一个特科中队（也就是炮兵连）5 辆自行榴弹炮，配备 1 辆 99 式弹药补给车。

基本技术数据
车长：11.3 米
车宽：3.2 米
车高：4.3 米
战斗全重：40 吨
最大公路时速：49.6 千米
最大公路行程：300 千米
乘员：4 人

M270 型 227 毫米火箭炮

日本一直对火箭炮没有多大兴趣，所以长期以来都没有装备火箭炮。直到 1991 年海湾战争中，美军 M270 火箭炮的出色表现，才改变了日本自卫队对火箭炮的看法，并从 1992 年开始引进 M270 火箭炮，引进方式也是日本最常见的许可证授权生产，由石川岛播磨重工生产。陆自总共采购了 99 辆，主要装备北部方面队第 1 特科团第 1 特科群的第 129、133 特科大队、北部方面队第 1 特科团第 4 特科群的第 131 特科大队、东北方面队东北方面特科队第 130 特科大队、西部方面队西部方面特科队第 132 特科大队以及陆自武器学校和富士教导团特科教导队第 5 中队。

美国 M270 型 227 毫米 12 管火箭炮（多管火箭炮英文缩写为 MLRS）于 20 世纪 70 年代开始研制，1983 年开始装备美军，同年 5 月，根据和美国达成的协议，法国、德国、英国和意大利都可以生产，从而成为北约的制式武器。除了上述国家，还装备了日本、韩国、泰国、新西兰、澳大利亚、荷兰、希腊、沙特阿拉伯、土耳其和以色列等国，总产量超过 1000 门。

M270 采用模块化技术，机动性和防护性能好，火力密集且精度很高，尤其还具有可以发射陆军战术地对地导弹（ATACMS）的能力，被认为是西方国家最好的火箭炮。

动力系统为一台 8 缸水冷涡轮增压柴油机，最大输出 500 马力。底盘采用 M2"布雷德利"步兵战车的底盘，机动性比较强。在防护方面，具有抵御步枪子弹和炮弹破片的能力，铝制间隔装甲，装备集体三防系统。

发射装置为 12 个 298 毫米口径的玻璃钢定向管，实际上是个方形的集发射和储存一体的装甲箱体，中间由隔框一分为二，每边 6 枚火箭弹，火箭弹在这个箱体中贮存期可长达 10 年。弹箱上方有横梁，可以作为装填火箭弹的起吊支架。弹箱的俯仰由两个液压杆操纵，回旋则是由箱体下面的矩形活动底座来带动。M270 自备起重再装填设备，单人即可操作，装填时间 5 分钟/12 发，发射间隔 4.5 秒，可单发、连发或齐射。高低射界 0-+60，方向射界左右各 194 度。转动速度 5 度/秒。仰俯速度 0.9 度/秒。从行军状态转到战斗状态需要 5 分钟，从战斗状态转为行军状态需要 2 分钟。

火控系统由火控装置、遥控发射装置、定位定向系统、电子装置和火控面板组成。其能完成射击诸元计算、控制瞄准和射击、不间断确定炮车的位置和控制更换弹箱的任务，使 M270 具有很强的单车作战能力，同时可以通过多种手段将命令下达到班一级火力单位，指挥反应时间大为缩短，并可以通过战场信息网络共享目标信息。

弹药分为火箭弹和陆军战术导弹两种，火箭弹包括 M26 式双用途子母火箭弹、At-2 反坦克雷火箭弹、M26A1 增程火箭弹、制导火箭弹、灵巧战术火箭弹等，陆军战术导弹每辆车可以装 2 枚，也可以 1 枚战术导弹和 6 枚火箭弹混装。

火箭弹射程 32 千米（制导火箭弹最大可达到 70 千米）。

战术导弹 Block-1 型射程 25-165 千米，Block-1A 型射程 100-300 千米，Block-2 型射程 35-140 千米，Block-2A 型射程 100-300 千米。

日本自卫队的 M70 火箭炮特科大队（也就是火箭炮营）由大队部、3 个发射中队和 1 个直属中队组成，每个发射中队有 9 部发射车。

基本技术数据

车长：7.06 米

车宽：2.972 米
车高：2.617 米
战斗全重：24.756 吨
最大公路时速：64 千米
最大公路行程：480 千米
乘员：3 人

120 毫米牵引迫击炮

日本陆自目前现役的 120 毫米牵引迫击炮是 1992 年起从法国引进的 MO-120-RT-61 型，由丰和工业公司取得许可证授权生产，至 2014 年陆自总共采购 340 门，现在还在继续采购，但每年采购量就只有一两门了。这些 MO-120-RT-61 型主要装备陆自各普通科联队直属的重迫击炮中队（也就是步兵团的重迫击炮连）以及第 1 空挺团的空挺特科大队（也就是空降兵团的空降炮兵营）。

MO-120-RT-61 型是法国汤姆逊－布朗德公司从 20 世纪 50 年代开始研制，70 年代开始定型生产的炮口装填线膛迫击炮。除了法国之外，还有美国、比利时、意大利、荷兰、以色列、巴西、土耳其等多个国家也有装备。

虽然 MO-120-RT-61 型是迫击炮，但结构相当复杂，甚至在某些地方都快要接近身管火炮了。全炮由炮身、炮架和底座组成。炮身是锻造的，里面刻有 40 条右旋等齐膛线，可以赋予炮弹旋转的能力，从而使炮弹在飞行过程中都保持稳定。身管外面刻有螺纹，这样可以增加散热面积，还可以用来精确调整射角。在炮口处装有与车辆连接的牵引环。炮架分为摇架和下架。摇架由钢管连接两个轮子并带有扭杆式悬挂装置，方向机是全封闭的，以免杂物进入。高低机是手动转轮蜗杆，再带动蜗轮使摇臂绕着枢轴转动，而摇臂通过锁紧环与炮身连接，锁紧环沿着炮身滑动，来引起高低变化。下架置于车轴双轮运动体上。底座是个等腰三角形的钢板，三个角的顶端略微上翘，并有三条 Y 型板筋。

有迫击和拉火两种击发方式，该炮的缺点是结构比较复杂，而且不能直接瞄准，但总体性能还算比较先进。

日本陆自为 MO-120-RT-61 型迫击炮配备的牵引车是丰田汽车公司生产的 4X4 高机动车。

基本技术数据

炮身长：2.08 米
全炮空重：582 千克
战斗全重：565 千克
方向射界：±14 度
高低射界：30-85 度
最大射速：20 发／分
正常射速：6 发／分
最大初速：240 米／秒
最大射程：8140 米（榴弹）

12850 米（火箭弹）

炮班编制人数：4 人（另有 2 人为牵引车乘员）

M3 型 84 毫米火箭筒

瑞典 FFV 军械公司根据军方的要求，在卡尔·古斯塔夫 M2 式和 M2—550 式 84 毫米火箭筒基础上进行全面改进而成，主要是大量采用轻金属和非金属材料，使火箭筒的质量由 15 千克下降到 8.5 千克；研制了 FFV597 式新型火箭增程尾翼稳定的超口径破甲弹，使破甲厚度达到了 900 毫米，几乎可以击毁 20 世纪 90 年代所有型号的主战坦克复合装甲；研制了 M751 式新型破甲弹，采用串联战斗部，可以在清除了附加的反应式装甲后，还能穿透 500 毫米厚的主装甲。M3 火箭筒于 1984 年完成试验，并开始批量生产装备部队。有很多国家都采购了这款火箭筒，就连一向对火箭筒没有多大兴趣的美国陆军也改变了初衷，采购了 M3 火箭筒。日本自卫队从 2012 年开始引进 M3 火箭筒，2012 年采购 8 具，2013 年采购 17 具，2014 年采购 24 具，以后还将继续采购。

M3 火箭筒保留了 M2 火箭筒的基本结构，仍由发射筒、文杜里喷管、肩托、前手柄、两脚架组件、瞄准具、背带以及发射机构、击发机构和保险装置等组成。前手柄位于发射筒的左下方，发射筒的后上方增加了一个携行提手，以便于携带。发射筒用带膛线的钢质内衬和缠绕在内衬上的碳素纤维环氧树脂复合材料制成，去掉了原护板组件。喷管为玻璃钢制品，其他外露部件如前手柄、发射和击发机构、瞄准具支座和瞄准具壳体、肩托以及两脚架等多为铝制件或塑料件。

瞄准装置采用新研制的光学瞄准镜，还可以配备红外夜视瞄准具，以便在夜间作战中使用。

M3 火箭筒可以发射 FFV597 式超口径火箭增程破甲弹、FFV502 式多用途弹、M751 式串联战斗部破甲弹、FFV551 式火箭增程破甲弹、FFV441B 式杀伤弹、FFV469 式发烟弹、FFV545 式照明弹以及训练弹等。其中，FFV597 式超口径火箭增程破甲弹由空心装药战斗部、引信、增程火箭发动机、尾翼组件和发射药筒等组成。其战斗部前有一个探杆，以便赋予最佳炸高。尾部有 6 片折叠尾翼，出筒口后展开，保证火箭弹稳定飞行。FFV502 式多用途弹的特点是在空心装药主药柱外面，装有一个预制破片外套，并采用了瑞典 AT-4 反坦克武器的破甲后效技术。发射药筒有两个侧向撞击火帽，位置彼此相对，当攻击装甲战车时，可通过装填位置，选择碰炸，即延时爆炸或空炸方式。

基本技术数据

口径：84 毫米

火箭筒长：1.13 米

火箭筒重：8.5 千克

两脚架重：0.9 千克

最大射速：5 发 / 分

87式35毫米自行高炮

1976年日本自卫队为了取代老旧的M42型40毫米自行高炮和M15A1半履带防空车，提出了研制新型自行高炮的计划，代号为AW-X计划，具体委托三菱机电、三菱重工和日本制钢所联合研制，三菱机电负责火炮、炮塔的驱动系统和火控系统，三菱重工负责车辆底盘，日本制钢所负责炮塔。最后火炮确定为瑞士厄利孔公司的KDA型90倍口径35毫米高炮。

最初计划采用现成的61式坦克底盘，但是日本制钢所研制的炮塔却比61式的炮塔要重得多，也大得多，这就无法装在61式坦克底盘上，所以只好改变计划，在74式坦克底盘上进行改装。

1983年研制出样车，1987年定型，所以命名为87式自行高炮。采购价格相当高，单价达到了16亿日元（约合1563万美元），由于价格太贵，所以自卫队采购数量不得不尽量压缩，所以总共只采购了52辆。主要装备第7师团第7高射特科联队、第2师团第2高射特科大队第3中队以及陆自武器学校和高射教导队。在2009年L90型双管35毫米牵引高射炮退役之后，87式自行高炮就成为日本陆自所装备的唯一一种高射炮，这说明日本自卫队的防空火力正在向全面导弹化过度，高射炮正在逐渐淘汰。

采用74式坦克底盘，两侧各5个负重轮，无托带轮。机动性和越野性都比较强。

两门高炮位于炮塔两侧，炮塔前部呈方形，位于车体中前部，炮塔后面依次是圆形跟踪雷达和长条形搜索雷达，而德国的双联35毫米"猎豹"自行高炮圆形跟踪雷达位于炮塔前部，这是两者最大的区别。

配用的瑞士KDA型35毫米高炮，炮身有纵向散热槽，炮口有炮口初速测量装置。采用双向弹链供弹，射速550发/分，高炮随炮塔转动可实现365度全向射击，俯仰角度-5-+80度，初速1390米/秒，对空射击最大射程12800米，有效射程4000米。一般只射击空中目标，只有在紧急情况下才会射击地面目标。

火控系统由搜素雷达、跟踪雷达、激光测距仪、数字式计算机、光电跟踪仪等组成，搜索雷达在炮塔面支架最高处，跟踪雷达在搜索雷达的前面，位置也低一点，天线是个直径0.9米的圆盘。搜素雷达是水平偏振波束，跟踪雷达是垂直偏振波束，所以两者尽管距离很近，也不会相互干扰。光电跟踪仪和跟踪雷达并排，主要是在杂波干扰或电子干扰严重的情况下，来接替搜索雷达和跟踪雷达进行目标搜索和跟踪工作。

87式自行高炮自动化程度很高，实现了跟踪、搜索、处理、射击、保障一体化，具备单车作战能力，火力反应速度快，对于2倍音速飞行的空中目标，从发现到开火仅仅需要4秒。炮塔内部塞满了各种设备，里面两名乘员车长和炮长位置非常局促，甚至连伸直腰都做不到。炮塔上方有可供人员出入的舱口，舱口前有固定式潜望镜，炮塔前部左右两侧各有一组烟雾发射器。

基本技术数据

车长：7.99米

车宽：3.18米

车高：4.4米（雷达起竖）

战斗全重：38吨

最大公路时速：53千米

最大公路行程：300千米

空自显然难以有效地保卫这么漫长的海岸线,所以很自然就要依靠陆自装备岸舰导弹来加强防御了。日本自卫队的岸舰导弹主要有两个型号,即88式(SSM-1)和12式(SSM-2)。88式从1979年开始研制,直到1988年才定型,总的研制费用达205亿日元(约合2亿美元),采用机动发射方式,发射车平台为6X6卡车,总共采购了102辆六联装导弹发射车和相关配套的系统设备。

88式岸舰导弹

12式是日本自卫队从1997年开始研制,2012年定型,命名为12式。整个研制经费为134亿日元(约合1.35亿美元),和88式一样,采用机动发射方式,不过发射平台改为03式防空导弹所采用的8X8卡车,每连发射

12式岸舰导弹

车也是六联装,至2014年总共采购了22辆。对于12式岸舰导弹,直到现在日本都没有披露过详细的技术数据,只知道具体尺寸、外形都基本和88式一样,可能在制导方式上采用了更为先进的地形匹配技术。另外,海自也计划在12式的基础上开发舰对舰导弹,能够在军舰的导弹垂直发射系统发射,用来取代目前军舰所使用的美制"鱼叉"和国产90式舰对舰导弹。

在现代化战争中,制空权是决定性因素之一,所以陆自对于这方面历来相当重视,近年来更是在防空方面逐步转向导弹化,因此防空导弹也就成为陆自的发展重点。目前,陆自的防空主要分为中程防空导弹和近程防空导弹两大类。在中程防空导弹方面,主要是霍克式和国产03式(SANM-4)两种,其中的霍克防空导弹是美国雷神公司于20世纪50年代末期开始研制,日本是从1964年开始引进,由三菱电机和东芝公司根据许可证进行授权生产,每年都会抽选出几枚送到美国新墨西哥州的白沙导弹靶场进

03 式中程防空导弹

93 式防空导弹

行试射,以保证质量。随着美国对霍克导弹的不断改进更新,日本也基本上同步跟随,目前也主要是改进 1、2、3 型,总共还有 200 辆三联发射车在服役。

03 式中程防空导弹是日本从 1996 年开始研制,2003 年定型,所以命名为 03 式,整个研制经费为 1000 亿日元(约合 9.77 亿美元),采用机动发射方式,发射平台是 8X8 重型卡车,每辆发射车上是六联发射箱,但实际发射时是采用先进的垂直发射方式。原计划是全面替换霍克式防空导弹,但由于日本财政困难,所以换装工作进展迟缓,直到现在都还有相当数量的霍克式导弹在服役。

近程防空导弹有 81 式(SAM-1)、93 式(SAM-3)和 11 式,还有 91 式(SANM-2)和 91 式改(SAM-2B)便携式防空导弹,其中的 93 式是由东芝公司生产,1990 年起研制,1993 年定型,1994 年装备部队,整个研制过程比较短,很大程度上借鉴了美国复仇者式近程防空导弹,不过发射车底盘采用 4 丰田公司的 X4 高机动车,车上安装了 2 个四联装发射箱,里面是 8 枚 91 式便携式防空导弹,总共采购 113 辆。

11 式的研制生产过程比较神秘,从 1999 年开始研制,但始终都不见任何相关报道,直到 2011 年的财政预算中才看到有采购 11 式近程防空导弹这一个项目,外界才知道有了这么一种导弹,对于具体的性能,更是罕有介绍,只知道是把发射车和火控系统都放在同一辆 6X6 卡车上,大大提高了单车的作战能力。

91 式便携式防空导弹是日本防卫厅和东芝公司联合研制,用来替代美国的"毒刺"导弹。这是世界上第一种采用红外成像制导的防空导弹,抗干扰性和威力都很强。从 1991 年到 2005 年采购了 279 枚 91 式,从 2007 年到 2010 年又采购了 77 枚 91 式改型导弹。

由于冷战时期要对付苏联强大的装甲部队的考虑，所以日本自卫队一直都很重视反坦克作战，考虑到日本地形狭小，很难进行大规模的坦克战，所以对于反坦克武器就是情有独钟了，那么反坦克导弹也就自然极受重视。目前日本自卫队装备的反坦克导弹种类繁多，有美制"陶式"反坦克导弹、AGM-114L"海尔法"反坦克导弹、79式反舟艇／反坦克导弹、87式反坦克导弹、96式多用途导弹、01式轻型反坦克导弹、中程多用途导弹等。

91式便携式防空导弹

"陶式"反坦克导弹是AH-1S武装直升机的配套武器，只能机载发射，采用光学瞄准、红外自动跟踪、有线制导，圆柱形弹体，前后各有四片可控制折叠翼面，前面四片呈十字形，后面四片呈X字形，导弹从发射筒射出之后，折叠翼面就自动打开。AH-1S武装直升机挂载的"陶式"反坦克导弹发射筒有双联和四联两种，陆自装备约700枚。

AGM-114L"海尔法"反坦克导弹则是AH-64DJ武装直升机的配套武器，也只能机载发射。作战时由直升机雷达搜索并确定目标，导弹上的毫米波导引头自动跟踪锁定目标，真正实现"发射后不管"，远比"陶式"先进。导弹尺寸也比"陶式"小，也是圆柱形弹体，前后各有四片可控制折叠翼面，都是呈X字形，战斗部可以根据需要选用串联聚能破甲弹或高爆榴弹，威力都比较大。陆自装备约80枚。

1957年，日本防卫厅技术研究部与川崎重工业公司合作，以世界上最早装备部队、最早实战使用的反坦克导弹——法国SS-10反坦克导弹为基础，开始研制第一代反坦克导弹，并于1964年研制成功，称为64式"轻马特"反坦克导弹（ATM-1），现在已基本淘汰。

79式反舟艇／反坦克导弹是1964年开始研制，1979年定型，命名为79式"重马特"反舟艇／坦克导弹（ATM-2）。1984年开始装备部队。陆自总共采购了240部发射器，既可以攻击坦克和装甲目标，也可以攻击小型舟艇，在陆自中更多地作为海岸防御武器来使用。在作战中发射管可以用三角架支撑，人工发射，也可以将发射管和三角架装在吉普车上，还可以用发射箱装在89式步兵战车上。基本结构以及发射原理都和"陶式"反坦克导弹相似。

87式反坦克导弹是1978年开始研制，1987年定型，命名为87式"中马特"反坦克导弹（ATM-3）。1988年开始装备部队。主要是装备普通科联队的反坦克分队，但具体采购数量不详。87式反坦克导弹最大的特点是重量大大减轻，单枚导弹仅重12千克，6枚导弹再加上全部配套设备，总共才140千克，只相当于79式的三分之一，极大方便了步兵的携带。还有就是采用半主动激光制导，这样就可以使射手在发射导弹后迅速转移，由设在隐蔽处的激光照射器照射制导，大大提高了导弹发射人员的生存性。最常见的作战形式是由射手、激光照射手和弹药手三人组成的小组，一组通常就携带6枚导弹，具有很强的反坦克能力。

01式轻型反坦克导弹

87式"中马特"反坦克导弹

96式多用途导弹是1986年开始研制，1996年定型，1998年开始装备部队，是一种重型的反坦克导弹，陆自总共采购了37辆发射车以及相关配套设备。发射车采用丰田公司的4X4高机动车，车上是一座六联装发射箱。采用光纤/红外成像制导，目标信息都是通过光纤传送，所以抗干扰性很强。最大射程达到10千米以上，而且发射之后在整个飞行过程是不需要持续瞄准的，对于发射车的战场生存性也是很大的保障。

01式轻型反坦克导弹是1993年开始研制，2001年定型，2003年开始装备部队，整个研制经费为105亿日元（约合1亿美元），陆自总共采购了1073枚，单价为2500

万日元（约合 24 万美元）。陆自原先计划给每个普通科中队（也就是步兵连）的反坦克分队和无后坐力炮分队各配备 1 枚，后来又发现普通科小铳小队（也就是 10 人制的步枪班）和小铳分队（也就是 8 人制的步枪班）反坦克能力都比较薄弱，所以又给每个普通科小铳小队和小铳分队也配备了 1 枚，这样才使 01 式的采购数量如此之多，也使之成为陆自步兵部队最重要和配备最广泛的反坦克武器。

中程多用途导弹是 2000 年开始研制，2009 年定型，但却一直没有得到正式命名。整个研制经费为 120 亿日元（约合 1.17 亿美元），主要是计划取代 87 式反坦克导弹。目前已经采购 75 套，但都装备教育单位，而没有在战斗部队中装备。之所以叫多用途导弹，是因为这款导弹除了能对付坦克和装甲目标外，还能对付混凝土工事、土木工事、钢筋水泥建筑和舟艇。采用车载发射，发射车是丰田公司的 4X4 高机动车，车上载六联装发射箱，特别是还在发射箱上集成了搜索用的毫米波雷达、热像器和激光照射装置，一辆发射车就可以执行单独的作战任务。另外，也可以在陆自的 AH-1S 武装直升机上使用，用来取代老旧的"陶式"反坦克导弹。

88 式岸舰导弹

1979 年由日本防卫厅技术研究本部开始研制，最早称 SSM1- 型。三菱重工为主承包商，负责系统研制，日产汽车负责火箭助推器，日本航空电子公司负责制导系统，大金公司负责战斗部。1988 年定型并命名，整个研制经费为 205 亿日元（约合 2 亿美元）。1989 年起装备部队。至 2000 年，日本自卫队总共采购 102 辆 88 式六联装发射车及其配套的系统设备。

88 式岸舰导弹采用常规气动布局，弹体中部四片前缘后掠大三角形稳定翼，弹体后部四片前缘后掠小三角形控制舵面，都是 X 形布置。弹体头部是半圆形整流罩，弹体内部从前到后依次分为导引头舱、控制舱、战斗部舱和发动机舱。制导方式中段采用惯性制导加雷达高度修正，末段采用主动雷达制导。

采用 74 式 6X6 卡车为发射车，每辆车上是六联装发射筒。作战时由指挥车发出命令，搜索雷达发现目标后通过数据中转车传送到指挥车，再由指挥车计算出射击诸元，再传送到发射车，整个发射准备过程需要 45 分钟。

88 式岸舰导弹以联队为基本作战单位，下辖联队部、联队直属中队、4 个发射中队和 1 个支援队，主要装备指挥车 1 辆、搜索雷达车 12 辆、数据中转车 12 辆、火控车 4 辆、发射车 12 辆、弹药补给车 12 辆、野战维修车 1 辆、救护车 1 辆。其中每个发射中队装备发射车 3 辆、弹药补给车 3 辆。

基本技术数据

弹长：5 米

弹径：0.35 米

弹重：660 千克

战斗部重：225 千克

射程：150-200 千米

最大飞行速度：1150 千米/小时（约 0.94 倍音速）

03 式中程防空导弹

早在 20 世纪 80 年代，日本就在考虑霍克中程防空导弹的后继型号，但是对于是引进还是自行研制，一直争论不休，直到 1995 年才最终确定自行研制，1996 年日本防卫厅技术研究本部正式和三菱电机公司开始研制，2002 年完成各项试验，2003 年定型，故此命名为 03 式防空导弹。陆自本来计划用 03 式防空导弹全面替换 8 个高射特科群（相当于防空营，每个特科群下辖 4 个高射特科中队）装备的霍克防空导弹。但是由于进入 21 世纪后，日本财政情况一直不佳，防卫费用连年削减，所以 03 式导弹的换装工作进展非常缓慢，至 2014 年总共采购了 15 个中队，实际服役的才只有 12 个中队，还不到总换装数的 40%，主要换装的是东京湾、兵库县和冲绳县三个最重要的战略方向。

每个高射特科群的 03 式导弹采购费用约用 470 亿日元（约合 4.6 亿美元），比起同等规模的爱国者导弹的采购费用大约要少 400 亿日元（约合 4 亿美元），即便如此，沉重的预算压力还是让日本自卫队在采购 03 式导弹时举步维艰。为了缓解财政方面的困难，日本自卫队从 2009 年开始对 03 式导弹进行了改进，以压缩成本，同时提高应对低空巡航导弹和高速空对地导弹的能力，强化作战指挥体系，使之能够与空自的自动警戒管制系统进行数据传输和信息交换，提高作战效能。改进型的 03 式导弹将从 2016 年开始服役。

03 式导弹由作战指挥系统、发射系统、雷达系统、火控系统、通信系统、运输装填系统组成，导弹采用鸭式气动布局，头部有四片可活动的气动控制翼，尾部是四片控制舵面类似于爱国者导弹。动力系统为单级固体火箭发动机，具备推力矢量控制系统，所以机动性能非常出色。战斗部配有近炸和触发引信，制导方式采用中段惯性制导加末段主动雷达和红外成像复合制导，具备很强的抗干扰能力，不仅可以在恶劣天气和电子干扰的情况下作战，还能准确拦截带诱饵的弹道导弹。在全方位多目标攻击方面，甚至超过了爱国者防空导弹。

采用垂直发射，可以 360 度全向攻击，发射车采用 73 式 8X8 重型卡车，车上是六联装发射箱。整个 03 式导弹的火力单元是 4 辆发射车、1 部多功能相控阵雷达、1 个指挥控制中心和 1 个火控站组成，所有的配套设备都可以装在和发射车一样的 73 式 8X8 卡车上。

基本技术数据

弹长：4.9 米

弹径：0.32 米

弹重：570 千克

战斗部重：73 千克

射程：25-50 千米

最大射高：10000 米

最大飞行速度：2.5 倍音速

93 式防空导弹

其由日本东芝公司于 1990 年开始研制，1993 年定型并命名，1994 年起装备部队。日本自卫队从 1993 年到 2008 年总共采购了 113 辆。

93 式基本上就是仿制美国的"复仇者"防空导弹，不过把导弹载车改为了丰田公司的 4X4 高机动车。车上 3 名乘员（车长、驾驶员兼对空观察员和射手），驾驶舱里有电台和显控系统，车尾是发射塔，发射塔的正上方是观瞄系统，由摄象机、热像器、激光测距器和敌我识别器组成，观瞄系统左右各装一个四联装发射箱，里面是 91 式便携式防空导弹。

作战时先接收师团防空指挥系统发来的目标信息和命令，然后车长操作观瞄系统搜索目标，确定目标后由射手发射导弹。可以在车内操作，也可以下车后在远距离通过连接电缆进行遥控发射，以提高战场生存性。

基本技术数据
车长：4.9 米
车宽：2.1 米
发动机：1 台柴油发动机，功率 150 马力

91 式便携式防空导弹

这是日本防卫厅和东芝公司联合研制的，1979 年开始研制，1991 年定型并命名，1992 年起装备部队。日本自卫队总共采购了 279 具。这是日本第一代国产便携式防空导弹。2002 年东芝公司又在 91 式的基础上进行了改进，2007 年定型，称为 91 式改型防空导弹。日本自卫队总共采购了 77 具。

外形犹如细棍，头部为卵圆形，鸭式布局，弹体前部有四片活动翼面，后部是四片控制翼面。弹体内部从前到依次是导引头舱、制导舱、战斗部舱、发动机舱和火箭助推器。

采用发射和储存为一体的发射筒，集成有瞄准具、发射机构、电池和敌我识别天线。采用红外和电视双重制导模式，提高了抗红外干扰能力。91 式改型则是红外成像制导，具备了夜间作战能力，进一步提高了抗红外干扰和全向攻击能力。

基本技术数据
弹长：1.43 米
弹径：0.08 米
弹重：17 千克
战斗部重：9 千克
射程：5 千米
最大射高：15000 米　最大飞行速度：1.9 倍音速

87 式反坦克导弹

其是日本陆上自卫队从 1978 年开始研制，川崎重工为主承包商，三菱汽车也参与了研制。1987 年定型命名为 87 式"中马特"反坦克导弹（也叫 ATM-3），1988 年起装备部队。具体采购数量不详。目前已成为日本陆上自卫队反坦克导弹的主力。该型导弹属第三代反坦克导弹，系统采用半主动激光制导方式，在导弹发射后需要不断地用激光照射目标，飞行中的导弹接收目标反射的激光束，自动跟踪直至命中目标。所以在发射过程中很容易暴露自身，也不具备发射后不管的能力。

基本技术数据

弹长：1 米

弹径：0.11 米

弹重：12 千克

战斗部重：7 千克

射程：2 千米

破甲厚度：600 毫米

01 式轻型反坦克导弹

日本陆上自卫队研究本部于 1992 年开始研制，川崎重工为主承包商，2001 年定型命名为 01 式"轻马特"反坦克导弹（也叫 ATM-5），整个研制经费为 105 亿日元（约合 1 亿美元）。2003 年起装备部队。日本自卫队总共采购了 1073 枚，单价 2500 日元（约合 24.4 万美元）。

外形为圆柱形，头部为卵圆形，弹体中部有四片 X 形布置的活动翼面，尾部有四片十字形布置的控制翼面。采用先进的红外成像制导，导引头采用波长 8-14 毫米的非致冷红外焦平面阵列传感器，不仅具备发射后不管的能力，而且还有可靠性高、发射准备时间短、维护简单等优点。

发射筒采用玻璃纤维复合材料，前后盖是用高强度泡沫塑料，所以整体重量很轻，非常便于携带。作战时采用肩扛式发射，先取下前后盖，利用目标探测系统搜索目标，一旦发现立即按下锁定快门，接着发射。导弹发射出去，射手就可离开发射阵地，或者转移隐蔽或者攻击下一个目标。

战斗部配有空心装药战斗部、温压弹、穿墙排障弹等多种战斗部，可以根据实际作战需要灵活选用。

由于 01 式反坦克导弹相当简便，所以不占用专门编制，战术使用极其灵活。日本自卫队为了提高 01 式反坦克导弹的机动性，还为其配备了 4X4 轻装甲车。

基本技术数据

发射筒全长：0.97 米

弹长：0.86 米

弹径：0.14 米

系统全重：17.5 千克

弹重：11.4千克
战斗部重：5千克
射程：2500米

直升机部队实力不凡

日本自卫队对于直升机也是非常重视，现役直升机型号众多，种类齐全，性能都比较先进，数量也不少，所以陆自的直升机部队实力还是相当强的。目前现役的直升机主要有：AH-1S"眼镜蛇"武装直升机73架、AH-64DJP"长弓阿帕奇"武装直升机11架、UH-60JA"黑鹰"通用直升机40架、CH-47JA"支奴干"运输直升机55架、OH-6D"印弟安种小马"侦察直升机84架、OH-1"忍者"侦察直升机38架、EC-225LP"超级美洲狮"要人运送直升机3架和TH-480B教练直升机30架，总共334架。这样的陆航直升机规模就是在全世界范围，都是属于比较前列的。

AH-1S"眼镜蛇"武装直升机从1980年开始引进，由富士重工根据许可证授权生产，从1981年到1998年总共生产了90架，2000年全部进入陆自服役，目前在役的还有73架。AH-1S型是在早期AH-1G型的基础上改进而来，主要是换装了马力更大的发动机、增加了一台发电机、采用新的火控系统等，装备1门三管20毫米机炮，可以携带火箭巢或者最多8枚"陶式"反坦克导弹。

AH-64DJP"长弓阿帕奇"武装直升机2001年开始引进，由富士重工根据许可证授权生产，最初计划采购62架，但由于价格太贵，单价在2012年就达到了52亿日元（约合5078万美元），甚至超过了F-15战斗机的价格，最后削减到13架，这让富士重工叫苦不迭，这么点采购量连收回投资生产线的成本都不够，最后闹上法庭才挽回一点损失。经过这一番折腾，AH-64的计划就被严重拖后，目前也只交付了11架。这11架全部装备了西部方面队的西部方面航空队所属的第3反坦克直升机队。该直升机队驻扎

AH-1S"眼镜蛇"

AH-64D"阿帕奇"

UH-60JA"黑鹰"

CH-47JA"支奴干"

在佐贺县神崎郡目达原驻屯地，很显然是为了应对西南方面的潜在威胁。AH-64的性能相当出色，是当今西方国家最顶尖的武装直升机，装备1门30毫米机炮，两侧短翼下共有4个外挂架，可以携带火箭巢或者最多16枚AGM-114L"海尔法"反坦克导弹，还可以携带AIM-92"毒刺"近程空对空导弹进行空战。

UH-60JA"黑鹰"通用直升机是日本自卫队1988年决定引进的，由三菱重工根据许可证进行授权生产，陆自从1995年开始采购，总共采购40架，单价37亿日元（约合3614万美元）。UH-60JA"黑鹰"直升机可以说是当今世界上10吨级通用直升机中的佼佼者，总体性能相当出色，日本三大自卫队都有采购，陆自和海自、空自的略有不同，主要是陆自的UH-60JA"黑鹰"基本不担负搜救任务，因此没有装备搜救设备，同时考虑到会经常在战场上比较具有威胁的地区活动，所以在排气口安装了红外抑制器以减小红外特征，从而减小被发现和攻击的概率。

CH-47JA"支奴干"运输直升机是20世纪80年代后期日本开始引进的，由川崎重工根据许可证授权生产,陆自总共采购了55架。CH-47JA"支奴干"是重型运输直升机,最大载重可以达到10吨,运载能力非常强。陆自装备的CH-47JA"支奴干"将前视红外系统和飞行员夜视系统作为必装设备,大大增强了夜间飞行能力。近年来陆自也对CH-47J"支奴干"进行改装,加装了"增强型区域防护和生存力"系统和卫星通信系统,还计划换装发动机以及加装机枪以提高自卫能力。

OH-6D"印弟安种小马"

OH-6D"印弟安种小马"侦察直升机是1979年开始引进,由川崎重工根据许可证授权生产,陆自总共采购了193架,现正在被OH-1所取代,但由于OH-1的产量很小,所以换装过程非常缓慢,至今OH-6D还有84架在服

OH-1"忍者"

役。OH-6D是由美国休斯直升机公司(现已并入波音公司)研制,采用单旋翼带尾桨布局,机身外形呈雨滴状,机头座舱采用并列双座,整个舱盖都是透明的防弹玻璃,视野非常好。机尾部有舱门。机组成员2人,最多为4人。除了执行侦察任务外,还可以根据需要加装机枪和自动榴弹发射器,执行对地攻击。

OH-1"忍者"侦察直升机是目前陆自装备的直升机中唯一由日本自行研制生产的,1993年开始研制,由川崎重工为主承包商,1996年首架原型机试飞,2000年开始量产,到2014年总共采购了38架(其中4架原型机)。由于采购数量太少,所以单机价格相当高,2008年时达到25亿日元(约合2442万美元)。OH-1外形流畅,具有比较好的隐身性,机身大量采用碳纤维增强塑料以减轻重量,机身两侧的短翼各有2个外挂架,可以挂载空对空导弹,必要时可以进行空战。2002年日本自卫队还对1架OH-1进行了改装,使得该机的火控、通信、情报、侦察和指挥能力都有了显著提高，但却只进行了这一架的改装，后续扩展到其他同型号直升机上。

3架EC-225LP"超级美洲狮"要人运送直升机是2003年陆自向欧洲直升机公司购买的，用以替换原来的AS-332L"超级美洲豹"要人运送直升机，主要用于承担运送日本皇室成员、首相以及来访的外国政要的任务。

TH-480B教练直升机是美国恩斯特龙公司专门在TH-480直升机的基础上为日本陆自改进研制的，2010年起交付，至2013年30架已经全部交付。为单旋翼带尾桨的传统布局。教练机布局为3副座椅，前排是教练员与学员的座椅并排布置，后排是第二观察学员的座位。

AH-1S

1977年和1978年日本自卫队分别从美国引进了1架AH-1S进行测试，最终于1980年决定批量引进。由富士重工根据许可证进行授权生产，从1981年到1998年总共采购了90架，并在2000年前全部装备部队，目前还有73架在服役。

AH-1S是在世界上第一种专用武装直升机AH-1G的基础上改进而来，单旋翼，流线型机身，串列式机舱，机身两侧有短翼，以便挂载武器。和AH-1G相比，AH-1S做了多项改进，换装了功率更强的发动机，增加了一台发电机，改进了仪表板布局，改用更先进的火控系统，驾驶舱盖从原来的弧形改为平板式等，进一步提高了作战性能。

基本技术数据

机全长：17.44米

机身长：13.59米

机高：4.12米

旋翼直径：13.41米

旋翼桨叶数：2叶

尾桨桨叶数：2叶

两侧短翼翼展：3.15米

空重：3076千克

最大起飞重量：4536千克

最大飞行速度：277千米/小时

巡航速度：228千米/小时

实用升限：3960米

航程：456千米

爬升率：8.2米/秒

乘员：2人

武备：1门三管20毫米机炮

　　　火箭巢或8枚"陶"式反坦克导弹

AH-64D

2000年，日本自卫队对 AH-1S 的后续机型主要有两种意见，一是 AH-64D，二是 AH-1Z，最后经过比较和论证，最终决定采用 AH-64D。在日本自卫队的正式文件中，这一机型是叫 AH-64DJP，但通常都简称为 AH-64D。

2006年起由富士重工根据许可证进行授权生产，最初自卫队的采购计划是 62 架，但到了 2008 年整个采购计划一下子就削减到了 13 架，这样一来富士重工就连购买生产线的成本都收不回来，经过和防卫省反复交涉无果，富士重工只好对簿公堂，走法律程序，最终经过协商，防卫省给了一些补偿才算平息了事情。但这样一来 AH-64D 的生产进度自然就受到了影响，总共 13 架要到 2016 年才能全部交付，而且单价高达 52 亿日元（约合 5078 万美元），简直就是天价了。

AH-64D 采用单旋翼带尾桨布局，为了提高旋翼的高速性能，采用后掠桨叶。机身是传统的半硬壳结构，有垂尾和水平尾翼，前部是纵列式座舱，射手在前驾驶员在后，后座比前座高 48 厘米，所以两人都有很好的视野，而且驾驶员位置更靠近机身中部，更能体会直升机的飞行姿态变化，有利于驾驶。

在提高生存性方面，AH-64D 也是煞费苦心，首先是座舱有装甲防护，可以抵御 23 毫米炮弹。旋翼桨叶采用玻璃钢增强设计，即使是被 12.7 毫米机枪击中都不会造成结构性损坏。机身也是强化结构设计，可以保证在被 23 毫米炮弹击中后还能坚持飞行 30 分钟。两台发动机都有装甲保护，而且分隔在机身两侧，距离比较远，不可能被同时击中，即使一台被击中另外一台还可以继续工作，保证飞行安全。

基本技术数据
机全长：17.76 米
机身长：14 米
机高：3.84 米（至长弓雷达顶部为 4.72 米）
旋翼直径：14.63 米
旋翼桨叶数：4 叶
尾桨桨叶数：4 叶
两侧短翼翼展：5.23 米
空重：5452 千克
最大起飞重量：10107 千克
最大飞行速度：293 千米/小时
巡航速度：265 千米/小时
实用升限：6400 米
航程：480 千米
爬升率：12.7 米/秒
乘员：2 人
武备：1 门 30 毫米机炮（备弹 1200 发）
火箭巢或 16 枚 16 枚 AGM-114L "海尔法" 反坦克导弹或 AIM-92 "毒刺" 近程空对空导弹

UH-60J

1988 年，日本防卫厅决定引进 UH-60，在 HH-60 的基础上进行改进，这就是 UH-60J，也就是 UH-60 的简略日本版。由三菱重工根据许可证进行授权生产，从 1991 年起开始生产，1992 年装备部队。总共采购 185 架，其中陆自从 1995 年到 2013 年总共采购了 40 架。采用单旋翼带尾桨布局，机身扁平，也是传统的半硬壳结构，特别具有抗坠毁性设计，在直升机坠毁之后，保证乘客有 85% 的生存概率。平尾面积较大，而且可以改变迎角，这样可以提高悬停性能。陆自的 UH-60J 基本不担负搜救任务，所以没有装备搜救设备，同时考虑到会经常在战场上比较具有威胁的地区活动，所以在排气口安装了红外抑制器以减小红外特征，从而减小被发现和攻击的概率。

基本技术数据

机全长：19.76 米

机身宽：2.36 米

机高：5.13 米

最大起飞重量：9980 千克

最大飞行速度：265 千米/小时

巡航速度：235 千米/小时

CH-47

20 世纪 80 年代后期，日本陆自和空自都选择了 CH-47 来作为重型的运输直升机，是在 CH-47D 的基础上改进而来，称为 CH-47J 也就是 CH-47 的日本版。由川崎重工根据许可证进行授权生产。陆自采购了 55 架。采用独特的双旋翼纵列式结构，没有了一般直升机的尾桨。两副纵列反向旋转的 3 片桨叶旋翼，前低后高配置，后旋翼塔较高，径向尺寸较大，起到垂尾作用，其根部对称配置 2 台发动机。机身为正方形截面半硬壳式结构。驾驶舱、机舱、后半机身和旋翼塔基本上为金属结构。机身后部有货运跳板和舱门。采用不可收放的 4 轮式起落架，2 个前起落架均为双轮。2 个后起落架为单轮。驾驶舱内可坐 2 名驾驶员，有 2 套驾驶系统。另有一副折叠座椅供机长或指挥员使用。主机舱内可以乘坐 33-55 名全副武装的士兵，或者是 24 副担架和 2 名医护人员。如果是运送物资的话，负载重量 12100 千克，最典型的装载是一个 7 人炮组外加 30 发炮弹的 155 毫米榴弹炮。机身还有 3 个外部吊钩，中间吊钩的最大载荷是 11793 千克，前后吊钩各可以载荷 7711 千克。

基本技术数据

机全长：30.18 米

机身长：15.54 米

机身宽：3.78 米

机高：5.68 米

最大起飞重量：22680 千克

最大飞行速度：315 千米/小时

巡航速度：265 千米/小时

OH-1

这是日本自卫队现役直升机中唯一的国产机型，1993年开始研制，由川崎重工为主承包商，富士重工和三菱重工参与研制。1996年首飞，2000年开始量产。日本防卫厅总共采购了34架（不含4架原型机）。

机身狭长，发动机舱位于两侧，纵列式双人座舱，机身两侧还有短翼。为了减轻重量并增强机体强度，OH-1广泛地使用复合材料。带滑橇的OH-1OH-1的机体宽度只有1米，正面投影面积很小，能降低被敌方目视察觉的机会。OH-1的前座为驾驶员，后座为副驾驶兼观测员，后座座椅比前座高出40厘米，视野良好。

旋翼采用先进的无绞接、无轴承四叶片复合材料旋翼系统。尾翼是嵌在尾梁内的蜗窗式导管风扇设计，所以飞行阻力较小，运转噪音较低，在低空飞行或起降时比较不容易受到外物损伤，而且在地面运转时对人员的危险性也较低，但是消耗功率大而且结构较为复杂，维护不易。动力系统为两台涡轮轴发动机，最大输出功率为827轴马力。

另外，OH-1的航电系统比较先进，采用整合自动飞行控制系统，座舱界面也极为先进，前后座均设置两具由横川电气制造的大型彩色液晶多功能平面显示器，用来显示各种导航、飞行信息。前座驾驶员还有一具岛津公司生产的抬头显示器，用于显示飞行资讯以及武器状态；而后座副驾驶兼观测员则有一个控制瞄准仪的操作界面。前后驾驶舱各设有一套完整的手不离杆总距杆及周期变距操纵杆，使得飞行员在执行许多常用机能时双手不必离开操纵杆，大幅减轻了操作负荷。

虽然OH-1没有任何固定武装，但机身两侧有短翼，每个短翼有两个挂载点，可以在必要时挂载武器。名义上只是纯粹的侦察直升机，目前只可以加装日本自制的双联装91式空对空导弹用以自卫，这主要是考虑到政治上敏感性，真要加装攻击系统和武器也是很容易的。

基本技术数据：

机全长：12米

机身宽：1米

机高：3.8米

旋翼直径：11.5米

旋翼桨叶数：4叶

空重：2500千克

最大起飞重量：4000千克

最大飞行速度：290千米/小时

巡航速度：222千米/小时

实用升限：4480米

航程：350千米

爬升率：8.5米/秒

乘员：2人

独具特色的轻武器

日本陆自的武器系统很有特色,与海自空自基本从美国引进不同,比较注重自主开发,即使需要向国外采购也不是局限在美国一家。这主要是和日本认为一旦发生战争,陆自将是在孤立无援的情况下坚持作战的战略构思密切相关的。在轻武器方面,更是充分体现了这一特点。

陆自目前现役装备的手枪,最主要的是瑞士 SIG 公司的 P220 手枪。这是一款口径 9 毫米的手枪,性能比较可靠,威力也适中,在经过比对之后被陆自选中,成为陆自装备量最大的主流手枪。

作为步兵最主要的轻武器突击步枪,目前陆自装备的 64 式和 89 式两款都是日本自主研发的,其中 64 式是 1957 年开始研制,1964 年定型,1966 年开始量产并装备部队,到 1985 年已累计生产超过 25 万支,平均单价 87 万日元(约合 8500 美元)。1989 年开始逐步被 89 式突击步枪所取代,虽然目前还有超过 20 万支 64 式仍在自卫队中装备,但实际上已经不大使用了。

陆自现在主要装备的还是 89 式突击步枪,这是日本丰和工业公司经过多年对小口径步枪的研究之后于 1989 年研制成功并定型,从 1989 年到 2014 年总共生产了超过 13 万支,已经全面装备了陆自各作战部队,实际上已经全面替代了 64 式突击步枪。89 式的结构和工艺都要比 64 式大大简化,所以生产速度更快,成本也更低,平均单价只有 30 万日元(约合 2900 美元)。总体性能只能算是平平,在使用中还暴露出快慢机柄旋转角度太大,导致反应太慢、可靠性差,经常出现卡壳现象等问题。延续日本一贯注重白刃战的传统,89 式也不例外地配发了刺刀,这种刺刀同时也是多功能的,还带有锯刃、钢丝钳的作用,刀鞘底部带有开瓶器和开罐器。

陆自的狙击步枪是根据美国对外有偿军事援助计划,从 2002 年开始采购美国雷明顿公司的 M24 狙击步枪,这也是世界上比较主流的狙击步枪,总体性能还是比较出色的。陆自的采购总数到达了 1290 支,配备给各普通科联队的狙击班和担负狙击任务的步枪手。

P220 手枪

陆自的卡宾枪主要用来装备中央即应联队下的特殊作战群,也就是日本自卫队的特种部队。采用的卡宾枪也是当今世界特种部队所常见的美国柯尔特公司的 M4 卡宾枪,而且陆自采购的 M4 还要求带有消声器和 M203A2 榴弹发射器,更加能够适用于特种作战。

89 式突击步枪

陆自目前装备的冲锋枪主要有三种:美国的 M3A1 型 11.43 毫米冲锋枪、日本国产的 9 毫米冲锋枪和德国 MP7 型 4.6 毫米冲锋枪。其中美国的 M3A1 型 11.43 毫米冲锋枪是在第二次世界大战期间研制生产,也就是著名的"黄油枪",已经可以算是老古董级的武器了,陆自主要将其装备坦克乘员、炮兵,作为这些人员的自卫武器。日本自主研发的 9 毫米冲锋枪是 20 世纪 90 年代日本在以色列乌兹冲锋枪的基础上研制的,准备用来替换美国的 M3A1 型,但是这款 9 毫米冲锋枪没有枪托,控制连发射击时的枪口跳动主要靠前握把,因此枪口跳动还是很难得到控制,所以连发射击的精度很差。陆自对这款冲锋枪很不满意,所以最终只

89 式突击步枪

M4 卡宾枪

日本国产 9 毫米冲锋枪

采购了 266 支,这样一来就使单价达到了 40 万日元(约合 3900 美元),高得令人咋舌。这 266 支最后装备了第 1 空挺团、第 12 旅团和西部方面普通科联队的军官。在自

MP7 冲锋枪

米尼米机枪

主研发的冲锋枪基本失败后，陆自转而采购了德国的 MP7 冲锋枪。MP7 冲锋枪是 90 年代后期德国研制的个人防卫武器，2000 年被德军选为制式装备，此后在国家轻武器市场上可谓大红大紫，已经先后出口到 17 个国家，销售量相当惊人。从这一点上也可以看出 MP7 的性能确实非同一般。

陆自目前的机枪主要有 62 式 7.62 毫米通用机枪、米尼米 5.56 毫米机枪、车载 74 式 7.62 毫米机枪和 M2HB12.7 毫米机枪。其中 62 式 7.62 毫米通用机枪是日本在战后自主研发的，1962 年定型，在当时来说性能还是非常先进的，但是单价太高，达到 200 万日元（约合 1.95 万美元），几乎是 M60 机枪的三倍。随着时间的推移，62 式也逐渐落伍，目前已基本被米尼米机枪所替代，只是在二线部队还有少量装备。20 世纪 90 年代初期陆自选中米尼米机枪来替换 62 式，从 1993 年到 2013 年，由住友重工根据许可证进行授权生产，总共生产了 4844 挺，除了装备陆自外，还有少量装备了空自和海自，作为直升机和驱逐舰上的搭载武器。应该说，米尼米机枪的总体性能也是比较先进的，在西方国家也算是比较主流的机枪，最大的特点是可以使用比较常见的弹链和弹链箱供弹外，还能用 M15 步枪的弹匣供弹。74 式车载机枪是在 62 式基础上研制的，专门用在装甲车上的并列机枪，当然在必要时也可以拆卸下来架在三角架上作为地面武器使用。M2HB 机枪则是美国在第一次世界大战末期研制的，距离今天已经快有上百年的历史了，名副其实的骨灰级老古董，但是性能还是很不错，所以陆自在 20 世纪 80 年代引进，由住友重工根据许可证进行授权生产，主要是作为坦克和装甲车辆的防空武器。

P220 手枪

20 世纪 70 年代末，日本自卫队计划用新的 9 毫米手枪来取代已经老旧的美制 M1911 型手枪，当时有多家公司参与竞争，最后经过对比评定，陆自选中了瑞士 SIG 公司的 P220 型手枪，随即从瑞士取得许可证，由新中央工业公司授权生产，1982 年开始装备部队，主要是配备给陆自各级军官、坦克和装甲车辆的车长、炮兵人员和宪兵。另外，海自和空自也有采购，主要配备给基地警卫人员。最初的采购单价为 10 万日元（约合 980 美元），到 2010 年涨到 20 万日元（约合 1955 美元），再到 2012 年更是达到 22 万日元（约合 2150 美元），这个价格也是大大高于 P220 的普通市场价。

P220 有许多创新的特点，其中最大的特点就是简化了约翰·勃朗宁发明的延迟后坐闭锁方式，只用套筒的抛壳口直接与弹膛的外部的闭锁块配合来进行闭锁，而不需要专门在枪管上增加闭锁凸耳，在套筒内铣出闭锁沟槽来配合。当击发后，套筒和枪管一起后座，弹膛下方的凸耳沿着底把上的开/闭锁凸笋顶面后移，经过约 3 毫米的自由行程后，凸耳内的开锁斜面与开/闭锁凸笋的斜面相互作用，迫使枪管尾部下降离开套筒而开锁。当枪管尾端被底把上的凸起所阻而停止后座时，套筒继续后座，完成抽壳、抛壳、压倒击锤等动作。然后套筒在复进簧的作用下再次复进，推弹入膛，进而带动枪管向前。在枪管凸耳内的闭锁斜面和底把中的开/闭锁凸笋共同作用下，枪管尾部上抬卡入套筒内壁的闭锁槽中，实现闭锁。闭锁后，套筒和枪管再向前走完 3 毫米自由行程便复进到位。在 P220 问世以后，这种简单的手枪闭锁方式就开始非常流行，有很多手枪都采用了这种闭锁方式。

P220 采用单/双动击发机构。当击锤在前方位置时，可使用双动击发，扳机拉力为 4.5 千克，扳机行程为 13 毫米；当击锤在待发位置时，为单动击发，扳机拉力为 1.7 千克，扳机行程 4 毫米。

双动击发时，扣压扳机后，扳机连杆向前运动，击锤则向后回转至待发位置。扳机连杆运动到快要使阻铁上抬脱离击锤待发缺口的瞬间，又带动弹簧保险杆向上旋转至击针的下方，推出击针保险卡锁。于是，当击锤打击击针时，击针便能自由向前。单动击发时，扳机连杆在使阻铁上抬解脱击锤之前，也要带动保险杆旋转，使击针保险卡锁解脱击针。由此可以看出，除非扳机连杆运动到足以使击针保险卡锁解脱的程度，否则击针就始终被保险卡锁锁住。因此，不管击锤处于前方或后方，都可以安全携带，不会出现因击针惯性作用而"走火"的问题。

由于 P220 的保险机构非常可靠，所以干脆取消了手动保险装置，只使用一个待击解脱柄，这种设计虽然不是 SIG-SAUER 的首创，但在 P220 之前很少有过。当射手将实弹匣插入握把，拉套筒到后方并放回，推弹入膛。如不立即射击，应按下套筒左侧、扳机上方偏后的击锤解脱杆，使阻铁上抬脱离击锤，击锤在簧力作用下向前回转，其保险卡槽随之又被阻铁所卡入。此时，击锤位于前方，但与击针还相隔一段距离，可安全携带。该枪的击针在通常情况下是被锁住的，即便手枪不慎落地，也不会"走火"。而当射手遇到突发情况时，随时可以拔出手枪以双动方式发射第一发子弹，而不会因为需要先打开保险而延误战机。

P220 有空仓挂机柄，当弹匣内的枪弹打完之后，托弹板就顶起底把左侧的空仓挂机卡笋，使之卡入套筒的缺口，将套筒阻于后方位置。插入实弹匣后，用手压下空仓挂机，或将套筒稍向后拉并放回，都能使套筒复进成待发状态。

P220 还有专门的分解旋柄，取下弹匣，检查膛内及进弹口是否确实无弹。向后拉套筒，直到其上的缺口对正底把上的分解旋柄，转动旋柄，自底把前方取下套筒组件，从套筒组件中分解出枪管和复进簧。

底把为铝合金件，表面进行了哑黑色阳极化抛光处理，铝制底把在当时来说是比较少见的设计，可以减轻手枪的重量。套筒是在一块钢板上冲压成一个上盖的形状，再通过电焊把整个枪口部接上，经回火后钻孔，再用机器做深加工。击锤、板机和弹匣扣均为铸件，而分解旋柄、待击解脱柄和空仓挂机柄均为冲压钢件，枪管是用优质钢材冷锻生产。握把侧片是塑料，复进簧则是缠绕钢丝制成。枪机体用一根钢销固定在套筒尾部。所有的钢制零件表面均作哑黑色氧化或磷酸盐处理，由于防锈处理比较简单，因此平时要很注意维护，以免生锈，这实际上几乎成了 SIG-SAUER 系列手枪的通病。

P220 在更换套筒和枪管后，可以发射不同口径的枪弹，包括。45ACP 手枪弹。32ACP（7.62×22 毫米）以及。38 Super（柯尔特高级自动手枪弹）等。

基本技术数据

口径：9 毫米

枪全长：206 毫米

枪管长：112 毫米

全枪宽：35.5 毫米

全枪高：142 毫米

空枪重：750 克

全枪重：830 克（含弹匣）

初速：345 米／秒

瞄准基线长：160 毫米

弹匣容量：9 发

89 式突击步枪

在越南战争中，美军首次使用了 M16 型 5.56 毫米小口径突击步枪，随即引起了世界突击步枪小口径化的浪潮。日本也在 20 世纪 60 年代后期从美国引进了 AR-18 型步枪（也就是 M16 的前身 AR-15 型的简化版），由丰和工业公司按照许可证授权生产。通过对 AR-18 的引进生产，使丰和工业公司对小口径步枪有了初步的了解和研究。

1977 年在吃透了 AR-18 步枪的技术之后，开始独立研制新型 5.56 毫米步枪。1978 年丰和工业公司研制出了第一支小口径步枪 HR-10 型样枪，尽管这款步枪还存在不少问题，比如重量过大、精度不足，但是该枪一些基本结构却一直延续下来，并在日后的 89 式突击步枪上得到了继承。

20 世纪 70 年代，丰和工业公司又接连研制出 HR-11、HR-12 和 HR-13 等型号样枪，其中在 HR-12 基础上改进而成的 HR-15 型在日本自卫队中进行了试验型装备，并根据在试验性装备过程中暴露出的问题进行了改进，这就是 HR-16 型步枪。1989 年 HR-16 正式定型，命名为"89 式 5.56 毫米小铳"，也就是 89 式步枪，同时仿制出北约制式的 SS109 型 5.56X45 毫米子弹，命名为 89 式

556毫米普通弹。

由于受到武器出口的限制，89式步枪只能提供给日本自卫队以及警察使用，无法出口，所以导致了89式的生产数量一直都不大，在1989年到2004年，平均每年也就3000支左右。但是在2005年以后逐年增加，特别是2008年为了完成装备全部作战部队的需要，当年的采购数量高达2万支。但2009年却因为上一年已经完成了装备，所以没有采购。2010年到2012年又是一个小高潮，每年的采购量都在1万支左右。2013年和2014年的采购量又有所下降，但都在6700支左右。这样从1989年到2014年采购总数达到了133700支，其中已经装备部队的超过了13万支。

89式突击步枪主要有两种型号，一种是固定式枪托，另一种是折叠式枪托（也被叫作89式伞兵型）。折叠式枪托的型号数量比较少，只装备了第1空挺团和90式坦克乘员。

和64式相比，89式最大的优点就是后坐力大大降低。这是因为采用了小口径和高效制退器的缘故，另外还大量采用树脂零件来降低重量，所以重量也远比64式轻巧。同时也注意到了人机工程，各部件的形状和比例都是按照日本人的平均身材来设计。

89式步枪采用导气式工作原理，其活塞和活塞筒系统设计很独特，气体膨胀室较长。活塞前部直径小，后部直径大，位于活塞筒中央。当火药气体进入活塞筒后，在膨胀室膨胀，推活塞带动枪机框以低后坐运动。这样能避免火药气体污染枪机，提高其动作可靠性和零部件的寿命。

该枪有和比利时FNFNC5.56毫米步枪相似的气体调节器。长时间射击后，导气孔积碳太多，会造成枪机无足够能量退壳，但调大气体调节器钮，可使枪机自动循环不致中断。枪机回转式闭锁方式，机头上有7个闭锁突笋，闭锁在枪管节套中。有两根枪机复进簧。机匣用钢板冲压而成，钢制拉机柄焊接在枪机上。快慢机有4个位置：保险、单发、连发和3发点射。可卸式3发点射装置安排在扳机后部，是单独的部件，不与单发、连发的基本扳机机构连为一体。防尘盖也有所创新，可前后移动，不射击时向前推上，射击时在枪机拉柄后退过程中向后推开。配有高效枪口制退器和两脚架。两脚架不用时可以卸下，也可以折叠起来。瞄准装置采用机械瞄准具，方柱形准星可调整归零，觇孔式照门可调风偏。

弹药是仿制北约的制式5.56X45毫米SS109子弹，弹匣有20发和30发两种，弹匣接口与M16的北约标准一致，所以可以通用M16的弹匣。不过使用M16弹匣的话，就失去了空仓挂机的功能。89式的弹匣上还在两侧开孔，本意是为了能观察到弹匣中剩余子弹，但灰尘和小杂物很容易从这个孔中进入，从而导致供弹故障。

基本技术数据

口径：5.56毫米

枪全长：916毫米（折叠枪托760毫米）

枪管长：420毫米

空枪重：3.5千克

初速：920米/秒

理论射速：850发/分

有效射程：500米

瞄准基线长：440毫米

弹匣容量：20发/30发

米尼米 5.56 毫米机枪

日本自卫队于 20 世纪 90 年代初开始引进比利时 FN 公司的米尼米 5.56 毫米机枪，用来替换 62 式 7.62 毫米机枪。由住友重工根据许可证授权生产，总共采购 48844 挺，大部分装备陆自，少量装备空自和海自，主要是用来作为直升机的机载机枪和驱逐舰上用来执行反海盗和警戒，单价为 200 万日元（约合 2 万美元）。

米尼米机枪是比利时 FN 公司于 1970 年代初研制，采用导气式自动方式，导气装置的气体调节器有三个位置，正常、紧急和枪榴弹发射。闭锁为枪机回转式自动机开闭锁动作由枪机框定型导槽通过枪机导柱带动枪机回转来完成。

米尼米的供弹方式有三种：弹链供弹、弹链箱供弹和弹匣供弹，这在当今的机枪中是独一无二的。米尼米机枪的理论射速为 750-1000 发／分，射速与弹药种类、受污程度以及气体调节器的位置有关，其气体调节器有两个位置：正常位置和应急位置。正常位置射速约 750 发／分；当污物过多或希望射速为 1000 发／分时，将手柄扳向右侧最大气量位置。发射机构只能连发，没有单发装置。内膛镀铬的枪管上带有提把，拆卸更换枪管非常容易。觇孔式瞄准装置的射程装定范围为 300-1000 米，分划间距为 100 米。

1982 年米尼米轻机枪被美军采纳后，很快就得到了其他国家的大量订单，如比利时、荷兰、加拿大、以色列、澳大利亚和法国等都采购了这款机枪。

米尼米机枪有好几种型号，主要是标准型、伞兵型和车载型（无枪托）。

基本技术数据

口径：5.56 毫米

枪全长：1038 毫米（固定枪托）

枪管长：465 毫米（标准型）

空枪重：6.85 千克

初速：965 米／秒（M193 弹）

理论射速：750 发／分（200 发弹链），1000 发／分（30 发弹匣）

有效射程：800 米

配用弹种：SS109 或 M193 式 5.56X45 毫米

MP7 式 4.6 毫米冲锋枪

日本自卫队在国产 9 毫米冲锋枪停产后就开始转而采购德国 MP7 冲锋枪。

MP7 冲锋枪是由德国黑克勒 - 科赫公司（简称 HK 公司）研发的，原称单兵自卫武器（PDW），1999 年正式亮相，2000 年被德军选为制式装备。HK 公司之所以将这款新的武器命名为 MP7 冲锋枪而不是 PDW，主要是因为 20 世纪末，各国军队遂行特种作战和反恐任务逐渐增多，而许多战斗环境需要士兵单手持枪射击，如果只将其定位在单兵自卫武器方面存在一定局限，对于开拓市场也很不利。

MP7 的人机工效较好，在结构设计上十分注重可操作性，快慢机、弹匣扣、枪机保险等均能左右手操作，除更换弹匣外，整个操枪射击过程完全可以由单手完成。MP7 冲锋枪野外分解结合方便，全枪仅由 3 个销钉固定，而且辅助工具就是枪弹，用弹尖顶出固定上、下机匣和枪托组件的固定销即可分解擦拭。

采用伸缩式枪托，枪托可通过 2 个半圆形导杆在机匣内运动，最大伸长长度可达 195 毫米。快慢机有三个位置：单发、连发和保险位置。前方小握把可折叠，其内侧有可移动的卡销。不需要小握把时，把它折叠到枪管下面，使用时，后拉卡销，小握把便自动弹起。枪口处有螺纹，平时安装消焰器，也可安装消声器作微声冲锋枪使用，微声效果与 MP5 冲锋枪相当。

MP7 冲锋枪采用全新的 4.6×30 毫米弹药体系，已有包括钢心弹、被甲弹、空包弹、曳光弹在内的 9 个弹药品种。HK 公司之所以采用 4.6 毫米口径主要有两个原因，一是 HK 公司在 G11 无壳弹枪的研制过程中积累了一定的经验，二是在 20 世纪 60 年代末，HK 公司曾和西班牙赛特迈公司为 HK36 突击步枪样枪设计过 4.6×36 毫米弹。这些经验都被应用到了 4.6×30 毫米枪弹的开发中。MP7 所使用的 4.6×30 毫米枪弹比比利时 P90 使用的 5.7×28 毫米枪微要小，弹头的外露部分也少。与 SS190 弹采用铜被甲、软钢心、后方填充铝的结构不同，4.6×30 毫米枪弹的弹头表面覆铜被甲、钢心结构，经过淬火硬化处理后提高了弹头的硬度，在打中防弹纤维制品后不会变形，保证了良好的侵彻能力。除标准钢心弹外，HK 公司与英国皇家军械公司下属的雷德维尔·格林公司（Radway Green）合作，研制了一系列能满足军警作战和训练使用的 4.6×30 毫米弹药，包括专为美国市场研制用于战斗和训练的全金属被甲弹；为德国国内使用而研制的变型弹头；在危险的小环境中能立即释放能量的警用弹；专为微声冲锋枪研制的亚音速弹；指示弹道的曳光弹；在 50m 距离上能击穿俄式防弹背心的训练弹；采用无铅弹头的易碎训练弹，在接触到坚硬物体表面时破裂，既可以在有防护措施的安全地带进行实战训练，也可以在特定的环境如钻井平台和原子能发电站作为实弹使用等等。

目前，MP7 冲锋枪在国际市场上可谓一路高歌猛进，已被很多国家的特种部队所采用。

基本技术数据

口径：4.6 毫米

枪全长：540 毫米（枪托打开）

枪管长：180 毫米

空枪重：1.2 千克 初速：750 米 / 秒

理论射速：1000 发 / 分

有效射程：200 米

弹匣容量：15 发 /20 发 /30 发 /40 发

第七章

自卫队员的成长

　　由于日本宪法及相关国际条约的规定，日本"不保持陆海空军及其他战争力量"，换句话说就是不能拥有军队，所以即使重建了军备，也只能是有实无名的自卫队。那么作为自卫队的队员，也就不是真正意义上的军人，那么自卫队员到底是怎么训练而成的呢？

与众不同的衣食住行

从严格意义上说，日本自卫队所有的队员都不是军人，在正式文件上只能被称为"自卫官"，身份是特别职国家公务员，各项待遇参照同级国家公务员的标准再略有提高。在自卫队中，士兵都是志愿兵，采用任期制，而曹（也就是士官）和干部（也就是军官）则都实行退休制，也就是职业军人。

自卫队员的各方面情况和其他国家相比，也是比较独特的。先说穿着的服装，自卫队员的制服，按理是由自卫队统一发放的，但发放的数量实在太少，一般就只有两套，如果遇到雨天，接连训练两天之后就恐怕没干衣服换了，所以不足的部分就只好自费去买了。在被服方面，自卫队也是节俭到家的，所有的被服都有规定使用年限，不到年限即使破了也不能发新的，那么要想勤洗勤换，也就只好自己去添置了。靴子据说如果没到年限，就是退役了也要上交，留给下一批新兵来穿。谁会想穿别人穿过的旧靴子呢，要穿新的，很简单，自己买。

自卫队女兵制服

如果是军官，那就全部是自掏腰包自费购买，这点恐怕很多人都会觉得非常奇怪，怎么连制服都不发啊？其实这还不是自卫队的独创，早在旧日本军队时期，军官制服就是自费购买的。自卫队不过是把这个优良传统给继承下来了而已。当然制服的款式是统一的，但是由于面料和剪裁工艺的区别，在细节上还是能看出一点不同的。这主要是根据各人的经济情况不同，自己来选择了。一般情况下5

自卫队军官军服，是要由军官自费购买的

万日元就能置办起一套制服,但有些讲究的军官,面料要好,裁缝店也要选高档的,那么这样一来,一套制服就至少要花费50万日元(大约相当于人民币25800元),高低差别非常悬殊。

另外,自卫队在服装方面规定还有一种"可以代替制服穿着",说是制服吧,不是制服,因为是由自卫队设计款式,由相关的服装厂家制作后统一出售,买不买都由自己决定。于是有的人买,有的人不买,这就形成了这种是制服又不是制服的情况。这点就像是一些学校的校服了,款式统一,但是自主购买。

在伙食方面,防卫省规定陆自的伙食标准是每人每天约800日元(约合41元人民币),要保

自卫队餐厅

自卫队正列队通过闹市区

证每天3300卡路里的热量。军官和士兵的标准是不一样,军官则是不分级别完全一样,只有到了将级才会有些特殊化待遇,就是在基地的食堂里有固定的专座,而且是用屏风与其他区域隔开,保证了将级军官在进餐时的一点私密性。海自的伙食就要比陆自好多了,这也是旧日本军队的传统。旧日本海军的伙食就要比陆军好很多。当年陆军就自嘲伙食还不如军马,但海军伙食就要好很多,军官甚至都用银餐具。现在同样海自的伙食要远远超过陆自,特别是潜艇部队,是整个自卫队的最高伙食标准,每人每天1600日元,约是陆自的两倍,甚至比空自的飞行员还要高。不过舰艇上由于舱室面积有限,一旦出海生鲜食品就很难保存,所以即使伙食标准再高,出海一周以后基本也只能是容易储存的食品或者就是保鲜处理食品了。

自卫队的住房分为三种,集体营房、公寓房和在外自费租赁或购买,按照自卫队的规定,士兵与单身士官都必须住集体营房,遵守严格的作息制度。近年来由于愿意参加自卫队的人越来越少,所以为了吸引年轻人,自卫队也在集体营房方面进行了一

些改进，比如增加私人空间、延长外出时间等。公寓房是提供给已婚士官和军官的，但要自己支付租金，这个租金也是象征性的，相对比较低廉，当然根据公寓房的建筑年代和地段，也会有所不同。一般月租金都是在5000日元左右，但也有一些月租金在4万日元以上的高级公寓房。而自费租房或者购房主要就是军官了，当然他们可以按照规定享受房屋补贴，同时有了固定的住房，也可以让家人不会因为自己的职务调动而受影响。

最基层的小兵

在自卫队中最普通的士兵叫"士"，在三大自卫队中分别叫"陆士"、"海士"和"空士"。

日本采取的是志愿兵制度，所以为了吸引青年人，普通士兵的待遇还是不错的。一进入自卫队就是属于特别公务员，最开始的三个月新兵，也就是"自卫官候补生"，月工资一般在12.5万日元。通过了新兵培训后，月工资就至少在16万日元以上了，第二年根据学历和工作经历还会提高，以后每年都会相应增加，就有点像在大公司那样。

尽管近年来愿意加入自卫队的青年人越来越少，但是要想成为自卫队队员，特别是技术含量相对更高的海自和空自，也不是很简单轻松的。以海自为例，每年7月报名，然后要参加9月举行的入伍考试，考试分为文化考试、体能考试和口试，通过考试之后要在第二年的3月才能正式加入海自。要想成为自卫队成员的基本要求是初中以上学历，没有犯罪记录，年龄在27岁以下，并且是日本国籍。

加入海自之后，首先要在横须贺基地、吴港基地、佐世保基地或者是舞鹤基地的教育队接受12周的基本入伍训练，在这12周的训练过程中就可以根据自身情况和意愿大致确定将来的服役岗位。岗位初步确定之后就进入相对应的术科学校接受为期7周的专业培训。等术科学

自卫队采取志愿兵制度，所以为了吸引年轻人，待遇还是不错的

校的培训结束后,才会被分配到舰艇或者基地真正上岗。

空自的专业技术水准无疑是最高的,所以新兵从入伍到正式上岗,其中还需要一套严格而复杂的程序,首先和海自一样是12周的基础培训,然后根据不同岗位进入不同的术科学校接受专业培训,这些专业培训根据岗位不同,短的是6周,长的要达到52周。所以,空自的士兵在三年服役期间会取得多项专业技术资格,这也是空自士兵在退役后在社会上比较容易找到工作的原因。

自卫队专业技术训练要求是比较高的

自卫队之母

由于日本独特的地域文化,一支部队基本上以大队甚至联队为单位都是来自同一个地方。在旧日本陆军时代,从军官到士兵都是同一个地方的人。战后重建的自卫队有所改变,军官不再从本地方选拔,但是士官和士兵还都是来自同一个地方,而士官就成为了这种独特军队文化的符号。

在自卫队中士官叫作"曹",陆自士官叫"陆曹",海自士官叫"海曹",空自自然就是"空曹"了。士官和军官一样,都是属于特别公务员,不需要签署服役合同,原则上可以一直干到退休。但通常士官的退休年龄比军官要早一些,基本上53岁就是上限了。这是因为士官多在基层部队,必然需要强壮的体魄,年纪太大的话体力就跟不上了。

自卫队通常把军官称为"军队之父",把士官称为"军队之母",这个称呼还是很形象的。因为军官主要是制定作战和训练计划,和基层士兵接触

自卫队的骨干力量"曹",也就是士官

自卫队把军官称为"军队之父",士官称为"军队之母"

不多。负责士兵日常管理的就是士官了。成为士官主要有两个途径,一种是一进入自卫队就成为"曹候补生",也就是候补士官,然后就沿着士官的道路发展;另一种是在当上士长后再通过专门的考试成为最低一级的"三等曹",再逐步发展,而这个途径更多的是作为专业技术人员。

一旦成为士官就和短期服役的士兵有所区别了,就是根据级别来确定服役年限的专业人员了。当然士官之间也是有差异的,这是和职务等级有关,也是和年度考评有关。

相对于自卫队整体的满编率低下的情况,士官的编制却达到了100.8%,这说明自卫队对于士官还是非常重视的,将士官作为骨干力量来培养。士官人数已经占到整个自卫队总人数的62%,绝对是中坚力量。这也和别的国家军队不同,这也是日本自卫队要在编制员额不增加的情况下维持专业化军队的日常运作的无奈举措,说到底就是为了在固定的编制下,尽量保留骨干的一种变通方法。当然,这种人员结构也有利于在战时能够迅速扩充部队。

海自的士官待遇更好,曹长和准尉这样的高级士官是有专门的曹长室,和军官的军官室一样装修豪华,吃饭时还有士兵伺候,伙食菜单也和军官一样,不过就是少了一道餐后甜点,餐具也没有军官的精致。当然在一艘军舰上能到曹长室的士官也是少数,通常不会超过10人,但这也在一个侧面反映出士官受重视的程度。

空自的士官则是技术含量最高的,基本上都是专业技术人员。飞机的维护保养、设备的管理使用都是由士官负责,可以说如果离开了士官,空自的飞机就根本飞不起来。目前空自的飞机出动率高达90%以上,在全世界空军中也都是数一数二的,这完全就是大量专业士官的功绩了。

自卫队的干部

军官在自卫队中叫作"干部自卫官",简称干部。要想成为军官,是要经过一番艰苦努力的。

首先是入门的门槛,自卫队的防卫大学校毕业生,或者是文部省认可的地方大学毕业生,以及在自卫队服役一定年限并通过内部考试的士官,是成为军官的基本要求。但是这三类人被叫作"干部候补生",也就是候补军官,还要经过培训和部队实习才能算是军官。

接下来第一关初级培训,主要分三类。第一类是"一般干部候补生课程"培训,也就是相当于入职培训,主要是接受初级军官所必需的基本知识和技能以及必要的军官素养的培训。这个课程并不是简单的"一刀切",背景、专业不同,这一课程也有所区别。比如士兵提干和飞行干部候补生,就是由于此前已经有了服役经历,所以这一课程的培训时间最短,大约在22周左右。防卫大学校的毕业生,虽然没有服役经历,但是在防卫大学校已经接受过了基本的军事训练,所以培训课程也相应缩短,大约为25周。而地方大学毕业生以及药剂专业的候补生,这个阶段的培训课程就要长达42周。按照日本自卫队的惯例,一般从士兵提干的基本上都是回原部队。

第二类是医科牙科干部候补生,由于这个课程主要是培养自卫队的军医,而且基本上对象都是医科毕业生,今后也不需要进行作战指挥,所以培训课程就只有6周,内容主要就是了解自卫队的基本情况和法规条令。同时,考虑到医科大学的学制是6年,所以他们通过初级培训后军衔也比其他的干部候补生要高,直接就是二等尉。

第三类是从士官和准尉晋升军官的对象,培训课程一般是8—12周,主要是防卫学和初级军官业务培训。

完成初级培训后,就是12周的部队实习。这是为了在实践中检验所学习到的知识和技能,同时也以普通士兵的身份来了解和熟悉部队的各项日常事务。士兵提干和飞行干部候补生基本上是不再需要到部队实习的。实习结束后,通常就被授予三等尉军衔,分配到各部队,开始军官生涯。

海自的干部候补生培训比较独

参加自卫队演习的军官

自卫队军官

特。海自专门有干部候补生学校，这个学校的旧址就是旧日本军队时期赫赫有名的江田岛海军兵学校。这个学校的培训期是一年，然后就是五个月的远洋航海训练，海上行程高达5万千米，这个远航训练也是旧日本海军所留下来的传统。

在陆自中通过干部候补生课程才仅仅是第一步，刚刚得到军官级别中最低的三等尉。之后在基层部队里工作三年左右，就会参加16-35周的初级干部课程培训，然后才能晋升二等尉或一等尉。

如果还要再进一步，就要参加干部上级课程培训，只有通过这个课程才可能晋升到佐级军官。如果想要在自己的军

日本自卫队军衔对照表					
	陆上自卫队	海上自卫队	航空自卫队	对应美国军衔	对应中国军衔
1	陆将（陆上幕僚长）	海将（海上幕僚长）	空将（航空幕僚长）	四星上将	上将
2	陆将	海将	空将	三星中将	中将
3	陆将补（一）	海将补（一）	空将补（一）	二星少将	少将
4	陆将补（二）	海将补（二）	空将补（二）	一星准将	大校
5	一等陆佐	一等海佐	一等空佐	上校	上校
6	二等陆佐	二等海佐	二等空佐	中校	中校
7	三等陆佐	三等海佐	三等空佐	少校	少校
8	一等陆尉	一等海尉	一等空尉	上尉	上尉
9	二等陆尉	二等海尉	二等空尉	中尉	中尉
10	三等陆尉	三等海尉	三等空尉	少尉	少尉
11	准陆尉	准海尉	准空尉	准尉	无对应
12	陆曹长	海曹长	空曹长	军士长	军士长
13	一等陆曹	一等海曹	一等空曹	上士	上士
14	二等陆曹	二等海曹	二等空曹	中士	中士
15	三等陆曹	三等海曹	三等空曹	下士	下士
16	陆士长	海士长	空士长	一等兵	上等兵
17	一等陆士	一等海士	一等空士	无对应	无对应
18	二等陆士	二等海士	二等空士	二等兵	列兵
19	三等陆士	三等海士	三等空士	三等兵	

官历程上戴上将军的将星,那么就必须要参加陆自干部学校(相当于陆军大学)的"指挥幕佐课程",这个课程门槛相当高,只有三等佐(相当于少校)才能参加考试,通过后接受两年的学习。而且每人总共只有四次考试机会,要是四次都没考上,那就等于说失去了将来继续晋升的机会。

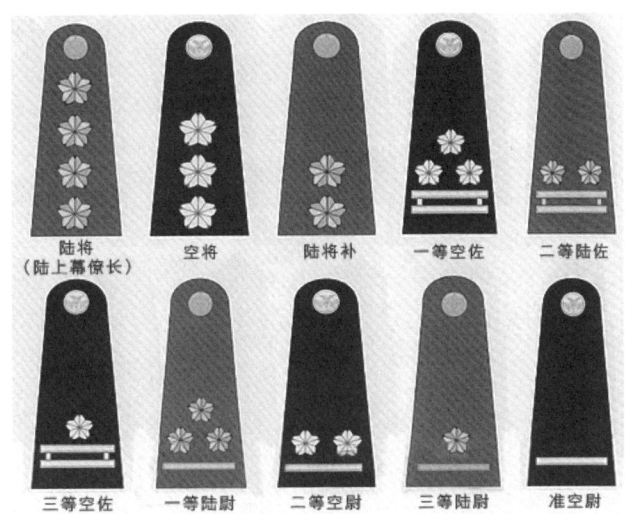
自卫队军官肩章

通过"指挥幕佐课程"培训的,以后还能进入统合幕僚学校接受为期9个月的"普通课程"学习,得到进一步晋升的资格。另外统合幕僚学校还有一种专门针对一等佐(相当于上校)和将补(相当于大校或准将)的"特别课程",那就等于是陆将(相当于少将)的敲门砖了。

要是没能考上"指挥幕佐课程",还可以去参加"干部特修课程",从这个课程结业后还能晋升到二等佐(相当于中校),但基本上也就到此为止了。不过这个干部特修课程也不容易,年龄限制是在43岁以下,每人也只有五次考试机会。

一般来说,即使是从防卫大学校毕业,要是没有从"指挥幕佐课程"结业,基本上军官之路也就到二等佐为止了。

在整个陆自的军官培训体系中,最高级的就是"干部高级课程"。这是从通过"指挥幕佐课程"的二等佐和一等佐中每年挑选出5人,进行为期29周的培训,主要是培养指挥师团以上规模部队的能力,那才是陆自真正的精英。完成这个课程的最低也是师团长,很多人都会当到方面队总监或者是陆上幕僚长。

海自空自也和陆自一样,基本上一个军官的职业道路有一半时间要在各种培训课程中度过,基本程序也大致相同,只是名称不同而已。

除了各种培训课程以外,对于军官来说最重要的就是业绩考核了。从自卫队建立之日起就制定了一整套的考核制度,不论是士官、准尉、军官还是文职都要接受"勤务评定",也就是工作业绩考核。业绩考核分为定期考核和特殊考核。定期考核一般是每年一次,在本单位领导的监督下进行。特殊考核则是不定期的。所有的考核都是由评定官(通常就是本单位的领导)、协调官和审查官组成的评定委员会来进行,整个评定工作都是按照严格而规范的程序来进行，经过评定官、协调官和审查官三道手续，来保证考核的公正、准确和透明。

防卫大学校

防卫大学校是日本自卫队唯一的培养初级干部的高等教育机构，不归文部省管，而是直接由防卫省管理。创建于1953年4月，原名"保安大学校"。1954年7月，随着防卫厅的成立，改名为防卫大学校，简称防大。建立这所学校的目的就是在防卫厅的领导下，建立一个为培养未来陆上、海上和航空自卫队的自卫官而实施教育的场所。

防卫大学校坐落在神奈川县横须贺市，面积约65万平方米。直属防卫省领导，校长、副校长和干事直接由防卫省任命，被称为防大的三巨头，按照相关法律的规定，校长和副校长是文职，干事则是在防大的最高现役干部，军衔一般为陆将（相当于中将）。全校编制教职员工900人，现有文职教员330人，文职管理人员300人，现役教员50人，现役管理人员200人。学校设总务部、教务部、训练部、图书馆以及6个学群、14个学科和7个教研室。

学校的课程体系是严格按照文部省的《大学设置基准》的有关规定来设置的，学员第一年和第二年是和普通大学一样的"教养教育"，也就是公共课程。第三年才开始选择军种。虽然分军种，但还是混合编班，除了一些专业课程外，基本上都在一起上课和生活。这一点也是防卫大学校的特点。据说这种设置既是为了共享教育资源，更是为了强化三军之间的联合精神，避免重蹈过去陆海军之间发生深刻矛盾的覆辙。

每年招收400名学员，全校学员总数约1600人。全校共有4个学员大队，

防卫大学校的学生

防卫大学校阅兵

每个大队下设4个中队，每个中队下设3个小队。每个大队设首席指导教官1人，每个中队设次席指导教官1人，每个小队设指导教官1人。采取非常严格的阶梯式管理，也就是高年级学员管理低年级学员的模式。低年级学员看到高年级学员必须敬礼，各年级学员可以从制服袖口上的樱花数量区别，四年级是三朵樱花，三年级是两朵，二年级是一朵，而一年级则是没有樱花。

防大学生列队

在日本，防卫大学校也算是著名的高等院校，每年都能吸引大批高中毕业生来报考。而在防卫大学校短短六十多年的历史上，就已经产生了100多名将级军官、几十名国会议员和十多名大臣。

防大毕业典礼

尽管从防卫大学校毕业的学生在整个自卫队军官中的比例并不高，但是绝大部分的防大毕业生却都终身在自卫队服役，而其他地方大学毕业生终身在自卫队中服役的却并不多。而且军官的级别越高，防大毕业生的比例就越高，在将级中是最高的。这些都证明了防卫大学校作为培养自卫队精英的价值所在。

第八章

隐藏的军事力量

　　对于日本的军事力量,三大自卫队的兵员、编制以及装备了多少飞机大炮、多少坦克舰艇都是明面上的,但是日本还有很多看不见的军事力量,被深深地隐藏了起来,而这些犹如水面下的冰山,比明面上的可怕得多。

183天拥有核武器

广岛被原子弹炸后

佐藤荣作提出了著名的"无核三原则"

这个标题似乎有些耸人听闻，但却是日本一家很著名的杂志《宝石》在1995年刊登的文章标题。这个标题里面所包含的内容，很可能是个我们不得不要正视的事实。

对于核武器，日本可以说是又爱又恨。第二次世界大战末期，美国在日本投下了两颗原子弹，推动了日本的最终投降，也使日本成为到目前为止唯一遭到过核武器攻击的国家。这个历史教训，对于日本来说实在是太深刻太惨痛了。所以对于核武器，日本的感情绝对是最为复杂的。其实早在第二次世界大战期间，日本就已经开始进行核武器的研制，只是由于客观条件实在太薄弱，最终也没能取得成功。而战争最后的原子弹袭击，也让日本国民对于核武器敬而远之，这才有了著名的"无核三原则"，也就是不制造、不拥有、不引进核武器，这一政策一经宣布就得到了日本人民的广泛支持。但是，日本有些领导人却始终念念不忘核武器。

无核三原则

"无核三原则"，也就是不制造、不拥有、不引进核武器。这是日本政府关于核武器的基本政策，是1967年12月，时任日本首相佐藤荣作在国会演说中第一次正式提出的，并在第二年1月进一步阐明了包括"三原则"在内的核政策的"四个支柱"，即"无核三原则"、核弃绝核裁军、对美国核威慑的依存及核能的和平利用。佐藤本人也因此获得1974年度诺贝尔和平奖。

1971年11月，日本国会表决通过，使"无核三原则"成为日本政府关于核武器的基本政策。

第二次世界大战日本核计划

在整个第二次世界大战期间,日本军方最早认识到原子弹的价值的是安田武雄少将,他毕业于日本东京大学,在 20 世纪 40 年代初担任陆军航空技术研究所所长,后来任帝国陆军航空兵参谋长。作为日本最顶尖高等学府东京大学的毕业生,安田武雄很自然地十分关注国外在军事方面的最新科技进展情况,自然也注意到了核裂变领域的发展。1940 年 4 月,在得知核裂变具有极大的军事潜力后,安田武雄专门向他的老师,东京大学最著名物理学教授嵯峨良吉请教这一问题。嵯峨良吉曾到过美国,结识了一些美国的物理学家,对核物理的最新发展比较了解。在安田武雄的要求下,嵯峨良吉

仁科芳雄

以书面的意见指出,核物理的最新成就在军事领域潜力巨大。安田随即将这份意见书转交给日本陆军大臣东条英机,东条见到这个书面意见后,立即指示组织专家来深入研究这个问题。1941 年 5 月,安田武雄要求日本物理化学研究所讨论研制铀弹的可能性,这一可行性研究由日本著名的核物理学家仁科芳雄教授负责。

仁科教授在东京的实验室制造了一台小型回旋加速器,不久就根据美国物理学家欧内斯特·劳伦斯提供的设计图纸建造了一台大型加速器。这个实验室很快吸引了 100 位日本青年科技人员投入到这项研究中。头两年,他们基本致力于理论计算,比较各种区分铀同位素的方法和寻找铀矿。

就在日本陆军开始进行核研究的同时,日本海军于 1942 年也开始了原子弹的研究工作。海军认为,研究核物理已经是一项重要任务。美国在这方面的研究由于一些犹太科学家的帮助,已经取得很大的进展。海军的研究目标是通过核分裂取得能量,为舰船和大型机械提供可靠而巨大的动力源。为此,海军技术研究所成立了一个核物理成就利用委员会,追踪国外的研究进展情况。委员会成员有日本第一流的物理学家嵯峨良吉、荒胜文策、菊田正四等,海军也找到了仁科芳雄来担任委员会主席。

至 1943 年 3 月,委员会相继召开了 10 次讨论会。委员会估计制造一颗原子弹需要几百吨铀矿石,分离出铀 235 大约要消耗日本全年发电量的 1/10 和全国铜产量的 1/2。最后,委员会得出的结论是制造原子弹在理论上可行,但至少需要 10 年左右时间以及大量的资源。委员会还认为美国和德国都没有多余的工业能力可以及时生产出原子弹用于战争。在确信核物理研究在短期内不能取得任何成果后,海军便下令解散了这个委员会。

但是日本陆军并未放弃,陆军随后启动了通过气体扩散法分离铀 235 的实验项目。仁科芳雄继续为陆军研制原子弹,他的计划和美国"曼哈顿工程"十分类似,武器设计开发与生产铀 235 同时进行。只是两国的国力相差悬殊,美国为曼哈顿工程投入了 20 亿美元,而日本给核计划的研究经费总共只有几百万美元。1943 年 5 月,仁科向陆军航空兵司令部递交了一份报告,指出制造原子弹在技术上是可行的。随后,安田武雄把这份报告转呈给已经成为首相的东条英机。

美国轰炸广岛的原子弹"小男孩"

东条英机审阅了仁科的报告后,马上指示陆军航空兵司令部总务课长华岛,凡是计划所需的资金、材料、人力都要优先拨发。陆军航空兵司令部以仁科报告为基础批准了一个秘密计划,代号为"仁方案",以负责人仁科芳雄的名字第一个音节命名。

仁科芳雄对总务课长华岛说:"人,我们已经有了,主要困难是铀,希望军队帮助我们搞到铀。"从1943年夏季起,华岛派了一批又一批人跑遍了日本列岛和朝鲜半岛各个著名的矿产地,带回了各种矿石标本,但都不含铀,而"仁方案"迫切需要氧化铀用来实验。于是,日本决定向盟友德国求助。1943年末,德国派一艘潜艇运送一吨铀矿石前往日本,结果由于密码被美国破译,这艘潜艇在马六甲海峡被美军击沉。此后,德国在苏德战场连连失利,已是自身难保,再也无暇顾及日本了。

1943年秋,在认识到战争形势对日本越发不利后,日本海军再次恢复了核计划,开始与京都大学联合实施"F计划",F为"核裂变"(fission)的首个英文字母。该计划由日本著名核物理学家荒胜文策领导实施,他计划通过高性能离心分离机制造铀235。但是,巨大的技术难题和铀矿石供应量过少导致该计划也未能获得成功。最终,荒胜文策不得不承认,他的离心分离机远远达不到要求,因此"F计划"也宣告失败。

由于客观条件的制约,"仁方案"从开始执行到1944年7月东条内阁垮台,一直处于实验室研究阶段。随着战局的恶化,原子弹的研究也更快了研究进度。从1944年秋开始,"仁方案"组开始了分离铀同位素的试验。直到1945年年初,"仁方案"组先后进行了6次分离试验,但都以失败告终。

1945年3月,随着盟军在太平洋上逐渐取得优势。美军的远程轰炸机B-29开始空袭日本城市。此时,"仁方案"组也在抓紧时间工作,分离铀235的试验渐渐出现成功的迹象。"仁方案"组许多成员都欣喜若狂,但仁科芳雄并不乐观。他很清楚,为了得到一枚原子弹所需的铀,需要庞大的技术设备和足够的铀矿石,而这些随着日本战局的恶化已经很难实现。

4月13日,美国空军大规模轰炸东京。航空技术研究所49号楼被炸毁,里面的"仁方案"实验室和铀同位素分离器都被炸毁。至此,"仁方案"组已经无法继续研究。

7月22日,"仁方案"组里的几位物理学家与海军代表举行会议。这些科学家向海军将领说:"从理论上,制造原子弹是可能的,但根据各方面的情况,要想在当前的这场战争中使用原子弹,谁也办不到。"而就在6天前的7月16日,美国的原子弹已经试爆成功,只是消息被严密封锁、日本不知道罢了。

8月6日,广岛遭到美国原子弹袭击,成为一片废墟。仁科芳雄马上带人到广岛进行检测,随后向军方确认正是原子弹爆炸。几近疯狂的日本军方对这些核物理科学家们说:"一旦美军登陆,日本军队将不惜任何代价坚持6个月。如果你们能在这个期间研制出原子弹,我们就可以把美军赶下大海。"

仁科芳雄长叹一声说:"不要说6个月,就是6年也不够。我们既无铀,又没电,什么也干不成。"

"仁方案"彻底破产后,日本军方下令在战争结束时销毁所有研制原子弹的文件,以欺骗世界人民,减轻侵略战争的罪责。出于这种企图,战后外界很少有人知道日本在第二次世界大战期间研制过原子弹。

最早在 1957 年 5 月,当时的日本首相岸信介就明确表示,出于自卫,日本也不排除拥有核武器。1964 年正是提出无核三原则的佐藤荣作就曾表示日本的科学和产业已经达到了制造核武器的水平。而且佐藤荣作一开始提出无核三原则是有时间期限的,也就是在自己的首相任内,没想到无核三原则一经提出,立即得到日本国民的热烈拥护,并进而成为日本的国策,这实在也是个极大的讽刺。

要想拥有核武器,需要满足四方面的条件,一是核技术,二是相关设施,三是核原料,四是充足的资金。从日本的情况来看,核技术肯定不成问题,核设施也不是太大的问题,核原料下文会再介绍,资金就更不用说,所以从基本层面来看,日本发展核武器确实是有相当基础的。

日本核电站

第二次世界大战初期,联合国禁止日本进行与核能相关的一切研究。但随着 1952 年旧金山条约的生效,以及日本政府在国际上的地位的改变,相关研究又被解禁。1955 年 12 月 19 日《原子力基本法》生效,确立了日本核能利用的大纲。1956 年 6 月,在茨城县那珂郡东海村成立了日本原子能研究所,随即开始了系统的核能研究。日本在核能方面重点是大力发展核电,1966 年建成第一座核电站,到

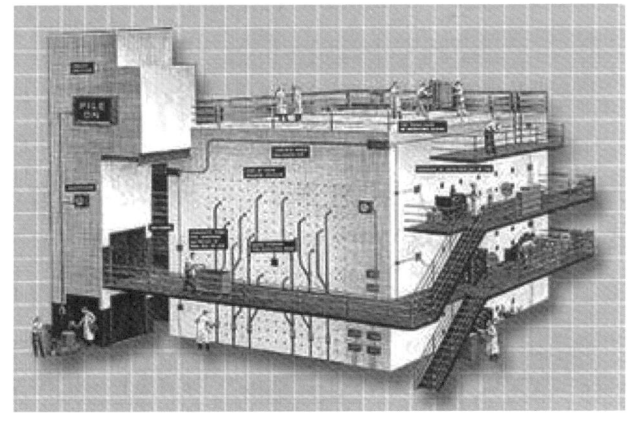

石墨反应堆

"文殊"中子增殖反应堆

2008年12月,日本核电站已有55座,核电发电量占全国总发电量的30%,原本计划到2020年将进一步提高到40%。但由于2011年福岛核电站因为受到地震影响而发生泄露,所以日本的核电发展大受影响。

核电站主要有三类,即石墨反应堆、重水反应堆和轻水反应堆。其中,石墨反应堆和重水反应堆在发电过程中会产生副产品钚-239,而钚-239经过提纯后就能成为核武器所使用的核原料。轻水反应堆则是使用低浓缩铀,用普通的水来作为减速剂,综合成本更低,只是不能生产出钚-239,从和平利用核能的角度来说,轻水反应堆才是最理想的选择。但是,日本的核电站绝大多数都是石墨和重水反应堆,其中的意味也就不言而喻了。

在核技术方面,日本花费十年时间,耗资60亿美元,于1995年建成"文殊"中子增殖反应堆。中子增殖反应堆在核能研究中是技术难度最大的,很多发达国家都没能做到。另外,日本还建有全世界唯一的大型螺旋核聚变实验装置,进行核聚变的可控研究。所以,日本在核技术方面是世界领先的。

在核原料方面,经过几十座核电站几十年来的运行积累,日本已经储备了约45吨钚-239,浓度在93%以上的钚就被称为"武器级钚",而10千克钚就能制造出一颗当量在2万吨的原子弹(就相当于在广岛的原子弹威力)。此外,日本在发展核电的幌子下,还进口了天然铀1300吨、氧化铀4000多吨,可以说日本在核原料方面,已经不存在什么困难了。

日本在核武器方面唯一的障碍就是无法进行核试验,虽然现在计算机模拟技术已经相当先进,但却无论如何也无法取代真实核试验,而且美国、俄罗斯的计算机模拟核试验也是在大量真实核试验的基础上才建立起来的,所以如果不进行真正的核试验,日本是根本无法掌握核武器技术的。然而,美国是绝对不会同意日本拥有核武器的。

所以说183天拥有核武器,这仅仅是日本的核之梦而已。但是,日本的核技术和核原料却依然是非常严重的潜在威胁。

更为可怕的生化武器

生物武器和化学武器是和核武器并称的大规模杀伤性武器，如果单就杀伤效果来说，恐怕生化武器还要排在核武器之前。

日本研究生化武器的时间很早，日本当了解到生化武器在第一次世界大战战场上的巨大作用后，于1918年在陆军中成立了"临时毒气调查委员会"，开始搜集国际上使用化学武器的情况。随后在陆军科学研究所中设立第二课化学武器班，专门负责研究化学武器。后来逐渐扩大为陆军技术本部第六研究所。

而生物武器的研究则是最早在1933年于中国黑龙江五常县成立的"加茂部队"，后来迁到哈尔滨平房镇，改称731部队。

在第二次世界大战期间，日本军队在中国战场上大量进行过生化战，造成了中国军民的大量伤亡。

相比核武器，生化武器的技术难度更小，而且日本在第二次世界大战中就有关大量的研究、生产和使用的经验，但是在战后很长一段时间，在各方面的限制下，日本没有开展相关研究。直到2000年，日本借口朝鲜试射弹道导弹，对日本的国家安全构成了重大威胁，特别是受到生化武器的威胁也大大增加，所以在陆上自卫队成立了生化武器的专门研究机构——生化武器对策会议本部。

在生化武器对策会议本部下设立特殊武器研究官、部队医学试验队和化学教导队。其中，特殊武器研究官负责主管研究工作，部队医学试验队负责由22名生化专家组成，负责研究生化

第二次世界大战日军细菌部队731部队遗址

生化武器的杀伤效果甚至超过核武器

日本自卫队有大量的化学防护车

生物制药是研制生化武器的技术基础

武器装备，化学教导队则是负责生化武器的教育和研究的支援部队。

2002年成立陆上自卫队生化武器研究本部，更是进一步加强了对生化武器的研究。

化学武器的技术含量很低，甚至有人说只要有能力生产农药就可以生产化学武器，而日本的化工行业的技术水准放眼全世界。都是最先进的，那么毫无疑问，化学武器对于日本来说是根本不成问题的。

生物武器的技术基础是生物技术，从21世纪起，日本就把生物技术作为国家战略的重点方向，即使是在经济低迷的情况下，日本政府在2003年到2008年的五年时间里，对生物技术的科学研究经费就高达8800亿日元（约合800亿美元）。其实还不需要日本政府的如此重视，日本的生物技术本来在全球范围都是数一数二的，如果要转用于生物武器，可以想象生物武器的水平必然也是世界一流。

所以，日本在生化武器方面是具有很高的潜在技术水准，只要主观上愿意的话，可以在很短的时间里，迅速转化出具有相当巨大杀伤力的可怕武器，这种转换，要远比核武器来得简单和现实。

火箭技术也是高水平

世界上第一种巡航导弹是纳粹德国在第二次世界大战中研制的 V-1 导弹。第一种弹道导弹是纳粹德国的 V-2 导弹,但是在战后德国却一直只研究卫星技术,从不研究运载火箭。要知道德国对战争的反省远比日本深刻,目前早已被国际社会接纳成正常国家,为什么不发展运载火箭,这就是表明了德国的态度。因为运载火箭只要进行非常简单的改装,就是远程甚至是洲际导弹。而日本呢,就连名正言顺的军队都没有,却在积极研究运载火箭,而且还是使用固体燃料的运载火箭。

同样体积的液体燃料要比固体燃料具有更大的推力,而且液体燃料的推力是可以调整的,也就在任务执行上的灵活性更强,还有最重要的是成本更低。所以在商业航天方面,基本上都是采用液体燃料。而固体燃料的特点就是在发射前不需要加注燃料,反应时间较短,体积和重量小,可以在舰艇和车辆上进行机动发射。这些特点对于商业活动基本上是没有什么意义的,但是对于军事领域,那就完全不同了,可以说固体燃料简直就是为军事运用度身定制的。而日本尽管一贯声称发展航天技术只是为了进行太空探测而不是军事用途,但是执着于固体燃料,就已经充分说明了日本在火箭技术上的别有用心。

战后日本的航天发展起步于 1955 年,在东京大学工业科学研究所开始了最初的航天研究。1964 年成立日本宇宙与航空科学研究所(英文缩写 ISAS),1981 年改称日本宇航科学研究所。另外,1969 年日本成立国家宇宙开发事业团(英文缩写 MASDA),这是日本进行航天开发的政府主导机构。

19 世纪 60 年代,日本开始航天技术研究,但最初的时候却一连遭到了四次失败,所以不得不与美国开始合作,引进与借鉴美国技术。到 1970 年,日本第一颗人造卫星"大隅"号发射成功。随后开始研制 N-1 运载火箭,核心技术基本上都是美国提供的。1975 年,日本第一次用 N-1 运载火箭发射卫星。1976 年起,开始研制 N-2 运载火箭。

日本宇宙科学研究所是日本航天科技研究基地

H2运载火箭是日本推力最大的运载火箭

鹿儿岛航天中心

日本的M-5运载火箭技术与俄罗斯"白杨"导弹不相上下

进入20世纪80年代,日本在吸收消化美国技术之后,开始大力强化自主研发能力。这就是从1981年开始的H-1运载火箭,并在1986年取得了第一次发射成功。H系列运载火箭共有两个型号,即H-1和H-2,其中的H-2两级固体燃料火箭是目前日本最大的运载火箭,长50米,直径4米,总重260吨,可以把9吨的有效载荷送上近地轨道。这绝对是典型的大推力火箭。同时,日本还发展了小推力的运载火箭M系列,其中最先进的M-5运载火箭长30米,直径2.5米,总重128吨,其技术水平,基本上与俄罗斯的"白杨"导弹相当,换句话说,只要进行简单改装,M-5就可以摇身一变,成为相当于"白杨"导弹的战略导弹。虽然M-5是作为商业火箭来研制的,所以很多部件更多的是考虑到成本而不是军事用途,可能在一些具体指标上还不如"白杨",但毫无疑问的是,在总体的技术水平上,已经和俄罗斯不相上下了。

神秘的第二军队

预备役被称为第二军队,而日本现在的预备役人员总共5万人,其中陆上自卫队47500人,海上自卫队1500人,航空自卫队1000人,与现役人员相比是1:5,规模相对比较小。而且目前预备役人员待遇低,训练日的津贴还不到社会平均工资的一半。人员年龄也偏大,每年的训练时间无法保证达到规定的30天,特别是没有建制编制,只能以个体为单位单个补充,所以自卫队不仅计划提高待遇,增加训练时间,而且准备建立应急的预备役部队。在经过新一轮的整编后,计划将陆上自卫队的员额从18万人减少到16万人,而在这16万人将分为两部分,14.5万现役人员和1.5万应急预备役人员。现役部

日本预备役人员数量少、待遇差

预备役人员在训练,但每年30天的训练时间难以保证

队的编制也随之有较大改变,比如原来一个师团有4个联队,都是不满员的,现在则是将3个联队充实到满员状态,而另一个联队则成为架子团,也就是只保留20%的现役人员作为骨干和架子,其余80%都是由预备役人员组成,预备役人员的训练时间增加到每年60天,训练时就作为一个整体来进行,这样在战时就能很快形成战斗力。特别需要指出的是,日本陆自的现役人数中军官和士官的比例高达75%,大大高于其他国家,而且这样的比例,简直就是为了在战时进行扩充而设计的。

一旦发生战争,日本将首先把预备役和应急预备役人员(目前应急预备役人员约6.5万人)补充到部队,如果情况继续恶化,就将征召退伍军人,日本有近200万退伍军人,同时通过地方联络部征召新兵,地方联络部有点类似于我国的人民武装部。另外,还有200万准军事人员,包括警察、海上保安厅,也可以在必要时补入部队。

自卫队士官是骨干，可以在必要时作为大规模扩建部队的中坚力量

日本自卫队新兵训练

这样，日本可以在3个月里，将自卫队的规模扩充到3倍以上。

不过，日本最大的问题是没有一个全国性的动员体制，只有大约50个负责新兵招募和预备役人员管理的地方联络部。另外还有一些政府部门也负责部分相关的职责，但主要都集中在经济领域，更类似于行业动员机构，这对于工业的生产动员有一定作用，但毕竟不是国家层面的总动员机构，所以在人员动员方面还是有所不足的。

对于这点，日本自卫队还是很清楚的，所以也在自己力所能及的范围里安排了一些弥补性的措施，比如在军事院校和教育机构内储备了大量骨干人员，目前在自卫队各级院校里的教职员工人数占到自卫队总人数的4.8%，这些教职员工主要是经过多年培养但又没有合适岗位的技术人员，以及由于飞机数量限制而多余的飞行员等富余人员。另外，最新式的装备和淘汰下来的旧装备都交给各级教育单位，这样就使教育单位里的骨干人员有机会掌握各种武器装备的使用方法，换句话说，这些骨干人员具有相当的全科能力，可以胜任各单位的岗位。

现在自卫队的军官、士官和士兵的人数分别是4.9万、13.9万和7.3万，其比例是1:2.84:1.5，这种比例在当今世界上是很少见的。以第二次世界大战时期的日军为例来对比，第二次世界大战时的军官、士官和士兵的比例是1:3:13，比照这个比例，军官和士兵的比例相差不多，但是士兵的比例就明显少了很多，如果按照第二次世界大战时期的比例，士兵应该达到60万才合理，那么这样自卫队的总兵力就达到了80万，也就是说，按照自卫队目前的军官和士官数量，应该是一支80万人军队的规模，而不是现在的25万人。另外，在社会上，还储备了约15万的退伍军官和40万的退伍士官，如果将这些退伍军官和士官充分利用起来，那么至少还能扩充130万士兵，形成185万军队的规模。这样，日本至少可以将军队扩充到260万人的规模，这个数据在理论上是完全可能的。

再来看日本的人口情况，2014年的日本总人口约是1.27亿，其中适龄男青年约3300万，合适服役的人口约有1000万。同样以第二次世界大战时期的数据来对比，1937年日本总人口约7000万，适龄男青年约1600万，现役兵员108万。到战争后期进行全面总动用之后，总兵力达到了720万。如果按照这个比例，进行全面总动员之后，总兵力可以达到1400万。当然这只是纸面上的数字，现在的日本社会和第二次世界大战时期已经完全不同，当时参军是一种荣耀，但是现在日本青年中反战和厌战情绪非常强，有参军意愿的人少了很多，所以要想达到第二次世界大战时期的征召比例根本就不可能。但是，拥有1.27亿总人口，其中1000万适合服役人口的基数还是不容小觑，在进行充分动员情况下，组建一支200万人的军队应该不是太困难。

打造锋利的东洋倭刀

日本由于受到各方面的限制，到今天还是没有正式的军队，自然也就不可能有官方的军工企业，但是日本的军工业并不是没有，而是在"寓军于民"的策略之下，具备了相当高的水准。

19世纪50年代，日本重建军备，武器装备的问题自然也就同时应运而生。最初基本上是全部依赖美国提供，这倒不是美国是如何慷慨大方，而是美国通过提供武器装备来控制日本自卫队，并在关键技术上牢牢掌控日本的主导权，对此日本也是心知肚明，只不过在暗地里积极努力，逐步在武器装备的研制生产上，逐渐走上自主之路。

战后日本军工企业的恢复和发展主要是依靠驻日美军的需求，特别朝鲜战争的爆发更是成为日本军工行业发展的契机。20世纪50年代初，日本军工业在整个工业中的比重只有0.38%，除了飞机制造和造船工业外，军工企业在车辆、机械、通信等行业中所占比重都不到1%，防卫业则可以忽略不计。这期间自卫队的武器装备基本上都依靠美国提供。直到1952年，美国同意日本可以自行生产武器，这才使日本的军工企业真正开始复兴。

1958年日本提出第一次防卫力量建设计划，从1958年到1960年的三年中，整个防卫预算计划高达4530亿日元。但是这个时期，日本自卫队的武器装备特别是主战装备还是依靠美国提供，自卫队武器装备的自给率不过只有60%而已。60年代日本经济逐渐恢复，国力逐渐增强。在这样的形势下，日本自主发展武器装备的要求也逐渐强烈，同时美国出于自身战略的需要，也放松了对日本在武器装备自主研发的限制，1964年美国对日本的武器援助基本停止，日本自卫队的武器装备除了少数先进装备的核心技术外，大部分都可以自主研制生产，到1976年日本自卫队的武器自给率已经超过了90%。

我们可以看到日本自卫队的国产武器价格非常之高，甚至大大超过了直接向国外购买的价格，但是日本却始终坚持以许可证授权生产的方式自主生产，这样做的目的很清楚，根本就不是从经济角度来考虑，而是从建立并维持自己的国产化武器生产这个战略高度来考虑的。具体来说，日本虽然没有官方的军工企业，但是却通过合同的方式将武器装备的研制和生产交给民间企业来完成。但是，在这个过程中，以防卫省代表政府始终是主导者。

政府主导最主要体现在武器装备的采购上。日本和美英法等西方国家不同，不是市场化竞标采购模式，而是高度计划性，基本上是由防卫省直接指定生产厂家。不过直接指定也就不存在价格竞争了，那么这个采购价格自然也是由防卫省来主导，具体是防卫省管理局（而不是负责签订合同的防卫省契约本部）下属的专门机构"原价计算部"来确定采购价格。这个计算是非常复杂，除原料费、劳务费、加工费外，还要考虑采购数量、合同执行时间、合同执行难度等因素，当然也要考虑军工企业的

三菱重工造船厂

三崎重工造船厂

必要利润,最终确定采购价格。一般来说,军工企业的利润率在 5% 左右,相对整个民用工业利润率来说并不算高,但是防卫省的订单稳定可靠,还有后续的装备维护费用——有些装备的年度维护费用甚至会达到造价的 20%,这可是相当可观的收入。防卫省在采购时也会考虑到连续性,尽量保证生产流水线的持续运转,所以在采购数量方面很多时候是从维持生产线的正常运转出发,而不是从自卫队的实际需要出发。同时,为了保护军工企业健康发展,不使一家独大,而是轮流指定不同厂家来生产同一类产品。最典型的就是潜艇,日本自卫队长期以来都保持一年新造一艘的速度,就是由三菱重工和川崎重工轮流建造。

日本工业比较注重根据企业实力大小和技术专长进行专业化分工,这点在军工生产上也是非常明显。比如,在航空装备方面,三菱重工就是以研制生产战斗机为主,川崎重工以研制生产直升机、运输机和反潜机为主,富士重工以研制生产教练机、直升机为主,新明和工业以研制生产水上飞机为主。在舰艇制造方面,潜艇主要由三菱重工和川崎重工建造,驱逐舰主要由三菱重工、日本海事联合公司、三井造船、住友重工建造,猎扫雷艇以及辅助舰船主要由日本钢管、日立造船、三菱重工建造,导弹快艇主要由三菱重工建造。在舰艇动力系统方面,蒸汽机主要由石川岛播磨重工、

住友重工造船厂

神户制钢所

日立造船和三菱重工生产，燃气轮机主要是川崎重工生产，柴油发动机主要由三菱重工、三井造船、川崎重工生产。陆上自卫队的装备种类最为繁杂，坦克和装甲车辆主要是三菱重工生产，其他军用车辆主要是丰田汽车、日野汽车生产，导弹主要是三菱重工、川崎重工和东芝公司生产，火炮主要是三菱重工、神户制钢所、住友机械生产，机枪和步枪主要是住友重工和丰和工业生产。

就目前来看，日本军工生产的规模虽然不大，但动员潜力却不容小觑，这是借助于强大的经济实力和先进的民间科技水平，现在是受到市场需求的限制，因为日本自卫队本身规模并不大，又受武器出口三原则限制基本上没有出口，但是可以在必要时迅速扩大生产规模，这才是真正可怕的。现在日本自卫队装备的导弹80%是国产，而且导弹制导技术居于世界先进水平。更让人很难想象的是，现在生产导弹的居然都是洗衣机的生产厂商，也就是说如果这些洗衣机厂商全部动员起来，导弹的生产能力将极其惊人。再如，日本汽车年产量一直保持在1100万辆上下，如果转产坦克的话也是很轻松就能拥有强大的生产能力，如三菱重工就拥有年产坦克2000辆的全部设备。日本年均造船能力在2000万吨左右，只要用25%的造船能力来转产军舰，就是500万吨的能力，这就等于好几个八八舰队的排水量。有句话说，现代战争就是拼的钢铁，日本钢铁的年产量是1亿吨，就是只用1%也就是100万吨钢铁，也能轻松地生产出10万门火炮。所以，日本军工的可怕之处，不在于现在技术水准有多高，生产规模有多大，而是其具有的惊人的发展能力或者更确切说是动员能力。

当然，民间企业在研究能力上肯定有所不足，所以防卫省不满足于做甩手掌柜，只管指定生产企业，而是在研究发展方面大力支持民间企业。为此，防卫省设立了一

右面大楼就是技术研究本部

个专门机构——技术研究本部，负责与民间企业合作，共同研制有关装备。技术研究本部位于东京都新宿区市谷本村町，编制人员 1084 人，其中技术人员 517 人，行政管理人员 282 人，陆自人员 122 人，海自人员 84 人，空自人员 71 人。研制经费在 2012 年突破 1000 亿日元关口，达到 1068 亿日元，2013 年比上一年增长了 55%，更是高达 1660 亿日元（约合 16.2 亿美元）。

武器出口三原则

日本在 1967 年 4 月针对出口武器问题提出了武器出口三项基本，也就是："第一不向共产主义阵营国家出售武器，第二不向联合国禁止的国家出口武器、第三不向发生国际争端的当事国或者可能要发生国际争端的当事国出售武器。"这也是第二次世界大战之后日本限制性防卫政策的核心支柱政策。1976 年 2 月，日本又进而提出对三原则对象以外的地区也不出售武器。1981 年 1 月，日本国会作出了《关于武器出口问题的决议》。此后，日本一直实行禁止对任何国家出口武器的方针。

2014 年 4 月，日本内阁会议决定通过"防卫装备转移三原则"，大幅放宽对外出口日本武器装备和军事技术的条件。防卫装备转移三原则具体内容是：第一不向明显妨碍维护国际和平与安全的场合出口防卫装备；第二对允许出口的情况进行限定和严格审查；第三出口对象将防卫装备用于目的之外或向第三国转移时，需要得到日方事先同意并置于适当管理之下。这样一来，等于是放开了原来的武器禁止出口的限制。

札幌试验场风洞

技术研究本部下设总务部、技术企划部、事业监理部、研究开发评价官、技术开发官（共4名，分别是航空、舰艇、地面装备和制导武器技术开发官）、航空装备研究所、陆上装备研究所、舰艇装备研究所、电子装备研究所、先进技术推进中心、札幌试验场（位于北海道千岁市，负责航空器和导弹发动机的试验）、下北试验场（位于青森县下北郡，负责火炮、导弹、炮弹和枪弹的弹道试验）和岐阜试验场（位于岐阜县各务原市，负责机载武器的试验）。

除了技术研究本部外，文部省的宇宙航空研究开发机构、经济产业省的工业技术院也都是向日本民间军工企业提供技术支持的官方科研机构。所以在军工企业的技术方面，主要是官方支持，这也是为了解决民间企业本身在技术和经费上的局限，当然这种支持是很不引人注目的。

在日本政府的精心扶植和培养下，日本军工企业得到了发展，而随着日本修改了武器出口三原则，毫无疑问，之后日本军工企业将迎来更大的发展机会，军工企业的潜力也将得到一定程度的释放。